T0194551

Gerechter Frieden

Reihe herausgegeben von
I.-J. Werkner, Heidelberg, Deutschland
S. Jäger, Heidelberg, Deutschland

„Si vis pacem para pacem" (Wenn du den Frieden willst, bereite den Frieden vor.) – unter dieser Maxime steht das Leitbild des gerechten Friedens, das in Deutschland, aber auch in großen Teilen der ökumenischen Bewegung weltweit als friedensethischer Konsens gelten kann. Damit verbunden ist ein Perspektivenwechsel: Nicht mehr der Krieg, sondern der Frieden steht im Fokus des neuen Konzeptes. Dennoch bleibt die Frage nach der Anwendung von Waffengewalt auch für den gerechten Frieden virulent, gilt diese nach wie vor als Ultima Ratio. Das Paradigma des gerechten Friedens einschließlich der rechtserhaltenden Gewalt steht auch im Mittelpunkt der Friedensdenkschrift der Evangelischen Kirche in Deutschland (EKD) von 2007. Seitdem hat sich die politische Weltlage erheblich verändert; es stellen sich neue friedens- und sicherheitspolitische Anforderungen. Zudem fordern qualitativ neuartige Entwicklungen wie autonome Waffensysteme im Bereich der Rüstung oder auch der Cyberwar als eine neue Form der Kriegsführung die Friedensethik heraus. Damit ergibt sich die Notwendigkeit, Analysen fortzuführen, sie um neue Problemlagen zu erweitern sowie Konkretionen vorzunehmen. Im Rahmen eines dreijährigen Konsultationsprozesses, der vom Rat der EKD und der Evangelischen Friedensarbeit unterstützt und von der Evangelischen Seelsorge in der Bundeswehr gefördert wird, stellen sich vier interdisziplinär zusammengesetzte Arbeitsgruppen dieser Aufgabe. Die Reihe präsentiert die Ergebnisse dieses Prozesses. Sie behandelt Grundsatzfragen (I), Fragen zur Gewalt (II), Frieden und Recht (III) sowie politisch-ethische Herausforderungen (IV).

Weitere Bände in der Reihe http://www.springer.com/series/15668

Sarah Jäger · Fernando Enns
(Hrsg.)

Gerechter Frieden als ekklesiologische Herausforderung

Politisch-ethische
Herausforderungen • Band 2

 Springer VS

Hrsg.
Sarah Jäger
Heidelberg, Deutschland

Fernando Enns
Hamburg, Deutschland

Gerechter Frieden
ISBN 978-3-658-22909-2   ISBN 978-3-658-22910-8   (eBook)
https://doi.org/10.1007/978-3-658-22910-8

Die Deutsche Nationalbibliothek verzeichnet diese Publikation in der Deutschen
Nationalbibliografie; detaillierte bibliografische Daten sind im Internet über
http://dnb.d-nb.de abrufbar.

Springer VS

Springer VS ist ein Imprint der eingetragenen Gesellschaft Springer Fachmedien
Wiesbaden GmbH und ist ein Teil von Springer Nature
Die Anschrift der Gesellschaft ist: Abraham-Lincoln-Str. 46, 65189 Wiesbaden, Germany

Inhalt

Gerechter Frieden als ekklesiologische Herausforderung! Einführende Überlegungen

Sarah Jäger und Fernando Enns

1 Die Rolle der Kirchen in einer pluralisierten Öffentlichkeit

In einer pluralisierten und differenzierten Gesellschaft der Gegenwart wird auch die Frage nach der Beziehung zwischen Staat und Kirche und nach der gesellschaftlichen Wahrnehmung von Religion immer wieder neu aufgeworfen. So stellen sich grundlegende Herausforderungen: Welche Rolle kommt den Kirchen im öffentlichen Handeln zu? Und was ist der spezifische Beitrag der Kirchen in den politischen Öffentlichkeiten unserer Gesellschaft? Mit der Einschätzung und Beurteilung dieser Anfragen verknüpft ist auch die Entwicklung einer Friedenstheologie und Friedensethik als ökumenisches Bewährungsfeld (vgl. Enns 2012, S. 138f.). Die gemeinsame Aufgabe der Kirchen sei es, so Wolfgang Huber,

> „der Friedensbotschaft des Evangeliums, der Friedensfähigkeit der Religionen und der Friedensbedürftigkeit der modernen Welt Sprache zu geben, damit der banalen These, ohne Religion sei alles leichter, friedlicher und netter, angemessen widersprochen werden kann" (Huber 2007).

© Springer Fachmedien Wiesbaden GmbH, ein Teil von Springer Nature 2019
S. Jäger und F. Enns (Hrsg.), *Gerechter Frieden als ekklesiologische Herausforderung*, Gerechter Frieden,
https://doi.org/10.1007/978-3-658-22910-8_1

Aber trifft diese Zuschreibung für alle Kirchen und Denominationen weltweit zu?

Allgemein lässt sich der öffentliche Status der Kirchen in zweifacher Weise beschreiben, aus der Außenperspektive in Gestalt des Staat-Kirche-Verhältnisses und aus der Innenperspektive der Institution in Form einer Ekklesiologie, im Sinne einer theologischen Lehre von der Kirche und ihrem Selbstverständnis. Zum Ersten: Das Selbstverständnis des Staates zeigt sich in seiner Verfassung und faktischen Ordnung (vgl. Stobbe 2017, S. 394). Die Beziehungen zwischen Staat und Kirche können dabei unterschiedlich beschrieben werden. In den Klassifikationsversuchen der neueren Literatur findet sich eine Mischung zwischen institutionellen, konfessionellen und religionssoziologischen Kriterien. Gerhard Robbers (2005) etwa unterscheidet drei Typologien des Staat-Kirche-Verhältnisses: Trennungsländer (z. B. USA, Frankreich), Kooperationsländer (z. B. Deutschland) sowie Staatskirchenländer (z. B. England). Es existieren aber auch andere Skalierungen und Kategorisierungen der Verflechtungen von Staat und Kirche (vgl. Minkenberg 2003; Fox 2008).

Zum Zweiten: Die Ekklesiologie klärt als Teilgebiet der Dogmatik Wesen, Auftrag, Gestalt und Struktur der Kirche. Im Zuge von Reformation und Gegenreformation formierten sich unterschiedliche, selbstständige ekklesiologische Lehren. Hier überschneiden sich theologische und empirische Aussageebenen, „da die Kirche Jesu Christi als menschliche Gemeinschaft im Wirkfeld des dreieinigen Gottes anzusehen ist und eine ebenso geglaubte wie erfahrbare Realität verkörpert" (Beintker 1999, Sp. 1183). Die einzelnen christlichen Denominationen nehmen dabei unterschiedliche ekklesiologische und politisch-ethische Schwerpunktsetzungen vor: Im Protestantismus wie im Katholizismus standen immer wieder ethische Konzepte im Vordergrund, die Normen für ethisches Handeln direkt aus biblischen und theologischen Traditionen generierten. Für die politische Ethik des Katholizismus sind „Prinzipien und sachgerechte Normen zur Gestaltung einer freiheitlichen und gerechten Ordnung von Staat und Gesellschaft" (Uertz 2007, S. 33) kennzeichnend wie besonders die Sozialprinzipien der Subsidiarität, der Gerechtigkeit und der Solidarität. Eine wichtige ethische Theorie im Protestantismus der Gegenwart ist die Verantwortungsethik, die idealtypisch als Gegenposition zur Gesinnungsethik entwickelt wurde und die „Verantwortbarkeit der Folgen von Handlungen und Entscheidungen intendiert" (Uertz 2007, S. 35). Verantwortungsethik wird im Protestantismus jedoch noch durch andere Interpretationsmodelle wie der lutherischen Zwei-Reiche-Lehre, der reformierten Lehre von der Königsherrschaft Christi oder ordnungstheologischen Vorstellungen (z. B. Paul Althaus) ergänzt. Eine andere Sicht auf politische Ethik bringen die orthodoxen Kirchen ein, waren sie doch bis 1989/90 vor allem in den Untergrund gedrängt eingeschränkt politisch tätig. Gesellschaftliche und politische Veränderungen wie der Systemwechsel und die Transformationen der Wirtschaft verlangen nun heute sozialethische Antworten und Lösungen, während im Selbstverständnis orthodoxer Kirchen eher die Liturgie im Mittelpunkt auch des theologischen Denkens steht:

> „Aus der Einheit von ‚irdischer' und ‚oberer Kirche' von irdischer Gemeinde und Gegenwart Gottes in Liturgie und Sakrament schöpft die orthodoxe Christenheit ihre Kraft und Zuversicht" (Uertz 2007, S. 36).

Kirchen stehen in der pluralisierten und individualisierten Gesellschaft der Gegenwart vor der Herausforderung, ihre eigenen Einflussmöglichkeiten und ihre Rolle im öffentlichen Raum zu klären. Mit der Aufgabe einer Verhältnisbestimmung von Kirche und Öffentlichkeit setzt sich das ökumenische Papier „Teure Einheit" (ÖRK 1997) auseinander. Hier werden fünf Positionen unterschieden, die Idealtypen verschiedener theologischer Weltcharakterisierung darstellen[1]. Aus diesen unterschiedlichen Positionen folgen dann jeweils spezifische Aufgabenbestimmungen der Kirche in der Gesellschaft:

> „(1) der Zustand der Welt legt nahe, dass dies das Ende der Geschichte ist, dass die Wiederkunft Christi nahe bevorsteht und dass es daher unsere vornehmlichste Aufgabe ist, zu bekehren und zu taufen; (2) die Welt ist schon immer so gewesen, Arme werden wir allezeit bei uns haben, es wird Kriege und Kriegsgeschrei geben – die beste Reaktion für die Kirchen ist kontemplativer Rückzug und Beten für die Welt; (3) die Kirche muss ein Beispiel für eine alternative Gesellschaft bieten, die auf den Werten des Gottesreiches aufbaut; (4) angesichts der Situation in der Welt muss die Kirche eine führende Rolle übernehmen und sollte im Eintreten für Gerechtigkeit und Frieden sogar wegweisend sein; und (5) die Kirche muss sich an den Kämpfen des Volkes beteiligen – nicht, indem sie den Prozess anführt, sondern indem sie an ihm teilhat" (ÖRK 1997, Ziff. 48).

Eine zentrale Herausforderung der ökumenischen Bewegung liegt in der Klärung des Verhältnisses von Ekklesiologie und Ethik sowie in der Frage „wie die verschiedenen Traditionen in ihren Ekklesiologien verbindliche und gestaltende Ansätze zu ethischen Fragen zum Ausdruck bringen" (ÖRK 1997 Anhang, Ziff. 2). Ökumenische Reflexionen zur Ethik und zum Handeln gehören „intrinsisch" zum Wesen und zum Leben der Kirche. Ekklesiologie und Ethik stehen in einer engen Wechselbeziehung und bedingen sich gegenseitig. „Damit ist festgehalten, dass ethisches Handeln als direkter Ausdruck ekklesiologischer Überzeugungen zu ver-

---

1   Eine andere Unterscheidung schlägt Wolfgang Huber (1994, S. 159f.) in seiner Charakterisierung von vier Sozialformen der Kirche vor: die Vorstellung der Kirche als heilige Kontrastgesellschaft, die Perspektive, welche die Kirche als prophetische Kontrastgesellschaft versteht, das Modell einer Gesellschaftskirche und den Ansatz einer öffentlichen Kirche.

stehen ist und die Entwicklung einer Ekklesiologie notwendig von
den Erfahrungen ethischen Handelns ‚lernen' muss" (Enns 2012,
S. 166). Die ökumenische Bewegung suchte in zweifacher Weise
auf globale Herausforderungen und Friedensgefährdungen zu
antworten: in struktureller Hinsicht durch den konziliaren Prozess
für Gerechtigkeit, Frieden und Bewahrung der Schöpfung und in
inhaltlicher Hinsicht durch das Konzept des gerechten Friedens.
Immer wieder steht hier das Problem des öffentlichen Handelns
der Kirche gegenüber Staat und Gesellschaft im Mittelpunkt des
theologischen Nachdenkens. Ein eher ernüchterndes Bild des
konziliaren Prozesses zeichnet Heinz-Günther Stobbe:

> „Die Kirchen beteiligten sich an ihm [dem konziliaren Prozess],
> achteten jedoch sorgsam darauf, keine Rückwirkungen auf ihr
> Selbstverständnis zuzulassen. Nach wie vor ist zwischen ihnen
> strittig, welche ekklesiale Qualität der ökumenischen Gemeinschaft
> und ihren Organen zuerkannt werden kann" (Stobbe 2017, S. 403).

Das Zeitalter von Globalisierung und *Global Governance* fordert
strukturell die Kirchen heraus; es erfordert ein zunehmend glo-
bales und ökumenisches Handeln. So bleibt die Frage zu klären,
wie eine kohärente ökumenische Ethik entwickelt werden kann,
die mit den Ekklesiologien der Mitgliedskirchen des ÖRK – und
dem Selbstverständnis als ökumenische Gemeinschaft von Kirchen – tatsächlich korrespondiert und wie eine solche Ethik für
den Frieden fruchtbar gemacht werden kann.

2   Zu diesem Band

Zwei Verhältnisse prägen die jeweiligen Handlungsmöglichkeiten
der Kirchen im öffentlichen Raum; zum einen die Staat-Kirche Beziehungen, die sich je nach Land unterscheiden und zum anderen

die ekklesiologischen Vorstellungen der verschiedenen christlichen Traditionen, die ihre politische Ethik bestimmen. Dabei sind in besonderer Weise die Potenziale einer ekklesiologischen Annäherung zu untersuchen, die eine Zusammenarbeit in Friedensfragen ermöglichen. Die Forschung steht in dieser Frage noch am Anfang. Vor diesem Hintergrund stellt sich der Band die Aufgabe, die wechselseitigen Abhängigkeitsverhältnisse weiter zu beleuchten. Er untersucht: Inwieweit beeinflussen dabei die jeweiligen ekklesiologischen Selbstverständnisse und Staat-Kirche-Verhältnisse die friedensethische Argumentation sowie das kirchliche Handeln gegenüber der Politik? Und, inwieweit lassen sich in den jeweiligen Kirchen oder Konfessionen auch Grundlagen für die Rolle der Zivilgesellschaft ableiten?

Der Band geht argumentativ in drei Schritten vor: Am Anfang fragt der Beitrag von *Uwe Kai Jacobs* nach dem Staat-Kirche-Verhältnis und den strukturellen Handlungsmöglichkeiten der Kirchen im öffentlichen Raum. Dabei beleuchtet der Autor die entscheidenden gesetzlichen Grundlagen und den Öffentlichkeitsauftrag der Kirchen und fragt nach den Konsequenzen, die sich daraus für Staat und Kirchen ergeben.

In einem zweiten Schritt wird das gesellschaftlich-politische Aufgaben- und Gestaltungsfeld der Kirchen in den Blick genommen. *Ulrich Duchrow* tritt in seinem Beitrag für eine neue Gestalt des prophetischen Wächteramtes der Kirche ein, das sich klar auf biblischer Grundlage und im ökumenischen Zusammenhang gegen den globalen Kapitalismus positionieren müsse. Die Kirchen in allen Sozialgestalten seien aufgerufen, selbst die imperiale Lebensweise zu überwinden und Menschen bei ihrem Widerstand zu unterstützen. Daran anschließend entwickelt der Beitrag von *Georg Kalinna* eine andere Position zum Themenfeld: Er plädiert dafür, verschiedene Handlungs- und Aktionsformen der Kirche in ihren unterschiedlichen Sozialgestalten gleichberechtigt nebeneinander zu akzeptieren und Frömmigkeit oder Spiritualität und politisches Handeln als zwei Seiten einer Medaille zu begreifen.

In einem dritten Schritt stehen konfessionelle Tiefenbohrungen im Fokus der Betrachtung, die den Zusammenhang zwischen kirchlichem Selbstverständnis und friedensethischer Perspektive analysieren. Der Beitrag aus evangelischer Sicht von *Christian Polke* macht stark, dass sich Kirchen und christliche Gemeinschaften in demokratischen Zusammenhängen als ethisch-politische Akteure innerhalb der Zivilgesellschaft verstehen müssen. Evangelisch-theologische Friedensethik reflektiere dann die Rolle der protestantischen Kirchen und Religionsgemeinschaften als politische Akteure. *Heinz-Günther Stobbe* beschäftigt sich in seinem Beitrag mit dem Katholizismus in der ökumenischen Auseinandersetzung um den gerechten Frieden nach dem Zweiten Vatikanischen Konzil und beleuchtet insbesondere die Frage, welche Art von Gemeinschaft sich im gemeinsamen Einsatz der getrennten kirchlichen Gemeinschaften für Gerechtigkeit und Frieden herausbildet und wie man diesen Prozess als Weg zu einer ökumenischen Kirche des Friedens interpretieren kann. *Fernando Enns* untersucht die ekklesiologische Position der historischen Friedenskirchen. Diese haben seit ihren Anfängen in der Täuferbewegung der Reformation Gewaltfreiheit als ein zentrales Merkmal des christlichen Glaubens angenommen. So werde „aus friedenskirchlicher Perspektive der gerechte Frieden erst in einem ekklesiologischen Kontext plausibel […], der die lokale Gemeinde wie die Kirche als universale Größe immer auch als eine ethische Gemeinschaft begreift". Schließlich untersucht der Beitrag von *Sarah Jäger und Gisa Bauer* exemplarisch das Dreiecksverhältnis zwischen Staat-Kirche-Beziehung, kirchlichem Selbstverständnis und konkreter friedensethischer Positionierung anhand eines Vergleichs unterschiedlicher Konfessionen in verschiedenen Ländern. Es zeige sich, dass sich die

Friedensethik im Resonanzraum von Staat-Kirche-Beziehung und kirchlichem Selbstverständnis gleichermaßen ausbilde.

Literatur

Beintker, Michael. 1999. Recht. In *Religion in Geschichte und Gegenwart*. Bd. 2, hrsg. von Hans Dieter Betz, Don S. Browning, Bernd Janowski und Eberhard Jüngel, Sp. 1183. 4. Aufl. Tübingen: Mohr Siebeck.

Enns, Fernando. 2012. *Ökumene und Frieden. Bewährungsfelder ökumenischer Theologie*. Neukirchen-Vluyn: Neukirchener Verlagsgesellschaft.

Fox, Jonathan. 2008. *A World Survey of Religion and the State*. Cambridge: University Press.

Huber, Wolfgang. 1994. Öffentliche Kirche in pluralen Öffentlichkeiten. *Evangelische Theologie* 54 (2): 157–180.

Huber, Wolfgang. 2007. Choreographie der Ökumene – Ringvorlesung „Tanz und Religion". https://www.ekd.de/070619_huber_paderborn. htm. Zugegriffen: 12. Mai 2017.

Minkenberg, Michael. 2003. Staat und Kirche in westlichen Demokratien. In *Politik und Religion*, hrsg. von Michael Minkenberg und Ulrich Willems, 115–138. Wiesbaden: Westdeutscher Verlag.

Ökumenischer Rat der Kirchen, Kommission für Glauben und Kirchenverfassung. 1997. *Teure Einheit*. Genf: ÖRK.

Robbers, Gerhard. 2005. Staat und Kirche in der Europäischen Union. *In Staat und Kirche in der Europäischen Union*, hrsg. von Gerhard Robbers, 629–641. 2. Aufl. Baden-Baden: Nomos.

Stobbe, Heinz-Günther. 2017. Gerechter Friede im Kontext von Ekklesiologie und Staat-Kirche-Verhältnis. In *Handbuch Friedensethik*, hrsg. von Ines-Jacqueline Werkner und Klaus Ebeling, 393–409. Wiesbaden: Springer VS.

Uertz, Rudolf. 2007. Politische Ethik im Christentum. *Aus Politik und Zeitgeschichte* 57 (6): 31–38.

Einfluss des Staat-Kirche-Verhältnisses auf die Handlungsmöglichkeiten der Kirchen im öffentlichen Raum
Ein Überblick

Uwe Kai Jacobs

1 Einleitung

Die Handlungsmöglichkeiten der Kirchen im öffentlichen Raum richten sich nach dem rechtlichen Verhältnis von Staat und Kirchen, also nach den religionsbezogenen Normen des Staatsrechts und den Vereinbarungen von Staat und Kirchen (Religionsverfassungsrecht oder Staatskirchenrecht).

2 Grundprinzipien des freiheitlichen Religionsverfassungsrechts

2.1 Grundlegung

„Es besteht keine Staatskirche." So ordnet es Artikel 140 GG in Verbindung mit Artikel 137 Abs. 1 Weimarer Reichsverfassung (WRV) an. Als „zentrale Errungenschaft der Moderne" bezeichnete Thomas de Maizière 2012 diese Regelung, die nur auf den ersten Blick lapidar wirkt. Verstanden wird sie als Grundsatz der

© Springer Fachmedien Wiesbaden GmbH, ein Teil von Springer Nature 2019
S. Jäger und F. Enns (Hrsg.), *Gerechter Frieden als
ekklesiologische Herausforderung*, Gerechter Frieden,
https://doi.org/10.1007/978-3-658-22910-8_2

Trennung von Staat und Kirche respektive der Trennung von Staat und Religionsgemeinschaften, und dieser freiheitliche Grundsatz wird um einen weiteren ergänzt: „Jede Religionsgesellschaft ordnet und verwaltet ihre Angelegenheiten selbständig innerhalb der Schranken des für alle geltenden Gesetzes" (Artikel 140 GG/137 Abs. 3 WRV).

Diese Vorschrift zieht die Konsequenz aus der Trennung von Staat und Kirche, indem sie festlegt, dass nicht der Staat die Angelegenheiten der Religionsgesellschaften ordnet und verwaltet, sondern diese das selbst tun. Die Religionsgesellschaften beziehungsweise Religionsgemeinschaften unterliegen den für alle geltenden Gesetzen, aber grundsätzlich keinem staatlichen Sonderrecht. Ein Islamgesetz etwa wäre daher ebenso systemwidrig wie ein Buddhistengesetz oder ein Altkatholikengesetz. Die Religionsgemeinschaften sind also das Subjekt, das heißt: die Träger des Selbstbestimmungsrechtes, das die Befugnis zur eigenen (internen) Rechtssetzung, zur eigenen Verwaltung, zur Vergabe der religiösen Ämter (Artikel 137 Abs. 3 WRV) umfasst. Das Selbstbestimmungsrecht geht damit über die Bestimmung theologischer Grundfragen hinaus, ja, erfasst das gesamte Wirken der Kirchen beziehungsweise Religionsgemeinschaften, zum Beispiel durch ihre Wohlfahrtsverbände. Das Europarecht sprengt diesen Rahmen nicht (vgl. Artikel 17 Abs. 1 Vertrag über die Arbeitsweise der Europäischen Union [AEUV] 2007), sondern erweitert ihn um eine Dialogstruktur zwischen Kirchen und EU-Kommission (Artikel 17 Abs. 3 AEUV).

2.2   Parität und Neutralität

Nach dem Grundprinzip der Parität, der religionsrechtlichen Gleichbehandlung aller Religionsgemeinschaften, behandelt der deutsche Staat die Religionsgemeinschaften gleich, soweit gleiche Sachverhalte vorliegen. Trennung von Staat und Kirche bedeutet zunächst, dass sich der Staat nicht mit einer bestimmten Religionsgemeinschaft identifiziert, sondern vielmehr in weltanschaulich-religiösen Fragen neutral ist. Diese Neutralität ist nach der Rechtsprechung des Bundesverfassungsgerichts

> „nicht im Sinne eines Gebots kritischer Distanz gegenüber der Religion zu verstehen. Das Verhältnis zwischen Kirchen und Staat ist vielmehr gekennzeichnet durch wechselseitige Zugewandtheit und Kooperation und weniger im Sinne einer strikten Trennung, sondern eher im Sinne einer Zusammenarbeit auf der Basis grundrechtlicher Freiheit zu verstehen" (Beschluss vom 22. Oktober 2014, BVerfGE 137, S. 273).

Das Grundgesetz verfolgt also nicht das Konzept einer quasi laizistischen Neutralität wie in Frankreich (mit Ausnahme des Elsass), sondern einer grundsätzlich religionsfreundlichen, sogenannten religionspositiven Neutralität. Dieses Konzept erfasst nicht nur die Kirchen, sondern alle Religionsgemeinschaften, welche die grundsätzliche Säkularität des Staates und die Werteordnung des Grundgesetzes respektieren.

Gleichwohl verbietet das Verfassungsgebot der Gleichbehandlung der Religionsgemeinschaften (Artikel 3 GG) dem Staat nicht, dort zu differenzieren, wo aus sachlichen Gründen Differenz besteht. Eine Differenzierung in der Behandlung von Religionsgemeinschaften kann beispielsweise an deren Mitgliederzahl oder den Rechtsstatus anknüpfen, etwa den öffentlich-rechtlichen Körperschaftsstatus der Kirchen (Artikel 137 Abs. 5 WRV), der jüdischen[1] und einiger anderer Religionsgemeinschaften (Jacobs

---

1   Gesetzlich festgestellt wurde dieser Status in Württemberg bereits 1924 in § 1 Abs. 2 des Württembergischen Gesetzes über die Kirchen vom 3. März 1924.

2017, S. 19). Eine Differenzierung darf auch in der besonderen
Berücksichtigung der christlichen Tradition im Sonn- und Feier-
tagsrecht zum Ausdruck kommen, wie es die Verfassung des Landes
Baden-Württemberg festlegt (Artikel 3 Abs. 1 Landesverfassung).
Ob eine Religion gesellschaftlich mehr oder weniger genehm ist,
muss aber im Prinzip ohne rechtlichen Belang bleiben (vgl. Jacobs
2017, S. 19).

2.3   Rechtsstatus von Religionsgemeinschaften

Einer amtlichen Registrierung oder Anerkennung von Religionsgemeinschaften bedarf es in Deutschland nicht. Welchen Rechtsstatus eine Religionsgemeinschaft annimmt, ist grundsätzlich ihr
überlassen. Insoweit gelten die allgemeinen Vorschriften (Artikel
140 GG/Artikel 137 Abs. 4 WRV). Allein für die Verleihung des
öffentlich-rechtlichen Körperschaftsstatus sieht das Grundgesetz
Voraussetzungen vor (Artikel 140 GG in Verbindung mit Artikel
137 Abs. 5 WRV). Das Landesrecht setzt diese Voraussetzungen
um, dies liegt an der Kultushoheit der Länder (Artikel 70ff. GG). Im
Land Baden-Württemberg, um ein Beispiel zu geben, sind dreißig
Religionsgemeinschaften als öffentlich-rechtliche Körperschaften
anerkannt. Die Kirchen und anderen korporierten Religionsgemeinschaften sind damit Körperschaften eigener Art. Exklusiv ist
der Status nicht mehr. Er darf auch nicht mißverstanden werden:
Er gliedert die Kirchen nicht in den Staatsaufbau ein, was basal
ist für das Verständnis der weiteren Gedanken. Die Kirchen und
anderen korporierten Religionsgemeinschaften sind eigenständige
Körperschaften.

2.4   Kooperative Trennung

Zwar gibt es in Deutschland keine Staatskirche. Aber es gibt Kirchen im Staat. Sie sind vorfindlich, älter als der Staat. Den Grundprinzipien einer kooperativen Trennung von Staat und Religionsgemeinschaften entspricht es, dass beide „Seiten" immer dann zusammenarbeiten, miteinander kooperieren, wenn Überschneidungsbereiche der wechselseitigen Kompetenz beziehungsweise Zuständigkeit vorliegen. Das ist der Fall, wenn der Staat eigene Einrichtungen zur Erfüllung seiner Zwecke unterhält (z. B. Schulen oder Justizvollzugsanstalten), in denen aber das Bedürfnis nach Religionsausübung beziehungsweise Seelsorge durch die Religionsgemeinschaften entsteht (vgl. Artikel 7 Abs. 3 und Artikel 140 GG/141 WRV). Dann spricht man von gemischten oder gemeinsamen Angelegenheiten. Religion ist in Deutschland zwar Privatsache im Sinne einer höchstpersönlichen Angelegenheit (vgl. auch Artikel 4 GG und Artikel 140 GG/136 Abs. 3 Satz 1 WRV), Religion ist aber nicht auf den Privatbereich beschränkt.

2.5   Religion in der Öffentlichkeit

Ein hervorgehobenes und besonders praxiswirksames Beispiel bildet der Religionsunterricht an öffentlichen Schulen. Hier ist der Staat Träger und Veranstalter des Unterrichts und verfolgt einen eigenen staatlichen Bildungs- und Erziehungsauftrag, den er als eigene Aufgabe verwirklicht. Andererseits ordnet das Grundgesetz in Artikel 7 Abs. 3 an, dass der Religionsunterricht an allen öffentlichen Schulen mit Ausnahme der bekenntnisfreien Schulen ordentliches Lehrfach ist und in Übereinstimmung mit den Grundsätzen der jeweiligen Religionsgemeinschaften erteilt wird. Es sind also die Religionsgemeinschaften, welche die Grundsätze des Unterrichts definieren. Daher ist der Religionsunterricht, wie das Bundesverfassungsgericht herausgestellt hat, keine reine Wissensvermittlung, keine überkonfessionelle Betrachtung religiöser Lehren, sondern konfessionell gebundener Unterricht (BVerfGE 74, S. 244). Religion hat also einen fest definierten Platz in öffentlichen Einrichtungen.

Nicht nur die Kirchen, sondern auch alle anderen Religionsgemeinschaften, sofern gewisse Grundvoraussetzungen gegeben sind, können auf dieser Grundlage gegenüber dem Staat die Einrichtung von Religionsunterricht ihres Bekenntnisses als ordentliches Lehrfach einfordern (Andrä 2013, S. 400). Aktuell ist in Baden-Württemberg, um ein Beispiel zu geben, evangelischer, katholischer, altkatholischer, syrisch-orthodoxer, jüdischer und alevitischer Religionsunterricht eingerichtet, also keineswegs allein christlicher. Daran wird zugleich deutlich, dass die religiöse Pluralität der deutschen Gesellschaft den staatskirchenrechtlichen Rahmen nicht automatisch verändert. Darauf wird zurückzukommen sein.

Ein muslimisch-sunnitischer Unterricht befindet sich in Baden-Württemberg in einer Modellphase. Die mit der Einführung eines solchen Unterrichts verbundenen Probleme sind bekannt. Kooperationen brauchen Partner. Wer ist Religionsgemeinschaft und nicht nur politischer Akteur, wer ist für die Schulverwaltung partnerfähig, wer spricht nachvollziehbar für wen? Dies zu wissen, ist für den Staat unverzichtbar, da er gehalten ist, auch die negative Religionsfreiheit zu achten. Darüber darf er sich nicht hinwegsetzen (Kreß 2012, S. 178ff.). Daher ist ein gewisses Maß an Institutionalisierung von Religion erforderlich (Jeand'Heur und Korioth 2000, S. 222; Jacobs 2017, S. 20) und kann von der Religions(gemeinschaft) gewissermaßen als Bringschuld erwartet werden, wenn sie an den Angeboten des Staatskirchenrechts in vollem Umfang teilnehmen will.

Religion hat einen fest definierten Platz in öffentlichen Einrichtungen. Wo liegen die Grenzen religiöser Betätigung im öffentlichen Raum? Wer justiert die Grenzen? Hier stellen sich vielfältige Fragen der Rechtsgüterabwägung, für die Justiz, aber auch für die Legislative, was an dieser Stelle nicht vertieft werden kann.

3 Vertragliche Kooperationen zwischen Staat und Religionsgemeinschaften

3.1 Grundsatz

Angesichts des Grundsatzes einer kooperativen Trennung von Staat und Kirche bzw. einer „ausbalancierten Trennung", wie es der baden-württembergische Ministerpräsident Winfried Kretschmann (2013) formulierte (ebenso Isensee 2013), liegt es nahe, wenn Staat und Religionsgemeinschaften die sie gemeinsam berührenden Angelegenheiten vertraglich regeln. Eine Interaktion auf Augenhöhe wird im Abschluss von Kooperationsverträgen sichtbar, öffentlich wahrnehmbar, ja „augenfällig". Damit haben sie zugleich eine hohe symbolische Bedeutung.

3.2 Inhalte

Wie alle entsprechenden Länderverträge, übrigens auch diejenigen mit jüdischen Religionsgemeinschaften (vgl. Artikel 1 Israelit-RelGemVertrag BW), garantiert der baden-württembergische Kirchenvertrag von 2007 den Landeskirchen das kirchliche Selbstbestimmungsrecht und betont ihren öffentlichen Status. Neben vielem Anderen regelt der Vertrag die staatlichen und kirchlichen Kompetenzen im Bereich der gemeinsamen Angelegenheiten, zum

Beispiel der Anstaltsseelsorge, soweit sie in die Verantwortung des Landes fällt.

3.3   Militärseelsorgevertrag und Friedensethik

In der friedensethischen Debatte spielt der evangelische Militär-seelsorgevertrag aus dem Jahr 1957 eine besondere, auch kritisch hinterfragte Rolle. Häufig wird die Frage gestellt, ob der Vertrag – und vergleichbare katholische Regelungen (Art. 27 Reichskonkor-dat) – die Rolle der Kirchen bei der Soldatenseelsorge verunklart. Denn die Militärseelsorge ist wie jede Seelsorge eine originär kirchliche Aufgabe.

Ist die Seelsorge in der Bundeswehr babylonische Gefangene des militärischen Systems? Wer so fragt, stellt meist auf den be-sonderen Status der Militärseelsorger ab; sie sind für die Dauer ihres Dienstes Bundesbeamte.[2] Allerdings unterstehen sie nicht dem militärischen Kommando, sondern kirchlicher Aufsicht (Ar-tikel 2 Abs. 1 und Artikel 16 MilitärseelsorgeV). Militärgeistliche sind keine Soldaten. Vielmehr repräsentieren sie einen Typus, der als konfessionsgebundenes Staatsamt (BVerfGE 122, S. 89ff., hier: 113 [Lüdemann-Entscheidung]) bezeichnet wird. Ob es sich beim Militärseelsorger um eine Variante des Grundtypus handelt, bedarf hier keiner näheren Erörterung. „In der Praxis engen die beamtenrechtlichen Pflichten die Wirkungsmöglichkeiten der Militärpfarrer nicht ein" (Ennuschat 2016, S. 668). Und auch andere Seelsorgebereiche der Kirchen kennen vergleichbare Konstruktio-nen: Seelsorger in Justizvollzugsanstalten können ebenfalls Beamte

---

2   Artikel 19 MilitärseelsorgeV. Möglich ist auch ein Angestelltenverhält-
     nis (Protokollnotiz zur Auslegung des MilitärseelsorgeV, Neufassung
     der Prot.-Notiz vom 13. Juni 2002).

des Staates sein;[3] manche Bundesländer ermöglichen kirchlichen Religionslehrkräften den Stellenwechsel in den Landesschuldienst und haben darüber Vereinbarungen mit den Landeskirchen geschlossen (vgl. Vereinbarung der vier Kirchen in Baden-Württemberg mit dem Land zum Übernahmeverfahren Geistlicher in den Landesdienst vom 1. Januar 2012). In allen diesen Fällen bleibt die grundsätzliche Verantwortungsscheidung des Staatskirchenrechts erhalten – der Staat trägt die organisatorische Verantwortung (Artikel 2 Abs. 2 MilitärseelsorgeV), die jeweilige Kirche dagegen die theologische, bekenntnisorientierte Verantwortung (vgl. z. B. Artikel 21 Abs. 3 Evangelischer Kirchenvertrag Rheinland-Pfalz). Der Staat garantiert die Seelsorge in den öffentlichen Einrichtungen (Artikel 140 GG/Artikel 141 WRV) und räumt allen Soldatinnen und Soldaten einen ausdrücklichen Anspruch auf Seelsorge ein (§ 36 Satz 1 Soldatengesetz). Die Militärgeistlichen bleiben – wie alle Anstaltsseelsorger – im Pfarrdienstverhältnis der jeweiligen Landeskirche. Sie haben für die Dauer ihres Dienstes als Staatsbeamte ein doppeltes Dienstverhältnis. Auch darin drückt sich die fortwirkende kirchliche Verantwortung für ihre Seelsorge aus.

Wie steht es um den Lebenskundlichen Unterricht, den in der Regel die Militärgeistlichen als Lehrkräfte erteilen?[4] Dieser Auftrag ist ein staatlicher (EKD 2013, S. 41), er entspringt nicht dem Militärseelsorgevertrag. Aber auch dieser Auftrag ist nicht so *unique*, wie zuweilen vermutet wird. Eine Parallele findet sich etwa im berufsethischen Unterricht der Polizeiseelsorge. Auch wenn der Lebenskundliche Unterricht, wie seine Bezeichnung,

---

3 Vgl. Vereinbarung Justizvollzugsseelsorge BW. Vgl. zudem die Vereinbarung über die Kirchliche Arbeit in der Polizei BW, die am 1. Januar 2017 in Kraft getreten ist.

4 Aktuell: Zentrale Dienstvorschrift (ZDv) der Bundeswehr Nr. 10/4: Lebenskundlicher Unterricht. Selbstverantwortlich leben – Verantwortung für andere übernehmen können, 2011.

die aus den 1950er-Jahren stammt, nahelegt, zunächst eher all-
gemein-ethisch und nicht pointiert berufsethisch angelegt sein
mochte (Wissenschaftliche Dienste des Bundestages 2006, S. 6f.),
handelt es sich um keine Religionsvermittlung durch den Staat;
er ist kein Religionsunterricht (ZDv 10/4, Nr. 104). Staatskirchen-
rechtliche Bedenken bestehen nicht oder zumindest nicht mehr
(Unruh 2015, S. 250).

Ist es also vor allem die Uniform, die manche verstört? Militärgeistliche tragen eine Dienstkleidung[5] nur „im Felde", also im
(Auslands-)Einsatz, und zwar zu ihrem eigenen Schutz, den ihnen
das Kriegsvölkerrecht gewährt (von Vietinghoff 1993, Dok. 12).
Im Übrigen handelt es sich dabei um eine „ranglose" Uniform mit
dem christlichen Kreuzeszeichen anstelle eines Rangabzeichens.

Ein wenig irritierend können allerdings aktuelle Pressefotos
wirken, auf denen Militärgeistliche im Gottesdienst, also in ihrer Funktion als Liturgen, gezeigt werden, wobei sie ersichtlich
Camouflage tragen. Von den Soldatinnen und Soldaten, die als
Gottesdienstteilnehmer zu sehen sind, unterscheiden sie sich nur
durch eine farbige Stola. Optisch werden sie zum Teil der Truppe.
Rechtlich sind sie es aber nicht. Denn das allgemeine Staatskirchenrecht gibt dergleichen nicht vor. Besonders auffällig wirkt dabei,
dass es sich laut Foto um einen Gottesdienst in einer festen Kapelle
handelt. Wäre der Talar dafür nicht angemessener, jedenfalls bei
evangelischen Militärgeistlichen? Ein Fall von Gruppenanpassung
oder Gruppendynamik? Das Thema ist offenbar facettenreich, wie
auch historische Fotos von Feldgottesdiensten (Geistliche teils im
Talar, teils in Uniform) aus der Vergangenheit der Soldatenseelsorge,
also vor Gründung der Bundeswehr und vor dem Abschluss des
Militärseelsorgevertrages, beweisen (Kirchenamt 1983, S. 39, 63, 69).

---

5   Schlussprotokoll zu Artikel 16 MilitärseelsorgeV. Dienstkleidung in
    diesem Sinne ist nicht die liturgische Amtstracht.

Grundsätzlich der Kirche wesensfremd ist eine kontextuale Erkennbarkeit der Seelsorgenden keineswegs, man denke nur an die Einsatzjacke der Notfallseelsorger, die derjenigen der Rettungskräfte ähnelt. An *einem* Ort allerdings ist ein optisches „Übergewicht" des gruppenbezogenen Kontextes schwer nachvollziehbar, und dies ist der Gottesdienst, auch der Kasualgottesdienst.[6] Dies gilt übrigens nicht nur in der Uniformfrage. Kritische Einwände zur Gestaltung von Kasualgottesdiensten im militärischen Kontext werden auch aus praktisch-theologischer Sicht und aus anderen Gründen erhoben (Schäfer 2011, S. 51f.). Übrigens bemerkte noch 1966 das Evangelische Staatslexikon lapidar: „Der Militärpfarrer trägt keine Uniform" (Wollschläger 1966, Sp. 1309). *Omnia mutantur, nos et mutamur in illis?* (Alle Verhältnisse ändern sich, wir zugleich uns in ihnen?)

Verdunkelt die „Konstruktion" der Militärseelsorge das friedensethische Engagement der Kirchen? Sowenig wie in anderen Bereichen der Anstalts- oder der Sonderseelsorge – man denke nur an den Strafvollzug oder die Polizei – können kirchliche Aufträge, können Menschlichkeit *(humanitas),* Liebe *(caritas)* und Seelsorge *(cura animarum)* gegeneinander ausgespielt werden. Sie ergänzen sich, sie durchdringen einander. Auch wer Abschiebungsgefängnisse aus politischen Gründen ablehnt, wird nicht umhin können, Seelsorge in der Abschiebungshaft zu achten; auch sie folgt den Regeln der Grundrechtswahrnehmung und der *cura animarum* in der öffentlichen Anstalt (§ 6 Abs. 2 Abschiebungshaftvollzugsgesetz Baden-Württemberg vom 16. Dezember 2015). Für die Militärseelsorge, besser formuliert, die Soldatenseelsorge, kann nichts anderes gelten. Auch wer den Auftrag der Bundeswehr ganz

---

6 Und die mit dem Gottesdienst nicht ganz unverwandte Wallfahrt. Als Leiter einer Wallfahrt für Soldaten und Zivilisten in der Südpfalz, natürlich außerhalb der Kaserne, zeigt ein Pressefoto einen katholischen Militärseelsorger in Camouflage (Gottschalk 2017).

oder teilweise ablehnt, wird Begründungsschwierigkeiten haben, Soldatenseelsorge als ethisch fragwürdig abzulehnen, zumal noch immer die Hälfte der Soldatinnen und Soldaten einer christlichen Kirche angehört (EKD 2013, S. 41).

Vielleicht wird Militärseelsorge von Kritikern nicht als Seelsorge wahrgenommen. Bei der Seelsorge im staatskirchenrechtlichen Zusammenhang kann es aber nicht um Wahrnehmungen gehen, wenn die Frage lautet: „Ist das eigentlich Seelsorge?". Die Definitionsmacht für Seelsorge liegt bei den Kirchen. Alles andere würde dem verfassungsrechtlichen Trennungsprinzip widersprechen. Die evangelische Kirche definiert Seelsorge als „aus dem christlichen Glauben motivierte und im Bewußtsein der Gegenwart Gottes vollzogene Zuwendung" (§ 2 Seelsorgegeheimnisgesetz der EKD). Die Seelsorge definiert sich also über die Seelsorgehandlung eines Seelsorgers und nicht über Wahrnehmungshorizonte Dritter. Sicherlich kann in Streit stehen, ob Kontexte seelsorgerlicher Tätigkeit glücklich oder theologisch riskant sind. Das Thema klang bereits im liturgischen Zusammenhang an, kann an dieser Stelle aber nicht vertieft werden.

Den Soldatinnen und Soldaten ist die Teilnahme am Gottesdienst der Militärseelsorge freigestellt (§ 36 Satz 2 Soldatengesetz). Positive und negative Religionsfreiheit (Artikel 4 GG) sind rechtlich vollständig gewahrt. Die Militärseelsorge fällt rechtskonstruktiv nicht aus dem Rahmen der übrigen „Anstaltsseelsorge". Dies gilt auch für ein anderes kritisches Argument: Die Soldatenseelsorge sei nicht mit der Gemeindestruktur der Kirchen verbunden (Thonak 2015, S. 632). Es gehört aber zu den konstitutiven Merkmalen der Sonderseelsorgebereiche, dass sie dort greifen, wo die Parochie nicht ohne weiteres zur Verfügung steht, weil ein rechtlicher Sonderstatus die Lebensverhältnisse bestimmt: an Bord eines Kriegsschiffes, am Krankenbett in der stationären Einrichtung, in der Vollzugsanstalt (Jacobs 2012, S. 233; Link 2012, S. 86). Auch insoweit stellt die Militärseelsorge keinen rechtlichen „Ausreißer" dar. Im Übrigen ist die „Verzahnung" der Militärseelsorger mit dem parochialen Leben der Gliedkirchen, auf deren Gebiet die jeweiligen Bundeswehrstandorte liegen, Angelegenheit nicht der EKD, sondern ihrer Gliedkirchen. Die Evangelische Landeskirche in Baden hat das Entsprechende, einschließlich „Sitz und Stimme" der Militärgeistlichen in kirchlichen Leitungsorganen, geregelt (§ 8 Militärseelsorge-Durchführungsgesetz). Bedenken gegen die Rechtskonstruktion der Militärseelsorge überzeugen daher nicht. Bedenken gegen manche Praxis der Militärseelsorge bedürften theologischer Reflektion und gesonderter Untersuchung.

3.4 Konfliktbewältigung im Staat-Kirche-Verhältnis

Kooperationen sind kein Selbstzweck und kein Mittel zur Konfliktvermeidung um jeden Preis. Daher ist gerichtliche Hilfe zur Wiederherstellung des Rechtsfriedens zwischen Staat und Kirche nicht nur nicht ausgeschlossen, sondern immer wieder in Anspruch genommen worden. Bekannte Prozessthemen sind die Berliner Adventssonntagsregelung im Ladenöffnungsgesetz (BVerfG, Urteil vom 01.12.2009, BVerfGE 125, S. 39), der kirchliche oder säkulare Status von Stiftungen (VGH BW, Urteil vom 08.05.2009 [Liebenau-Entscheidung], DÖV 2009, S. 1012) und der Umfang von Baulasten zu kirchlichen Gebäuden (StaatsGH BW, Urteil vom 02.02.2015, VBlBW 2015, S. 414–421) gewesen.

4 Öffentlichkeitsauftrag und „Wächteramt" der Kirchen

4.1 Öffentlichkeitsauftrag

Der Öffentlichkeitsanspruch und -auftrag der Kirchen ist seit der Loccumer Formel (1955)[7] kirchenvertraglich anerkannt[8] und zwar als selbstauferlegter Auftrag der Kirchen, der unabhängig vom Staat besteht. Der Staat darf insoweit keine Vorgaben machen; er kann ihn nur anerkennen (kritisch dazu Janssen 2017, S. 539) und respektieren (vgl. auch Artikel 41 Abs. 2 Satz 1 Landesverfassung Rheinland-Pfalz und Artikel 109 Landesverfassung Sachsen). Der genannte Auftrag ist nicht als Lobbyarbeit der Kirchen misszuverstehen; dergleichen ist mit dem Öffentlichkeitsauftrag gerade nicht gemeint. Dieser resultiert aus dem verantwortungsethischen Selbstverständnis der Kirche und der Schärfung dieses Selbstverständnisses im Kirchenkampf (vgl. Thiele 2015, S. 184; Herms 1995, S. 10). Zwar bezieht sich das vor allem auf die evangelische Kirche, doch nimmt den Öffentlichkeitsauftrag auch die katholische Kirche für sich in Anspruch, wenngleich dies in ihren Verträgen mit dem Staat weniger exponiert zum Ausdruck kommt als in den jüngeren evangelischen Kirchenverträgen.

---

7   Absatz 5 Präambel Vertrag des Landes Niedersachsen mit den Evangelischen Landeskirchen in Niedersachsen: „[…] in Übereinstimmung über den Öffentlichkeitsauftrag der Kirchen […]".

8   Ebenso beispielsweise in den (evangelischen) Kirchenverträgen Hessen, Rheinland-Pfalz und Baden-Württemberg. Die zunächst eher antithetisch intendierte Vorschrift der Hessischen Verfassung (Artikel 50) ist im Lichte der jüngeren, kirchenvertraglichen Regelung auszulegen und damit modifiziert (vgl. Stolleis 1983, S. 351).

4.2 Konkretionen

Der Öffentlichkeitsauftrag kann verschiedene Formen annehmen (vgl. Hammann 1963, S. 151ff.). Er wird ausgefüllt etwa durch Stellungnahmen und Erklärungen evangelischer Landessynoden[9] oder des Kirchenamtes der EKD (Artikel 31 Abs. 2 Nr. 9 Grundordnung der EKD), zudem durch die Akademiearbeit, also durch Veranstaltungen der evangelischen – und katholischen – Akademien. Ein wesentliches „Format" für den Öffentlichkeitsauftrag kann in den evangelischen Kirchentagen und den Katholikentagen gesehen werden und nicht zuletzt in evangelischer und katholischer Publizistik; ein zuweilen gesellschaftspolitisch wirksames Genre stellen die Denkschriften der EKD dar – seit 1962. Der Öffentlichkeitsauftrag der Kirchen versteht sich als Beitrag zur öffentlichen Meinungsbildung, ja zur politischen Kultur in Deutschland. Der Theologe Walter Kreck hat daran erinnert, dass kirchliche Stellungnahmen zu gesellschaftlichen Problemen nicht durch Vielzahl und Beliebigkeit, sondern durch Pointiertheit und „Reife" gewinnen (Kreck 1990, S. 218f.).

Für Beiträge zur öffentlichen Meinungsbildung gibt es kein rechtliches Monopol der Kirchen. In Beiträgen zum Diskurs erschöpft sich ihr Öffentlichkeitsauftrag aber nicht. Seine Triebfeder ist weder eine politische noch eine moralische. Religion ist nicht Moral. Der Auftrag der Kirchen „an alle Welt" ist vielmehr ein theologischer. Dies bildet für die Kirchen das Differenzkriterium zum öffentlichen Wirken zivilgesellschaftlicher Akteure. Der kirchliche Auftrag wird nicht als selbstgesetzter Auftrag verstan-

---

9 Dies ist kirchenrechtlich geregelt, zum Beispiel in Artikel 65 Abs. 3 Satz 3 Grundordnung der Evangelischen Landeskirche in Baden: „Zu aktuellen Fragen des kirchlichen und öffentlichen Lebens kann sie [die Landessynode] Stellungnahmen beschließen und Erklärungen abgeben."

den, sondern als gottbefohlener, er ist *unique*. Der Staat wiederum anerkennt die Differenz durch die Loccumer Formel, die sich auch auf Artikel 4 GG rückbeziehen ließe. Anderen religionsgemeinschaftlichen Akteuren wäre die Möglichkeit, auf der Grundlage der Religionsfreiheit einen Öffentlichkeitsanspruch zu erheben, nicht verwehrt. Insofern entzieht die religiöse Pluralität in Deutschland der Loccumer Formel die Grundlage nicht (vgl. Klostermann 2016).

4.3   Wächteramt

In diesem Zusammenhang muss ein weiteres Stichwort fallen, das in der Diskussion des Thesenpapiers des Verfassers eine große Rolle spielte, auch wenn ihm ein eigener Beitrag im vorliegenden Band gewidmet ist: Es geht um das „Wächteramt". Dies beanspruchen die Kirchen aus theologischen Gründen für sich („Salz der Erde", Mt 5,13). Der Staat schreibt es ihnen nicht zu. Er kennt allenfalls, so nach der Verfassung des Landes Hessen, eine Jedermannspflicht zum „Widerstand gegen verfassungswidrig ausgeübte öffentliche Gewalt" (Artikel 147 Abs. 1; vgl. auch Artikel 20 Abs. 4 GG).

Worüber „wacht" die Kirche und was bedeutet das in unserem Kontext? Konsens wird darüber bestehen, dass die Kirchen aus ihrem Selbstverständnis ableiten, dem Staat und der Gesellschaft nicht nur partnerschaftlich zu begegnen, sondern beiden, dem Staat und der Gesellschaft, auch ein Stück weit gegenüber zu stehen, mahnend, erinnernd, zum Beispiel an die ethischen Grundlagen des Handelns, auch des politischen Handelns, also an die Verantwortung „vor Gott und den Menschen", wie es die Präambel des Grundgesetzes formuliert und auch manche Landesverfassung (Vorspruch Landesverfassung Baden-Württemberg). Sich als ein situatives Gegenüber zu begreifen, pointiert die gesellschaftspolitische

Rolle der Kirchen, die sie als „zivilgesellschaftlicher Akteur" nicht ausreichend beschrieben sehen (vgl. Langendörfer 2003, S. 56ff.).

Das kritische Wächteramt, das die Kirchen mit dem propheti-schen Amt in Verbindung sehen (vgl. Bedford-Strohm 2017) und das sich durchaus auch gegen die Kirche selbst richten kann, ist ein ethisches, kein rechtliches. Es wird konkret in Stellungnahmen der Kirchen in zentralen Fragen, in Fragen der Menschenwürde, der Medizinethik, der Friedensethik. Dies ist das „gute Recht" der Kirchen, aber nicht nur der Institution, sondern auch der Amtsträger und Mitglieder (man denke an Martin Luther King oder Friedrich Schorlemmer).

Das normative Recht trägt diesem Hintergrund in gewisser Hinsicht Rechnung. Auf der Individualebene sei an das Grund-recht der Gewissensfreiheit erinnert (Artikel 4 Abs. 1 GG). In korporativer Hinsicht weiß das Recht von der „bleibenden Ver-antwortung der Kirchen", nicht nur „für christlichen Glauben, kirchliches Leben und diakonischen Dienst", sondern auch um „deren Bedeutung für das Gemeinwohl und den Gemeinsinn der Bürgerinnen und Bürger im religiös neutralen Staat." So bringt es die Präambel des bereits erwähnten Evangelischen Kirchenvertrags Baden-Württemberg zum Ausdruck. Das lässt sich zunächst auf den Öffentlichkeitsauftrag der Kirchen beziehen, mutatis mutandis aber auch auf das Wächteramt.

Das kirchliche Wächteramt ist ein universales. Dementspre-chend kennen es auch andere Kirchen als die deutschen, so etwa der schweizerische Protestantismus (vgl. Hirzel 2017, S. 358). Das Wächteramt geht im Öffentlichkeitsanspruch und –auftrag nicht auf. Während letzterer im Sendungsauftrag wurzelt, geht es erste-rem um eine Gerechtigkeitsordnung (vgl. Wolf 1961, S. 139), auch wenn es dabei Schnittmengen und Abgrenzungsprobleme (vgl. Pausch 2013, S. 14) geben mag.

4.4   Begrenzungen

Die Kirchen in Deutschland – und ihre Mitglieder – unterliegen
keinen grundsätzlichen Restriktionen, was die Wahrnehmung des
Öffentlichkeitsauftrags anbelangt (Art. 4 GG). Auch ihr öffent-
lich-rechtlicher Status verlangt den Kirchen keine Zurückhaltung
ab. Sie sind wie alle vergleichbaren Organisationen zur Rechtstreue
verpflichtet. Zur politischen Neutralität sind sie von Verfassungs
wegen nicht gehalten. Ob sie aus eigener Raison politisch neutral,
politisch gefällig oder unpolitisch sein wollen (sofern das überhaupt
möglich ist), ist ihnen überlassen. Auch die partnerschaftliche
Zusammenarbeit mit dem Staat in vielen Bereichen – Religionsunterricht, Anstaltsseelsorge, Diakonie wurden bereits genannt –
verlangt von den Kirchen keine „blinde Loyalität" (Schmude 1987,
S. 1023).[10] Die Kirchen sind weder Subunternehmer noch fünfte
Kolonne des Staates. Ihre grundsätzliche Gemeinwohlorientierung
wäre missverstanden, würde sie die Kirchen verstummen lassen,
wo ein klares Wort geboten ist. Positionalität gehört zur Gemeinwohlorientierung dazu.

4.5   Nichtchristliche Religionsgemeinschaften

Ob andere Religionsgemeinschaften als die christlichen Kirchen für
sich ein Wächteramt reklamieren, ist ebenfalls ihnen überlassen.
Dies ist eine Frage an die jeweilige Theologie. Der deutsche Staat
behandelt die Religionsgemeinschaften grundsätzlich gleich, wie
bereits ausgeführt. Auch insoweit gilt die Schranke der allgemeinen

---

10 Vgl. auch BVerfGE 102, S. 370 (eine Loyalität zum Staat, die über
    die Anerkennung der tragenden Verfassungsprinzipien und die
    Rechtstreue hinausgeht, ist auch von korporierten Religionsgemein-
    schaften nicht gefordert).

Gesetze, die etwa Diffamierungen oder Hasspropaganda verbieten (vgl. §§ 185ff. StGB, gfls. auch § 166 StGB und Vorschriften des Polizeirechts). Ob aus christlich-theologischer Sicht ein vergleichbares Wächteramt von Drittreligionen reklamierbar ist, muss hier offen bleiben. Das Wächteramt der christlichen Kirchen wird christologisch begründet (Königsherrschaft Christi).

5 Konsequenzen für Staat und Kirchen

5.1 Verschränkungen

Die Prinzipien der Trennung von Staat und Kirche und der religiösen Selbstbestimmung sind Kennzeichen des freiheitlichen Verfassungsstaats. Dieser bedarf der Kirchen und der anderen gemeinwohlorientierten Religionsgemeinschaften, lebt doch der freiheitliche, säkularisierte Staat von Voraussetzungen, die er selbst nicht garantieren kann (Böckenförde 1973, S. 60, 2006, S. 112; ähnlich Kretschmann 2013, S. 3; kritisch zum Böckenförde-Diktum: Kreß 2012, S. 24ff.). Umgekehrt bedürfen auch die Kirchen und Religionsgemeinschaften des Rechtsstaats, der ihnen die Freiheit religiösen Wirkens garantiert, solange keine Kollision mit den „allgemeinen Gesetzen" (Artikel 140 GG/Artikel 137 WRV) eintritt.

5.2 Trennung der Funktionen

Und doch ist die Trennlinie nicht immer so leicht zu ziehen. Was genau ist des Staates, was genau ist der Kirche? Der Staat unterliegt nicht nur dem Identifikationsverbot mit einer Kirche oder Religion, er darf auch nicht an deren Stelle treten. Mit anderen Worten, und zwar Worten von Gustav Heinemann (1967, S. 237):

„Der Staat darf nicht Kirche sein wollen, die Kirche darf sich nicht
staatliche Funktionen aneignen wollen" (ähnlich Barth 1946,
S. 11). Letzteres kann schon beim Kirchenasyl strittig sein. Asyl
gewährt im souveränen Staat nur dieser (Artikel 16 a GG; Jacobs
1990, S. 35, 37; Traulsen 2015, S. 106). Als Rechtsgrundsatz wird
dies kirchlicherseits nicht bestritten (Huber 1996, S. 415f.). Doch
bewegt sich das – humanitär intendierte und theologisch mit der
Nächstenliebe begründete[11] – Kirchenasyl in einer rechtlich-po-
litischen Grauzone, die es eigentlich, also verfassungsrechtlich
gesehen, nicht geben darf. Und dennoch besteht sie, nicht nur in
Deutschland, sondern auch in den USA (Heil 2017, S. 9). Deutsche
Behörden reagieren auf Fälle von Kirchenasyl unterschiedlich, teils
eher rigoros, teils zumindest im Ansatz verständnisvoll. Hier spielt
offenbar eine große Rolle, ob regional eine Dialogkultur zwischen
Kirche und Staat zu Fragen des Kirchenasyls etabliert ist.[12] Das
Saarland hat mit den auf seinem Gebiet gelegenen evangelischen
Landeskirchen sogar eine Vereinbarung zum Umgang mit Fällen
von Kirchenasyl geschlossen (2002).[13] Ziffer 7 dieser Vereinbarung
hält fest: „Die staatlichen Vollzugsorgane sehen regelmäßig davon

---

11 Entschließung der Gesamtsynode der Evangelisch-reformierten Kirche
    zum Thema Kirchenasyl vom 29. April 2017 (Ziffer 4), in: Gesetzes-
    und Verordnungsblatt der Evangelisch-reformierten Kirche 2017,
    S. 164.

12 Kompetenzen der Kirchen zur Beurteilung von Härtefällen im Bereich
    des Ausländerrechts werden vom Staat anerkannt. Dies findet in der
    Zusammensetzung der Härtefallkommissionen Ausdruck (vgl. § 2
    Abs. 2 HFKomVO BW).

13 Vereinbarung zwischen dem Saarland, der Evangelischen Kirche im
    Rheinland, der Evangelischen Kirche der Pfalz zum Umgang mit
    Fällen von Kirchenasyl im Saarland vom 2.7.2002, in: Amtsblatt der
    Evang. Kirche der Pfalz 2002, S. 242, und in: Amtsblatt der EKD 2011,
    S. 515.

ab, zum Zweck des Zugriffs auf die im Kirchenasyl befindlichen Personen Kirchenräume zu betreten."

5.3   Religiöse Vielfalt

Wenn der Staat nicht Kirche sein darf, was bedeutet das angesichts der religiösen Vielfalt der Gesellschaft? Darf der Staat Arrangeur eines religiösen Dialogs unter den Religionsgemeinschaften sein – um des gesellschaftlichen Friedens willen? Hier wird Skepsis angebracht sein. Wie auch im Europarecht (vgl. Artikel 17 Abs. 3 AEUV), so gilt auch im nationalen Recht: Selbstverständlich führt der Staat einen Dialog *mit* den Religionsgemeinschaften. Aufgabe des Staates ist es aber nicht, einen Dialog *zwischen* den Religionsgemeinschaften zu organisieren (vgl. mit Bezug auf das EU-Recht: Belafi 2015, S. 6). Zuweilen verdunkelt hier politisches Wollen den Blick auf das rechtliche Dürfen. Darf sich der Staat, sei es auch nur übergangsweise, an die Stelle einer Religionsgemeinschaft setzen und Beiräte einsetzen, die anstelle einer religiösen Instanz über theologische Lehre entscheiden? Auch hier heiligt der Zweck nicht das Mittel. Wenn den Kirchen die Freiheit von staatlicher Bevormundung garantiert ist (Artikel 41 Abs. 2 Verfassung von Rheinland-Pfalz; Artikel 142 Abs. 3 Bayerische Verfassung), so gilt dies prinzipiell allen Religionsgemeinschaften. Keinerlei Bedenken begegnet es dagegen, wenn der Staat staatliche Fragen, darunter auch staatsrechtliche Fragen, mit religiösen Gruppierungen erörtert, etwa im Rahmen einer sogenannten Islamkonferenz (richtigerweise: Islamverbändekonferenz). Jede Parteinahme zugunsten einer bestimmten religiösen Ausrichtung (Konfession?) ist ihm aber verwehrt. Der Staat, auch in seinem religionspositiven Mandat, hat das Recht zu wahren, aber er hat kein Mandat zum Religionswächter.

Wenn der Staat nicht Kirche sein darf, dann darf er auch nicht Weltanschauung sein. Er darf also von Verfassungs wegen kein laizistischer Staat sein. Ebenso wenig darf er einer Zivilreligion frönen oder den Verfassungstext quasi als höheres Wesen verehren ("Verfassungspatriotismus"); die Verfassungspräambel wäre dann gründlich missverstanden. Das Trennungsprinzip verbietet es dem Staat, sich auf den Stuhl der Religion oder einer Weltanschauung zu setzen.

5.4   Konkretionen

Das Trennungsprinzip verbietet es wiederum der Religion, und zwar jeder Religion, sich Staatsgebahren anzumaßen, auch das Gebahren auswärtiger Staaten, was die Souveränität des deutschen Staates tangiert.

Das Trennungsprinzip und die Souveränität des Staates untersagen es der Religion aber nicht, dem Staat *als religiöse Instanz* gegenüber zu treten. Dies kann in ethischer Hinsicht sogar als geboten empfunden werden. Die Grenze hierfür ziehen nur die allgemeinen Gesetze. Die Quintessenz kann man mit dem Verfassungsrechtler Udo di Fabio (2016) auf eine einfache Formel bringen: "Die Politik akzeptiert das Sperrige der Religion – und die Gläubigen müssen die Bedingungen des Verfassungsstaats achten."

Was für die "Gläubigen", also die Mitglieder, gilt, hat auch für deren Religionsgemeinschaften Geltung. Was auf individueller Ebene gilt, gilt auch auf kollektiver. Klar wird dies am Demonstrationsrecht: Selbstverständlich dürfen die Kirchen zu Demonstrationen aufrufen oder sich an solchen beteiligen (Art. 8 GG), dürfen sie doch ihrem Selbstverständnis entsprechend in der Öffentlichkeit frei wirken (Art. 4 und Art. 140 GG). Das Thema einer solchen Demonstration ist nicht beschränkt, es gelten für Demonstrationen unter kirchlicher Beteiligung die Schranken des allgemeinen Gesetzes. Die Beteiligung kirchlicher Gruppen an Friedensdemonstrationen ist ein bekanntes Beispiel, die Beteiligung kirchlicher Amtsträger ein weiteres Beispiel: Der Landesbischof der Evangelischen Landeskirche in Baden, Jochen Cornelius-Bundschuh, beteiligte sich im Jahr 2016 an einer kritischen Kundgebung zu TTIP; er war einer der Hauptredner (Cornelius-Bundschuh 2016).

5.5   Bedeutung der Mitgliederzahl

Religiöse Freiheit und religiöse Selbstbestimmung bindet das Grundgesetz an keine Marge. Die Zahl der Mitglieder einer Religionsgemeinschaft oder auch die Zahl aller Mitglieder der christlichen Kirchen spielen für die Rechtsgewährung prinzipiell keine Rolle. Demzufolge ist die zunehmende Säkularisierung der Gesellschaft für das Staat-Kirche(n)-Verhältnis rechtlich zunächst folgenlos, zumal niemand weiß, ob diese Entwicklung unumkehrbar ist. Es gibt auch keinen generellen Anspruch der Nichtchristen oder der Atheisten, von Konfrontation mit Religion im öffentlichen Raum verschont zu werden – dies würde ja gerade den Atheismus zur obersten Norm erklären und widersetzte sich dem Neutralitätsgebot der Verfassung. Somit kann davon ausgegangen werden, dass die rechtlichen Handlungsmöglichkeiten der Kirchen im öffentlichen Raum noch morgen dieselben sein werden wie heute, zumal gerade jetzt, in unsicheren Zeiten, öffentliches Wirken und öffentliche Positionierung der Kirchen öffentlich eingefordert werden (Finger 2017). Dabei entsteht ein Paradox: Während die einen den Öffentlichkeitsauftrag der Kirchen in Frage gestellt sehen (Vetter 2017, S. 10), fordern die anderen ihn nachgerade ein – ja sogar das Wächteramt (vgl. Barth 2017, S. 515).

6   Fazit

Nicht nur der äußere Frieden, auch der innere Frieden der Gesellschaft, der religiöse Frieden, ist keine Einbahnstraße, bei der
es damit getan wäre, dass der Staat einige Gebots- und Verbots-
schilder aufstellte und ansonsten den Religionsgemeinschaften
die Straßennutzung überließe. Der Religionsfrieden bedarf der
Interaktion. Sie geschieht in den Angeboten, die beide Seiten, der
Staat und die Religionsgemeinschaften, einander unterbreiten:
Auf der einen Seite steht das Angebot des Staates, Freiheitsrechte
wahrzunehmen, etwa die freie Religionsausübung. Auf der anderen,
der religionsgemeinschaftlichen Seite, findet man das Angebot,
„der Stadt Bestes zu suchen" (Jer 29,7), sich auf die Gesellschaft ein
Stück weit einzulassen, ihr auch im religiösen, in die Gesellschaft
hineinreichenden Wirken gerecht zu werden, sich auf Diskurse
einzulassen, sich ein Stück weit transparent zu machen.

Wer das Verfassungsgefüge so versteht, als Angebot und Aufgabe,
wird kein Problem darin sehen, auch das Sperrige, das Kantige der
Religion – jedweder Religion – so zu akzeptieren wie das Sperrige
der Kunst, der Meinungen, der menschlichen Profile, sofern eine
Wertebasis, ein Respekt vor den grundlegenden Werten, gewahrt
bleibt. Wenn beide Seiten das Ihre leisten, ist religiöser Friede kein
Zauberwort. Er steht dem äußeren Frieden an Bedeutung kaum
nach. Die rechtlichen Grundlagen dafür sind längst gelegt. Sie
bedürfen aber des Verständnisses, der Anwendung und der Pflege.

Literatur

Andrä, Sabine. 2013. § 96 Rn. 11. In *Schulrecht Baden-Württemberg. Kommentar,* hrsg. von Felix Ebert, 400. Stuttgart: Richard Boorberg.

Barth, Hans-Martin. 2017. Die Reformation geht weiter. Luthers Theologie für das 21. Jahrhundert. *Deutsches Pfarrerblatt* 117 (9): 512–515.

Barth, Karl. 1946. *Christengemeinde und Bürgergemeinde.* Zollikon-Zürich: Evangelischer Verlag.

Bedford-Strohm, Heinrich. 2017. Die zwei Regimente. *Frankfurter Allgemeine Zeitung* vom 15. Mai 2017: 6.

Belafi, Matthias. 2015. Neue Kommission, neuer Dialog? Zu den Entwicklungen des Dialogs zwischen der Europäischen Kommission und den Kirchen nach der Europawahl 2014. *Europa-Informationen* 148: 5–6.

Böckenförde, Ernst Wolfgang. 1973. Zur Problematik des Hüter- und Wächteramts der Kirche, erläutert am Verhalten der Kirche im „Dritten Reich". In *Kirchlicher Auftrag und politische Entscheidung,* hrsg. von Ernst Wolfgang Böckenförde, 105–122. Freiburg: Rombach + Co.

Böckenförde, Ernst Wolfgang. 2006. Die Entstehung des Staates als Vorgang der Säkularisation. In *Staat, Gesellschaft, Freiheit,* hrsg. von Ernst Wolfgang Böckenförde, 92–114. 4. Aufl. Frankfurt a. M.: Suhrkamp.

Cornelius-Bundschuh, Jochen. 2016. „Wir brauchen eine Handelspolitik, die Armut überwindet und den Menschen dient!" Rede von Landesbischof Cornelius-Bundschuh bei der TTIP-Demonstration in Berlin. http://www.ekiba.de/html/aktuell/aktuell_u.html?t=1fbe-73ba161f5248a1c7a8e78737801d&tto=d88d448b&&cataktuell=&m=19431&artikel=8871&stichwort_aktuell=&default=true. Zugegriffen: 05. Februar 2018.

Deutscher Bundestag, Wissenschaftliche Dienste. 2006. Verfassungsmäßigkeit der Erteilung des Lebenskundlichen Unterrichts in der Bundeswehr nach der Zentralen Dienstvorschrift (Merkschrift) „Lebenskundlicher Unterricht" – ZDv 66/2 – Erlass des Bundesministers für Verteidigung vom 5. September 1959. Ausarbeitung. https://www.google.de/url?sa=t&rct=j&q=&esrc=s&source=web&cd=1&ved=0ahUKEwiRuqiQgJzaAhWDJFAKHS6GBa4QFggpMAA&url=https%3A%2F%2Fwww.bundestag.de%2Fblob%2F423800%2F2c7f63ceaf0410224dd786442b98d714%2Fwd-3-266-06-pdf-data.pdf&usg=AOvVaw0R7B_pJHQXaCNIJdhv18bB. Zugegriffen: 22. August 2017.

Di Fabio, Udo. 2016. Begegnung mit dem Absoluten. *Frankfurter Allgemeine Zeitung* vom 22. Dezember 2016: o. S.

Dingel, Irene. 2015. Das Ringen um ein Minderheitenrecht in Glaubensfragen. Die Speyerer Protestation von 1529. *Zeitschrift für Kirchengeschichte* 126 (2/3): 225–242.

Ennuschat, Jörg. 2016. Seelsorge. In *Handbuch des evangelischen Kirchenrechts*, hrsg. von Hans Ulrich Anke, 654–680. Tübingen: Mohr Siebeck.

Evangelische Kirche in Deutschland (EKD). 1986. *Evangelische Kirche und freiheitliche Demokratie. Der Staat des Grundgesetzes als Angebot und Aufgabe.* 3. Aufl. Gütersloh: Gütersloher Verlagshaus.

Evangelische Kirche in Deutschland (EKD). 2007. *Aus Gottes Frieden leben – für gerechten Frieden sorgen. Eine Denkschrift des Rates der Evangelischen Kirche in Deutschland.* Gütersloh: Gütersloher Verlagshaus.

Evangelische Kirche in Deutschland (EKD). 2013. *„Selig sind die Friedfertigen". Der Einsatz in Afghanistan: Aufgaben evangelischer Friedensethik. Eine Stellungnahme der Kammer für Öffentliche Verantwortung der EKD.* Hannover: Kirchenamt der EKD.

Evangelische Kirche in Deutschland und Sekretariat der Deutschen Bischofskonferenz (Hrsg.). 1997. *Chancen und Risiken der Mediengesellschaft.* Gemeinsame Erklärung. Hannover und Bonn: Kirchenamt der EKD.

Evangelischer Oberkirchenrat (Hrsg.). 2014. *Verhandlungen der Landessynode der Evangelischen Landeskirche in Baden.* 11. Ordentliche Tagung vom 20. Oktober bis 24. Oktober 2013. Karlsruhe: Selbstverlag (textidentisch mit: Evangelischer Oberkirchenrat (Hrsg.). 2014. *Richte unsere Füße auf den Weg des Friedens.* Karlsruhe: Selbstverlag).

Evangelisches Kirchenamt für die Bundeswehr (Hrsg.). 1983. *Bilder und Texte aus der Soldatenseelsorge 1550–1945.* Bonn: Selbstverlag.

Finger, Evelyn. 2017. Schrumpfende Kirchen. *Die Zeit* Nr. 31 vom 27. Juli 2017: 48.

Frisch, Michael und Uwe Kai Jacobs. 2009. Evangelischer Kirchenvertrag Baden-Württemberg. *Zeitschrift für evangelisches Kirchenrecht* 54 (3): 290–327.

Gottschalk, Michael. 2017. Wallfahrt im Namen des Vaters, des ... . *Die Rheinpfalz*, Ausgabe für die Südpfalz vom 1. September 2017, o. S.

Grundmann, Siegfried. 1967. Laizistische Tendenzen im deutschen Staatskirchenrecht? In *Kirche und Staat*, hrsg. von Kurt Aland und Wilhelm Schneemelcher, 126–133. Berlin: Walter de Gruyter & Co.

Hammann, Ernst. 1963. Die Öffentlichkeitsarbeit der Kirche – Auftrag und Grenze. In *Dienende Kirche,* hrsg. von Otto Hof, 151–160. Karlsruhe: Hans Thoma.

Heil, Christiane. 2017. Kirchenasyl als letztes Mittel. *Frankfurter Allgemeine Zeitung; Deutschland und die Welt.* Ausgabe vom 22. Juni 2017: 9.

Heinemann, Gustav W. 1967. Neue Fakten und Formen des politischen Engagements der evangelischen Kirche. In *Kirche und Staat,* hrsg. von Kurt Aland und Wilhelm Schneemelcher, 232–248. Berlin: Walter de Gruyter & Co.

Herms, Eilert. 1995. Die evangelischen Kirchen in der Gesellschaft der Bundesrepublik Deutschland. In *Kirche für die Welt. Lage und Aufgabe der evangelischen Kirchen im vereinigten Deutschland,* hrsg. von Eilert Herms, 1–18. Tübingen: J.C.B. Mohr.

Hirzel, Martin Ernst. 2017. Die gesellschaftliche, politische und ökumenische Relevanz des gegenwärtigen schweizerischen Protestantismus. In *Exportgut Reformation. Ihr Transfer in Kontaktzonen des 16. Jahrhunderts und die Gegenwart evangelischer Kirchen in Europa,* hrsg. von Ulrich A. Wien und Mihai-D. Grigore, 355–367. Göttingen: Vandenhoeck & Ruprecht.

Huber, Wolfgang. 1996. *Gerechtigkeit und Recht. Grundlinien christlicher Rechtsethik.* Gütersloh: Gütersloher Verlagshaus.

Isensee, Josef. 2013. Gut aufgehoben. *Frankfurter Allgemeine Zeitung* vom 23. Dezember 2013: 7.

Jacobs, Uwe Kai. 1990. Kirchliches Asylrecht. *Zeitschrift für evangelisches Kirchenrecht* 35 (1): 25–43.

Jacobs, Uwe Kai. 2012. Gemeindeformen und Seelsorgefelder in der evangelischen Kirche. Rechtliche Strukturen und innere Zusammenhänge. *Kirche und Recht. Zeitschrift für die kirchliche und staatliche Praxis* 18 (2): S. 224–244.

Jacobs, Uwe Kai. 2016. Staatsverträge mit nichtchristlichen Religionsgemeinschaften. Chancen und Grenzen. *Kirche und Recht. Zeitschrift für die kirchliche und staatliche Praxis* 22 (1): 1–13.

Jacobs, Uwe Kai. 2017. Wie plural ist das staatliche Religionsrecht in Deutschland? Rechtslage, Interessen, Desiderate. *Deutsches Pfarrerblatt* 117 (1): 18–22.

Janssen, Achim. 2017. *Aspekte des Status von Religionsgemeinschaften als Körperschaften des öffentlichen Rechts.* 2. Aufl. Berlin: Duncker & Humblot.

Jeand'Heur, Bernd und Stefan Korioth. 2000. *Grundzüge des Staatskirchenrechts.* Stuttgart: Richard Boorberg.

Klostermann, Götz. 2016. Der kirchliche Öffentlichkeitsauftrag. In *Handbuch des evangelischen Kirchenrechts,* hrsg. von Hans Ulrich Anke, 776–796. Tübingen: Mohr Siebeck.

Kreck, Walter. 1990. *Grundfragen christlicher Ethik.* 4. Aufl. München: Chr. Kaiser.

Kreß, Hartmut. 2012. *Ethik der Rechtsordnung. Staat, Grundrechte und Religionen im Licht der Rechtsethik.* Stuttgart: W. Kohlhammer.

Kretschmann, Winfried. 2013. „Getrennt, aber nicht gleichgültig. Weiterentwicklung einer ausbalancierten Trennung von Staat und Religion." Pdf-Datei des Vortrags vom 18. Oktober 2013. www.stm.baden-wuerttemberg.de/de/presse/service. Zugegriffen: 11. August 2017.

Langendörfer, Hans. 2003. Politik ist nicht alles – Über die politische Präsenz der Kirchen. In *Religion und Politik. Ergebnisse und Analysen einer Umfrage,* hrsg. von Bernhard Vogel, 41–69. Freiburg: Herder.

Link, Christoph. 2012. Verständige Kooperation. Die These 5 der Barmer Theologischen Erklärung und der neue baden-württembergische Staatskirchenvertrag. *Deutsches Pfarrerblatt* 112 (2): 82–87.

de Maizière, Thomas. 2012. Kirche im Staat. Die Zeit Nr. 46, S. 1. www.zeit.de/2012/46/Ministerrede. Zugriffen: 26. Juni 2017.

Pausch, Eberhard. 2013. Was ist „öffentliche Theologie"? Einige Überlegungen aus der Perspektive öffentlicher Verantwortung. *Hessisches Pfarrblatt. Zweimonatsschrift für Pfarrerinnen und Pfarrer aus Hessen-Nassau und Kurhessen-Waldeck,* 42 (1): 12–18.

Schäfer, Gertrud. 2011. Sie haben ihr Leben riskiert. Zentrale Trauerfeiern für in Afghanistan getötete deutsche Soldaten (2007/2010). In *Riskante Theologien. Gottesdienste in der gesellschaftlichen Öffentlichkeit,* hrsg. von Kristian Fechtner und Thomas Klie, 43–58. Stuttgart: W. Kohlhammer.

Schmude, Jürgen. 1987. Kirche und Christen im demokratischen Staat. In *Ein Richter, ein Bürger, ein Christ. Festschrift für Helmut Simon,* hrsg. von Willy Brandt, Helmut Gollwitzer und Johann Friedrich Henschel, 1015–1025. Baden-Baden: Nomos.

Stolleis, Michael. 1983. Staatskirchenrecht. In *Hessisches Staats- und Verwaltungsrecht,* hrsg. von Hans Meyer und Michael Stolleis, 344–362. Frankfurt a. M.: Alfred Metzner.

Thiele, Christoph. 2015. Öffentlichkeitsauftrag. In *100 Begriffe aus dem Staatskirchenrecht*, hrsg. von Hans Michael Heinig und Hendrik Munsonius, 183–185. 2. Aufl. Tübingen: Mohr Siebeck.

Thonak, Sylvie. 2015. Zur Zukunft der evangelischen Militärseelsorge. Ecclesiola extra ecclesiam? *Deutsches Pfarrerblatt* 115 (11): 632–634; 642–644.

Traulsen, Christian. 2015. Kirchenasyl. In *100 Begriffe aus dem Staatskirchenrecht*, hrsg. von Hans Michael Heinig und Hendrik Munsonius, 105–107. 2. Aufl. Tübingen: Mohr Siebeck.

Unruh, Peter. 2015. *Religionsverfassungsrecht*. 3. Aufl. Baden-Baden: Nomos.

Vetter, Martin. 2017. Salz der Erde, Licht der Welt. Aktuelle Herausforderungen einer öffentlichen Kirche. *Deutsches Pfarrerblatt* 117 (1): S. 9–13.

von Vietinghoff, Eckhart. 1993. *Militärseelsorge. Bericht des Ausschusses zur künftigen Gestaltung der Militärseelsorge.* Weitere Stellungnahmen der Landeskirchen und andere Materialien. Hannover: EKD.

Wolf, Erik. 1961. *Ordnung der Kirche. Lehr- und Handbuch des Kirchenrechts auf ökumenischer Basis.* Frankfurt am Main: Vittorio Klostermann.

Wollschläger, Hermann. 1966. Militärseelsorge, IV. Praxis. In *Evangelisches Staatslexikon,* hrsg. von Werner Heun, Martin Honecker, Martin Morlok und Joachim Wieland. Sp. 1308–1310. Stuttgart: Kreuz-Verlag.

Der Öffentlichkeitsauftrag der Kirche für gerechten Frieden im Kontext des imperialen Kapitalismus[1]

Ulrich Duchrow

1   Einleitung

Als 2007 die Friedensdenkschrift der Evangelischen Kirche in Deutschland (EKD) erschien, kritisierte die weltweite Ökumene, dass die EKD es scheue und versäume, eine systematische Analyse und Kritik der herrschenden politisch-ökonomischen Verhältnisse vorzunehmen, innerhalb derer die Friedensfrage im engeren Sinn erst zu verstehen sei (vgl. Duchrow 2008a). Im Mittelpunkt der Debatte stand das Stichwort der Globalisierung. Die EKD urteilte, dass in den herrschenden systemischen Verhältnissen nur die Verteilung zu wünschen übrig lasse. Die ökumenischen Dokumente und Beschlüsse jener Zeit dagegen arbeiteten mit der Unterscheidung Globalisierung als *Prozess* (erweiterte Kommunikation), der auch positive Seiten habe, und Globalisierung als herrschendes neoliberal-kapitalistisches *Projekt*, das für die Mehrzahl der Menschen in den Ländern des Südens, für eine wachsende Zahl der

---

1   Den Freunden Gerhard Liedke und Konrad Raiser zum 80. Geburtstag gewidmet.

© Springer Fachmedien Wiesbaden GmbH, ein Teil von Springer Nature 2019
S. Jäger und F. Enns (Hrsg.), *Gerechter Frieden als ekklesiologische Herausforderung*, Gerechter Frieden, https://doi.org/10.1007/978-3-658-22910-8_3

Verliererinnen auch im Norden, für die Schöpfung insgesamt und damit letztlich auch für den Weltfrieden vornehmlich negative Effekte habe (vgl. ÖRK 2005, Anm.1). Damit ist die Frage nach einer kritischen Auseinandersetzung mit unserer derzeitigen politisch-ökonomischen „Weltunordnung" gestellt. Diese wurde von der Denkschrift nur benannt, ohne aber deren Folgen einer systematischen Ursachenanalyse zu unterziehen. Eine zweite Schwachstelle der damaligen Denkschrift war die ungenügende Vermittlung der theologischen Reflexion mit den sozialgeschichtlich zu lesenden biblischen Traditionen. Methodisch wurden die biblischen Texte (EKD 2007, Ziff. 37ff.) kontextlos zitiert – es fehlte jeder Hinweis auf die konkrete Auseinandersetzung der Propheten, der Tora, der apokalyptischen Texte des frühen Judentums, der Jesusbewegung und der Urchristenheit mit den politisch-ökonomischen und militärischen Entwicklungen in Israel/Juda und auf deren Wechselwirkung mit den Imperien von Ägypten bis zum Römischen Reich. Dies entsprach, methodisch gesehen, dem Verzicht auf politisch-ökonomische Analyse der zeitgenössischen Verhältnisse. Beide Defizite der Denkschrift haben dann auch in der Ekklesiologie und deren konkreter Umsetzung negative Folgen, insofern nur allgemeine Aussagen ohne hermeneutisch begründete konkrete Zuspitzungen gemacht werden können. In den folgenden Abschnitten soll der Versuch unternommen werden, in all diesen Punkten über die EKD-Denkschrift hinauszuführen.

2   Biblische Grundlagen – einige Skizzen

Der Begriff des gerechten Friedens spricht zentrale Aspekte der Bibel an (vgl. Duchrow und Liedke 1987). Dabei wird auf der begrifflichen Ebene die Verbindung von Gerechtigkeit und Frieden ausdrücklich hergestellt. Wie aber ist diese Verbindung konkret historisch vorstellbar? In welchen politischen, ökonomischen und militärischen Strukturen entfaltet sie sich? Welche Institutionen spielen dabei welche Rolle? Um sich diesen Fragen im Blick auf gerechten Frieden zu nähern, bedarf es eines skizzenartigen geschichtlichen Überblicks (vgl. Albertz 1992; Kessler 2006).

2.1 Politische Ökonomie in imperialen Kontexten der Geschichte Israels

Seitdem es Imperien in der Region gab, lag das heutige Palästina zwischen mehreren von ihnen.[2] Einsetzen kann man um 1250 v. u. Z., als offenbar angesichts einer Schwächephase der ägyptischen und hethitischen Reiche und ihrer Vasallen, der Stadtkönigtümer in Kanaan, Hebräer, sozial schwache und marginalisierte Volksgruppen am Rande der Imperien – darunter die Mosegruppe aus Ägypten und sich aus der Abhängigkeit von den Stadtkönigtümern befreiende Bauern – im Hochland des heutigen Palästina siedeln (vgl. Albertz 1992; Kessler 2006, S. 49ff.). Sie organisieren sich in Strukturen der Familien- und Clansolidarität, verteidigen sich durch Stämmesolidarität, ausdrücklich im Gegensatz zu den hierarchischen politischen Strukturen der Umwelt, wie es vor allem im Richterbuch dargestellt wird (vgl. Neu 1992). Im Blick auf diese Phase spricht Norbert Lohfink (1989) von einer „Kontrastgesellschaft" und sieht diese als Vorbild für die spätere Jesusbewegung.

---

2   In der frühen Phase gibt es Großreiche, die sich auf die jeweils fortgeschrittensten Militärtechniken stützten und damit benachbarte Völker unterwarfen und tributpflichtig machten, aber ihnen noch relative Eigenständigkeit ließen. Im Hellenismus und in Rom gibt es dann Imperien, die alle Lebensbereiche zu durchdringen und kontrollieren versuchten, vgl. Raheb 2014, bes. Kap. 2.3.

Um 1000 v. u. Z. beginnt die Phase der monarchischen Eigen-
staatlichkeit, vor der der Seher Samuel das Volk im Auftrag Jahwes
warnt, weil es dadurch werden will „wie die anderen Völker", was
die Wiedereinführung der Sklaverei und ein Vertrauen auf militärische Stärke bedeutete (1Sam 8). In dieser Phase erwachsen Israel
Propheten, die nicht wie in der Umwelt als Hofpropheten, sondern
als Gottes Sendboten machtkritisch agieren (vgl. Schwantes 1995;
Kessler 2006, S. 122ff.). Im 8. Jahrhundert v. u. Z. ereignet sich eine
zentrale Neuerung, zu der es Forschungen mit ganz neuen Perspektiven gibt: das Eindringen von Geld und Privateigentum ins
tägliche Leben und zwar direkt in Verbindung mit militärischen
Entwicklungen relativ gleichzeitig in Griechenland, Juda, Indien
und China (vgl. Müller 1981; Seaford 2004; Brodbeck 2009; Graeber
2012; Duchrow 2013; Scheidler 2015). Hier beginnt innerhalb des
monarchischen Systems die Entwicklung der „antiken Klassen-
gesellschaft" (vgl. Kessler 2006, S. 114ff.). Es entsteht eine neue
Art von Produktion von Waren für den Markt, insbesondere in
Töpferwerkstätten hergestellte Vasen, weiter Stoffe und Gewänder,
Wachs, Wolle, Häute, Metalle und Waffen (vgl. Müller 1981, S. 328).
Sie werden nun von freien (Lohn-)Arbeitern produziert. Eine be-
sondere Rolle spielt gleichzeitig die Ausbreitung des Söldnerwesens,
also der Lohnarbeit. Der Lohn ist einerseits Raub, andererseits
Bezahlung, vor allem in der Form von Edelmetall. Handel und
Piraterie entstehen nebeneinander. So kommt es, dass sich bei den
Waren neben dem Gebrauchswert der Tauschwert als allgemeines
Äquivalent zwischen den verschiedenen Waren entwickelt und
damit das Geld. Damit wird von allen konkreten Eigenschaften
der für den Gebrauch produzierten Gegenstände abstrahiert. Mit
dem Geldwert entsteht das abstrakte Denken, das kalkulierende
Ego. Die mit Geld handelnden Personen werden auf ihr Privatei-
gentümersein reduziert. Geld wird aber nicht nur als nützliches
Tausch-, Kauf- und Zahlungsmittel verwendet, sondern wegen

der Unsicherheit im Markt als Mittel, um möglichst viel Geld zu erlangen. Gleichzeitig mit dieser Entstehung des handwerklichen, erwerbenden, kalkulierenden, kriegführenden Egos spalten sich die Gesellschaften sozial – vor allem auf Grund der Überschuldung durch die Institutionalisierung der Gier im Zins. Bauern, die Saatgut leihen und ihr Land als Pfand einsetzen müssen, verlieren dieses, wenn sie nicht Geliehenes plus Zins zurückzahlen können, und müssen mit der Familie in die Schuldsklaverei, während der Großgrundbesitz wächst. Die Verschuldungsmechanismen werden verstärkt dadurch, dass sich mit dem Expansionismus des Geldes der Expansionismus der Imperien verbindet, was den produzierenden Bauern noch einmal Tributzahlungen aufbürdet (vgl. Neh 5). Es entsteht ein Kreislauf: Eroberung neuer Gebiete besonders mit Edelmetallminen – Erzproduktion mit Hilfe der dabei gemachten Kriegssklaven –, das gewonnene Metall wird zu Geld, womit die Söldner bezahlt werden können. David Graeber (2012, S. 229) nennt dies deshalb den „Militär-Sklaverei-Münz-Komplex."

Israel und Juda sind massiv von diesen Imperien betroffen. Nachdem das assyrische Großreich das Nordreich Israel im Jahr 722 v. u. Z. zerstört und in eine Provinz verwandelt hatte, fügte das neubabylonische Reich dem verbleibenden Südreich Juda das gleiche Schicksal zu (597 und 587/86 v. u. Z.) und deportierte die Oberschicht ins Exil. Unter den Persern wird ein Neuanfang in Juda möglich – allerdings ohne Monarchie in einer semi-autonomen Nische. Unter den hellenistischen Weltreichen und dem Römerreich wird Judäa besetzt und das Volk totalitärer Herrschaft unterworfen. In all den skizzierten Phasen lassen sich spezifische Zuspitzungen des Jahweglaubens im Blick auf Gerechtigkeit und Frieden beobachten.

2.2 Prophetie und Tora

Seit ca. 1000 v. u. Z. treten die Propheten als Kritiker der Könige
auf. Für unsere Fragestellung nach dem gerechten Frieden wird die
Prophetie seit Amos, also ab 2. Hälfte des 8. Jahrhunderts, besonders
relevant. Denn hier wird die sozio-ökonomische Ungerechtigkeit
mit militärischen Entwicklungen in Verbindung gebracht. Amos
bezieht sich historisch zum ersten Mal direkt auf die Verarmungs-
und Verschuldungsmechanismen und die daraus folgende Spaltung
der Gesellschaft im Nordreich Israel. Die militärische Zerstörung
des Landes wird als Strafe für die Ungerechtigkeit angedroht: „weil
sie die Gerechte für Silbergeld verkauften und den Armen für ein
Paar Sandalen […]. Auf gepfändeten Kleidern strecken sie sich aus
neben jedem Altar und Wein vom Geld der Verschuldeten trinken
sie im Haus ihrer Gottheit" (Am 2, 6ff.). Demgegenüber fordert
Amos im Auftrag Jahwes Gerechtigkeit (Am 5,24).

Gerechtigkeit und Recht sind im Biblischen schon sprachlich
nicht neutral zu verstehen oder im Sinn des *suum cuique* (jedem
nach seinem Status) zu verstehen. Vielmehr steckt darin das
„Zurechtrichten" asymmetrischer Machtverhältnisse. Denn der
biblische Gott tritt parteiisch für die Versklavten, Verarmten und
Schwächeren auf (vgl. das Magnificat, Lk 1,46ff.). Das gilt genauso
auch für die mit Amos etwa gleichzeitigen, im Südreich wirkenden
Propheten Micha und Jesaja (vgl. z. B. Micha 2,1ff.; Jes 5,8) und
später dann für Jeremia, der zwischen 626 und 585 v. u. Z. auftritt.

Dies ist also das erste und oberste Kriterium für den kirchlichen
Öffentlichkeitsauftrag im Blick auf den gerechten Frieden: Mit
Gott an die Seite der Verarmten zu treten und die entsprechenden
Konflikte mit Reichen und Mächtigen auf sich zu nehmen.

Wenn die Propheten die militärische Zerstörung von außen
als Folge von Ungerechtigkeit innen ankündigen – heißt dies
dann im Umkehrschluss, dass Israel und Juda, wenn sie denn

Gerechtigkeit üben würden, von den sie umgebenden Großreichen verschont werden würden? Jesaja schien dies anzunehmen, jedenfalls lässt er diese Frage im Vertrauen auf Gott offen. In Jes 30,15 fordert er die Jerusalemer angesichts der heranrückenden Truppen der Assyrer auf, sich nicht auf die Rüstung (damals vor allem Pferde) zu verlassen, sondern: „Durch Umkehr und Ruhe werdet ihr gerettet, durch Stillehalten und Vertrauen entsteht eure Stärke" (vgl. Jes 7,9). Es gilt, Gerechtigkeit zu üben und sich im Übrigen auf Gott zu verlassen. Jeremia fordert in einer etwas anderen Situation König und Volk auf, dem babylonischen Reich nicht mit eigenen Großmachtphantasien und Schaukelpolitik des Vertrauens auf Ägypten entgegen zu treten, sondern eher Tribut zu zahlen. Zusätzlich entsteht die Vorstellung der Völkerwallfahrt zum Zion (Jes 2,1ff.; Micha 5,1ff.). Danach nehmen die Völker wahr, welch gute Rechts- und Lebensordnung Gottes Volk hat. Sie wollen daran teilnehmen, kommen und schmieden ihre Schwerter in Pflugscharen um. Hieran knüpft Jesus in der Bergpredigt an.

Daraus ergibt sich für den Öffentlichkeitsauftrag der Kirche im Blick auf gerechten Frieden ein zweites Charakteristikum: Gerechtigkeit im (und im Fall der Kirche durch das) Volk Gottes ist die beste Voraussetzung für den Völkerfrieden, nicht Waffen.

Die Propheten dieser Phase vertreten allerdings normalerweise eine Minderheitsmeinung, die sich in der Königszeit nur unter den Königen von Juda Hiskija (725–698 v. u. Z.) und Joschija (647–609 v. u. Z.) durchsetzen kann. Immerhin beginnen unter deren Regierung im 8./7. Jahrhundert v. u. Z. schon die Rechtsreformen im Sinn der prophetischen Botschaft. Das eigentliche Umdenken erfolgt aber erst nach der Katastrophe in der Exilzeit (vgl. Albertz 2001) und in der Perserzeit, hier werden die Rechtsreformen inklusive Heiligkeitsgesetz (Lev 16ff.) zur Tora zusammengefasst und quasi demokratisch unter Nehemia und Ezra als Grundgesetz angenommen werden. Ton Veerkamp (2012) nennt die dann folgende Zeit

Torarepublik. In all diesen Rechtsreformen finden wir die Gesetze zur Zähmung der neuen Geldvermehrungswirtschaft (Zinsverbot, Sabbatjahr mit Schuldenerlass und Schuldsklavenbefreiung oder Arbeitsrecht) zur Armenfürsorge, aber auch zur Zähmung des Königtums (wenig Rüstung, wenig Luxus und stattdessen Studium des Rechts, vgl. Deut 17,14ff.).

Daraus folgt die dritte Weisung für den Öffentlichkeitsauftrag der Kirche für den gerechten Frieden. Soweit irgend möglich, soll die soziale und wirtschaftliche Gerechtigkeit und die Friedensorientierung im und durch das Volk Gottes in Recht gefasst sein.

Schließlich ist darauf hinzuweisen, dass in dieser Phase der Geschichte die Situation insgesamt so ist, dass das, was ein Prophet sagt, im Rahmen der gegebenen Möglichkeiten getan werden kann (wenngleich oft nur eine Minderheit, ein „Rest", wie Jesaja es nennt, umkehrt). Der König und seine Beamten, auch die sich bereichernden Großgrundbesitzer können im Prinzip hören und befolgen, was die Propheten im Auftrag Jahwes sagen, um die Zerstörung durch die Imperien abzuwenden.

2.3 Die apokalyptischen Schriften in totalitären Imperien

Diese Beeinflussungsmöglichkeiten auf die Politik verschwinden, als Geldvermehrung und imperiale Macht eine auch ideologische absolute Herrschaft bilden, wie es nach Alexander dem Großen in den hellenistischen Weltreichen und dann auf dem ersten Höhepunkt dieser Entwicklung im Imperium Romanum der Fall ist. Wie wir sahen, gab es auch vorher schon Ansätze für große Reiche: Assyrien, Babylon, Persien. Mit dem hellenistischen und römischen Reich tritt etwas Neues in die Weltgeschichte: der Versuch eines nach Absolutheit strebenden Machtsystems im Interesse einer herrschenden Schicht. Hier durchdringen sich ökonomische, politische und kulturell/ideologisch/religiöse Macht gegenseitig, um die unterworfenen Völker und die eigenen Unterschichten nicht nur militärisch in Schach zu halten und ökonomisch auszubeuten, sondern auch innerlich zu überwältigen und ohne die Hoffnung auf die Möglichkeit einer Alternative zu halten. Dies ist der Sinn der obligatorischen Kaiserverehrung. Dabei spielte das Geld nicht nur als Söldnersold und Motiv für die Eroberung von Edelmetall eine zentrale Rolle, sondern auch im Sinn eines „globalisierten" Zahlungsmittels. War in der Antike und sogar noch teilweise im klassischen europäischen Imperialismus des 19. Jahrhunderts die territorial-militärische Expansion die gegenüber dem Geld und der Ideologie entscheidende Dimension, so ist es im Neoliberalismus das globale Kapital, das die politisch-militärischen Optionen und Ideologiefabriken der Supermacht USA und ihrer Verbündeten in Dienst nimmt.[3] Für Juda ist 167 v. u. Z. das entscheidende Jahr der Begegnung mit der absoluten Macht des Imperiums, als der Seleukidenherrscher Antiochus IV. den Jahwekult in Jerusalem verbietet und im Tempel eine Zeusstatue aufstellen lässt. In dieser Situation eröffnen sich für glaubenstreue Judäer drei Optionen: 1. zu den Waffen zu greifen, wie es die Makkabäer tun; 2. die Welt zu verlassen und in die Wüste zu gehen wie die Essener oder 3. eine neue Form des gewaltfreien Widerstands in Hoffnung auf das Reich Gottes zu entwickeln, wie es die Chassidim[4] des apokalyptischen Schrifttums versuchen. Das historische Ergebnis der ersten Option

---

3   Es ist zu bemerken, dass sich in unserer Zeit das globalisierte Kapital zunehmend einer multipolaren Ordnung bedient und sich die USA im Niedergang befinden – was sie allerdings noch gefährlicher macht. Aus der unübersehbaren Literatur zur Entwicklung von Imperien und Imperialismus sowie zum spirituellen Widerstand dagegen nenne ich nur Horsley (2003), Miguez et al. (2009) und Deppe et al. (2011).

4   Bewegung „der Frommen" im Judentum.

ist letztlich die Übernahme des imperialen Modells, also reiner Austausch der Eliten. Die zweite Option hat respektable Glaubwürdigkeit und ist später in immer neuen Mönchsbewegungen wieder aufgegriffen worden. Die dritte Option, die klassisch im Buch Daniel zum Ausdruck kommt, ist eine Art Untergrundbewegung und codiert deshalb ihre Texte, damit die herrschende Macht die Gruppe nicht überführen kann (vgl. Lampe 1978). Man nennt den Tyrannen nicht offen Antiochus IV., sondern man verbirgt und offenbart gleichzeitig den gemeinten jetzigen Herrscher in einem früheren, beispielsweise dem babylonischen Nebukadnezar. Die Kernbotschaft lautet: Die gierigen Raubtierweltreiche, deren Macht jetzt unbezwingbar scheint, haben tönerne Füße, werden nicht dauern, sondern Gott wird sein Reich mit menschlichem Gesicht herbeiführen (Dan 2 und 7). Das wird den Vertrauenden schon jetzt offenbar, den anderen erst, wenn das Geschehen eintritt. Man könnte diese Option als passiven Widerstand, als Verweigerungsstrategie mit Hoffnungsperspektive und Leidensbereitschaft bezeichnen.

Dieser Ansatz wird von Jesus, den Evangelien und Paulus aufgenommen und verschärft, insofern sie unter der Besatzung des Imperium Romanum verkünden und leben, dass Gottes gerechte Welt schon begonnen hat (vgl. Horsley 2003).

Das führt zu provokanteren Formen des Widerstands und zum Aufbau alternativer Gemeinschaften. Jesus greift nach einer Basismobilisierung in der Peripherie (Galiläa) die Geldvermehrung auf Kosten der Armen direkt im Machtzentrum Jerusalem an – konkret im mit den Römern kooperierenden Tempel. Er stellt die zentrale theo-politische Frage nach der Entscheidung zwischen Geldvermehrungslogik (Mammon, Schätzesammeln) und Gottes sorgenfreier Ökonomie des Genug für alle (vgl. Ex 16 mit Mt 6,19ff.). Das bedeutet, er stellt die grundlegende Frage der Entscheidung zwischen zwei Gesellschaftsordnungen, ja Zivilisationen (vgl.

Duchrow 2013). Weiter durchbricht er die Gewaltlogik des Imperiums durch die Feindesliebe (Mt 5,38ff.). Gleichzeitig baut Jesus im Geist der Bergpredigt Zellen alternativen Zusammenlebens auf und nennt sie „Salz der Erde" und „Licht der Welt" (Mt 5,13f.). Das knüpft an Jes 2 und Micha 4 an, wo die Völker zum Zion kommen und ihre Schwerter zu Pflugscharen umschmieden, weil sie die Heilsamkeit eines Lebens nach der Tora wahrnehmen. Sie schließt eine schonungslose sozio-politische Analyse ein, die die Nichtreformierbarkeit des Systems deutlich macht (Mk 10,42–45):

> „Da rief Jesus sie zu sich und sagte zu ihnen: ,Ihr wisst doch: Die als Herrscherinnen und Herrscher über die Völker gelten, herrschen mit Gewalt über sie, und ihre Anführer missbrauchen ihre Amtsgewalt gegen sie. Bei euch soll das nicht so sein! Im Gegenteil: Wer bei euch hoch angesehen und mächtig sein will, soll euch dienen, und wer an erster Stelle stehen will, soll allen wie ein Sklave oder eine Sklavin zu Diensten stehen. Denn der Mensch ist nicht gekommen, um sich bedienen zu lassen, sondern um zu dienen und das eigene Leben als Lösegeld für alle zu geben'."

Hierbei ist *Diakonia* oder gegenseitiger Dienst nicht verstanden als humanitäre Hilfstätigkeit *im* System, sondern als „Kontrastgesellschaft", als grundlegende Strukturalternative *zum* (damals römischen) System, das für die unterworfenen Völker durch reine Herrschaft, Gewalt, Ausbeutung und Unterdrückung gekennzeichnet ist. Eine solche provokative, das System aufgrund klarer Analyse verwerfende und eine gelebte Alternative präsentierende Strategie ist die zentrale und grundlegende Form des Öffentlichkeitsauftrags der Kirche als letzte Möglichkeit in unbeeinflussbaren totalitären Systemen.

Alternative kleine Gemeinschaften zu bilden, die das ganze, durch Ungerechtigkeit und Idolatrie gekennzeichnete Römische Reich (nicht nur die Provinz Palästina) subversiv durchsäuern, ist einer der zentralen Ansatzpunkte des Apostels Paulus (vgl.

Veerkamp 2012, S. 253ff.). Ihm wurde auf dem Weg nach Damas-
kus blitzartig klar, dass der Weg seiner eigenen Pharisäerpartei,
die Tora durch Absonderung im System des Römischen Reiches
zu verwirklichen und sich mit diesem politisch zu arrangieren,
eine Illusion ist. Er beschreibt das in Römer 7: Man kann in dem
totalitären System das Gute der heiligen Tora wohl erkennen und
sogar wollen, aber man ist durch die Herrschaft der Sündenmacht
(vgl. Schottroff 2015) so verstrickt in die Strukturen, dass man das
Erkannte und Gewollte nicht umsetzen kann. Darum setzt er ganz
auf das Vertrauen in Gottes Geist, der vom Messias Jesus ausgeht
und der die vom Imperium gegeneinander getriebenen Menschengruppen befreit und zu neuen messianischen Gemeinschaften
eint: Juden und andere Völker, Herren und Sklaven, Patriarchen
und unterworfene Frauen (Gal 3,28). In diesen messianischen Gemeinschaften kann man sich den Strukturen dieser Weltordnung
entziehen und Gottes Alternative anfänglich leben (Röm 12,1ff.). Sie
können auch alles im System kritisch prüfen, ob es als gut und Gott
wohlgefällig angesehen werden kann (Röm 12,1–2 als Einleitung
zu Kap. 12–13). Mit diesem Ansatz kann man sogar das Straf- und
Steuerrecht im römischen öffentlichen Recht akzeptieren (Röm
13,3–6), nicht aber den ersten Teil dieses öffentlichen Rechts, den
cultus publicus, die Kaiserverehrung, welche die Anerkennung der
Alternativlosigkeit und Absolutheit des Systems ausdrückt. Paulus
lässt diesen Teil einfach weg. Luise Schottroff (1990) deutet Röm
13,1–7 als Formel, die bei Verfolgung vor Gericht die Loyalität
beweisen, aber gleichzeitig Gott die Treue halten soll.

Damit ist eine weitere zentrale Aufgabe für den Öffentlichkeitsauftrag der Kirche bezeichnet: keine politische und ökonomische
Ordnung als alternativlos anzusehen. Das Kriterium der Prüfung
ist die Agape, die Solidarität, als das Gegenteil des römischen
Systems als Ganzem (Röm 13,10). Das entspricht genau Jesu Wort,

das dem Herrschen, gewaltsamen Ausbeuten und Unterdrücken den gegenseitigen Dienst *(diakonia)* entgegenstellt.

Das aber hat nun noch eine weitere hoch bedeutsame Implikation. Ein Imperium kann nicht auf Dauer bestehen ohne eine kulturelle Hegemonie. Das heißt, die Grundeinstellungen der Menschen müssen in Einklang gebracht werden mit den Interessen des Imperiums.[5] Der umfassende Begriff der die unterworfenen Völker ruhigstellen sollte, war die *Pax Romana*. Es war der Unterwerfungsfrieden, in dem nach Paulus nur Ungerechtigkeit und Idolatrie zu finden ist (Röm 1,18) – also das Gegenteil von gerechtem Frieden. Auf der Ebene des Alltagslebens gehörten dazu als Grundeinstellungen die Konkurrenz, der Wettstreit. Auch das Sichrühmen der Sieger spielte eine zentrale Rolle, ebenso das Vorweisen von „Werken des Gesetzes". Das Gesetz bezeichnet in Rom die Gesamtordnung. Dabei stehen die Götter auf der Seite der imperial Starken gegen die Barbaren. Paulus dreht diese Perspektive vom Kopf auf die Füße, indem er den vom Imperium als Rebell Gekreuzigten als Messias verkündet und seine Gemeinden von den Rändern her und nicht von den Starken, Reichen und Gebildeten her aufbaut (1Kor 1,18–30). Dieser Messias kehrt die Perspektive von oben nach unten um. Die Grundeinstellungen orientieren sich an der Solidarität unter denen und mit denen, die im Imperium an den Rand gedrängt sind. In der messianischen Gemeinde werden sie als Letzte nun zu Ersten. Das ist ein radikaler kultureller Wandel. Er ist zu Paulus' Lebzeiten noch Gegenkultur, bereitet aber in historischer Perspektive einen Paradigmenwechsel vor.

Für den Öffentlichkeitsauftrag der Kirche in einem solchen Kontext bedeutet dies: Kirche ist in einem imperial geschlosse-

---

5   Dazu finden sich viele anschauliche Beispiele in dem Buch von Brigitte Kahl (2010), das die imperiale Ideologie am Beispiel des Pergamonaltars sehr anschaulich macht.

nen System ein Raum, in dem sich eine Gegenkultur im Sinn der fragmentarischen Vorwegnahme einer zukünftigen Kultur des gerechten Friedens entwickeln kann.

Wichtig ist, dass sich dieser Aufbau alternativer Gemeinschaften mit neuem Geist inmitten des Römischen Reiches nicht in homogener Form, sondern in verschiedenen, miteinander in Wechselwirkung stehenden Sozialgestalten vollzieht (vgl. Duchrow und Liedke 1987). Sie bauen sich von unten auf. Da sind die von Paulus so angesprochenen „Heiligen in Korinth" oder einer anderen Stadt, die Gemeinschaften vor Ort. Da sind aber auch die „Wanderprediger" wie Paulus, die – meist in kleinen Gruppen – zwischen den Gemeinschaften vor Ort hin und her reisen, Erfahrungen austauschen, ermutigen und dafür ein besonders entbehrungsreiches aber auch erfahrungsgesättigtes Leben führen. Ich sehe in diesen kleinen Gruppen eine besondere Sozialgestalt von Kirche, die später auch die Gestalt von Mönchsbewegungen annehmen kann. Ich habe sie früher auch Nachfolgegruppen genannt. Sodann halten die Ortsgemeinschaften über alle Grenzen hinweg Gemeinschaft in der gesamten bekannten Welt (*oikumene*). Das klassische Beispiel dafür ist die Kollekte der paulinischen Gemeinden für die Armen in Jerusalem, wie sie im 2. Korintherbrief geschildert wird. Das heißt, die Agape, die Solidarität, ist nicht nur vor Ort das zentrale Merkmal der Kirche (*nota ecclesiae*) und Zeichen der Öffentlichkeitswirkung, sondern gestaltet sich auch über Ländergrenzen hinweg im weltweiten Leib des Messias. Sodann gibt es die Messias-Angehörigen zum Beispiel in Galatien, also in größeren Regionen, die meist Provinzen bezeichnen. Man kann sie die Regionalgestalt der Kirche nennen. Schließlich ist darauf zu achten, dass es für alle diese Sozialgestalten einen Maßstab dafür gibt, ob sie denn wirklich zum Messias gehören oder nicht. Dieser lässt sich in Mt 25, 31ff. finden. Hier beurteilt „der Mensch in seinem göttlichen Glanz"[6] im Gericht alle Völker und Personen danach, ob sie mit den Geringsten, den Bedürftigen solidarisch waren.

Das heißt für den Öffentlichkeitsauftrag der Kirche in all ihren Sozialgestalten: Sie kann und soll mit den Gruppen in der Zivilgesellschaft zusammenarbeiten, ja sich ein Beispiel an denen nehmen, die sich für die Bedürfnisse der Geringsten einsetzen und so gerechte Verhältnisse als Basis für den Frieden schaffen helfen.

So sehr dieser Aufbau von alternativen messianischen Gemeinden und diese Zusammenarbeit mit den menschlichen Menschen von Freude und Hoffnung gekennzeichnet ist, so gefährlich ist dieser Weg auch. Beide, Jesus und Paulus, bezahlen ihn mit dem Leben. Rom wusste, wie gefährlich diese Form von Kontrastgesellschaft für die Herrschenden und Profitierenden war.

2.4 Schlussfolgerungen

Was folgt aus diesen kurzen biblischen Erinnerungen für den Öffentlichkeitsauftrag der Kirche in ihren verschiedenen Sozialgestalten?

1. Das prophetische Amt in seiner klassischen Form, das auch Wächteramt genannt wurde, setzt eine gestaltungsoffene politisch-ökonomische Gesamtstruktur voraus. Dies lässt sich nicht nur an den biblischen Beispielen zeigen, sondern auch etwa im Mittelalter und der Reformationszeit. Bei Luther zeigt sich

---

6 Diese Figur wird in alten Übersetzungen missverständlicherweise mit „Menschensohn" übersetzt. Ben Adam bedeutet aber in semitischen Sprachen die Gattungsbezeichnung Mensch. In dieser Vision bezieht sich Jesus auf die Gestalt des Menschen, der von Gott her die raubtierartigen Weltreiche überwinden und eine menschliche Ordnung bringen wird (Dan 7).

allerdings auch, dass dort, wo prinzipiell Gestaltbarkeit möglich und in verschiedenen Zusammenhängen real vorhanden
ist, bereits im Frühkapitalismus eine Entwicklung eingetreten
ist, in der Widerstand gegen das System selbst gefordert ist.
Die öffentlichen Formen dafür sind Verweigerung, Boykott
sowie Kirchenzucht, etwa die Kommunionsverweigerung für
Wucherer (Duchrow 2017, S. 55).

2. Es kann nun aber sein, dass eine Situation aus der Gestaltbarkeit
   in ihr Gegenteil umschlägt und andere Strategien des Öffentlichkeitsauftrags in den Vordergrund treten. Im 20. Jahrhundert
   beispielsweise geschah dies zuerst im Nationalsozialismus, wo
   etwa am Beispiel Dietrich Bonhoeffers studiert werden kann,
   was dies für das politische Mandat der Kirche bedeutet. Welche
   Möglichkeiten bieten hier biblische Traditionen?
   In Systemen, die in ihrer eigenen Logik nicht zu beeinflussen,
   sondern totalitär sind (wie die hellenistischen Reiche und das
   Imperium Romanum), sind verschiedene Ansatzpunkte für ein
   öffentliches Zeugnis des Volkes Gottes denkbar und historisch
   nachzuweisen:

   - *Verweigerungsstrategie* mit Hoffnungsperspektive und Lei-
     densbereitschaft (frühjüdische Apokalyptiker, Chassidim);
   - *Zeichenhandlungen,* wie die Vertreibung der Händler aus dem
     Tempel, verbunden mit der *religionskritisch-theologischen
     Infragestellung* der Geldvermehrungszivilisation (Mammon)
     als Religion bei gleichzeitiger Durchbrechung der Gewaltlogik
     des Systems und Aufbau alternativ lebender Gemeinschaften
     als erneuertes Israel;
   - Paulus weitet diesen Ansatz über Palästina hinaus ins ganze
     Römische Reich aus. In einem System, das total durch Unge-
     rechtigkeit und Idolatrie gekennzeichnet ist (Röm 1,18) und
     das es nicht zulässt, im Sinn des Willens Gottes zu handeln
     (Röm 7), ist es im Vertrauen auf Gottes Gnade und im mes-

sianischen Geist möglich (Röm 3,20–28), von den Rändern
her (1Kor 1,26ff.) neue Gemeinschaften aufzubauen, die
die Widersprüche der herrschenden (Un)ordnung (Juden
gegen Völker, Herren gegen Sklaven, Patriarchen gegen unterworfene Frauen, vgl. Gal 3,28) transzendieren und so das
Imperium im Sinn des Jesusgleichnisses vom Reich Gottes als
Sauerteig verändern. Sie können dabei nach dem Kriterium
der Solidarität alles Bestehende auf den Willen Gottes hin
prüfen und sich so der Anpassung an die Strukturen dieser
Weltordnung entziehen – in der Hoffnung darauf, dass
diese Weltordnung mit Hilfe Gottes überwunden werden
wird (Röm 12,1–13.14). Am Beispiel Bonhoeffers lässt sich
zeigen, dass dieser Ansatz unter späteren zeitgeschichtlichen
Bedingungen nicht dualistisch-gesinnungsethisch zu interpretieren ist, sondern dass er gerade darauf zielt, Politik als
Gestaltung wieder möglich zu machen. Das ist sehr wichtig zu
verstehen, weil oft das Ernstnehmen biblischer Apokalyptik
in der Tradition Max Webers als Unfähigkeit zur politischen
Verantwortung dargestellt wird (anders argumentiert z. B.
González 2015).

Die Frage ist deshalb nun, wie unsere gegenwärtige Weltordnung
einzuschätzen ist, um zu entscheiden, welche der biblisch vorgegebenen Möglichkeiten für den Öffentlichkeitsauftrag der Kirche
heute eingesetzt werden können und sollten. Handelt es sich um
ein gestaltungsoffenes oder um ein totalitäres System, das trans-
formiert werden muss, um politische Gestaltung wieder möglich
zu machen, oder lässt sich eine Mischung aus beidem feststellen?

3   Die ökumenische Kontextanalyse und deren Konsequenz für den Öffentlichkeitsauftrag der Kirche heute

Seit 1966 arbeitet die ökumenische Bewegung an der Frage, wie die gegenwärtige politisch-ökonomische Weltordnung einzuschätzen und welche theologische, sozialethische und ekklesiologische Antwort darauf zu geben sei. Diese Frage kann in dem hier vorgegebenen Rahmen nicht im Einzelnen behandelt werden, ist aber doch wenigstens kurz zu skizzieren (vgl. beispielsweise Tsompanidis 1999, S. 29ff.). Ursprünglich, seit der 1. Vollversammlung des ÖRK 1948, bestimmte das Konzept „verantwortliche Gesellschaft" die ökumenische Sozialethik. Es zielt darauf, im Rahmen eines vorausgesetzten demokratischen Wohlfahrtsstaats einen dritten Weg zwischen Kapitalismus und Sozialismus zu entwickeln. Die Konferenz Kirche und Gesellschaft 1966 in Genf brachte massiv die Fragen des heute so genannten globalen Südens auf die Tagesordnung. Damit traten systemkritische und -transzendierende, befreiungstheologische Fragestellungen in den Vordergrund. Sie schlugen sich vor allem in den Arbeiten der neugegründeten Entwicklungskommission (CCPD) nieder. Diese formte die Konzepte einer Kirche der Armen, Kirche in Solidarität mit den Armen und einer gerechten, partizipatorischen und nachhaltigen Gesellschaft.

In der 6. Vollversammlung des ÖRK in Vancouver 1983 gelang es aufgrund der Vorarbeiten von fast allen Kommissionen und Abteilungen des ÖRK – einschließlich der Kommission „Glauben und Kirchenverfassung" – sowie dem Engagement ökumenischer Basisbewegungen, einen „Konziliaren Prozess gegenseitiger Verpflichtung für Gerechtigkeit, Frieden und Bewahrung der Schöpfung" ins Leben zu rufen (vgl. Duchrow 2008b). Zentral wichtig an den damit verbundenen Konzeptionen und Erfahrungen im

Blick auf einen Beitrag der Kirche zum gerechten Frieden sind besonders drei Dinge:

1. Gerechtigkeit, Frieden und die Integrität der Schöpfung können nicht voneinander getrennt verstanden werden. Ihre Verletzung und Gefährdung hat heute zentral zu tun mit dem kapitalistischen Weltsystem und seinen jeweiligen regionalen Ausprägungen.
2. Es handelt sich hier unter heutigen Bedingungen nicht um rein ethische oder politische Fragen, sondern solche, die unmittelbar die Ekklesiologie, den Glauben und die Gottesbeziehung betreffen. Um das zu realisieren, müssen sich die Kirchen nicht auf eine einzige biblische Tradition und Ausdrucksform treuen Kircheseins einigen (z. B. „bekennende" oder „bundestreue" Kirche), sondern sie können jeweils ihre eigene biblisch begründete Ekklesiologie in den ökumenischen Prozess einbringen (z. B. Kirche der Nachfolge, eucharistische Gemeinschaft, befreiende Katholizität usw.).
3. Alle Sozialgestalten von Kirche haben spezifische Möglichkeiten und Mandate, um im jeweiligen gesellschaftlichen, ökonomischen, öffentlichen, politisch-militärischen, psychologischen und geistlichen Kontext Gottes Willen und Präsenz in Wort und Tat zu bezeugen und selbst zu leben.

3.1 Die ökumenische Beschlusslage zu den systemischen Ursachen von Ungerechtigkeit und Unfrieden

Inzwischen haben in allen christlichen Kirchen Prozesse stattgefunden, die zu Vollversammlungsbeschlüssen (und im Vatikan zu Äußerungen des Papstes) führten, die den weltweiten Kapi-

talismus als zentrale Ursache für die gegenwärtigen Formen von
Ungerechtigkeit, Unfrieden und Schöpfungszerstörung analysiert
und verworfen haben:

Auf seiner Vollversammlung in Winnipeg 2003 verabschiedete
der Lutherische Weltbund folgende Sätze in seiner Erklärung zur
Globalisierung:

> „In unseren vielfältigen Lebenssituationen sind wir alle mit densel-
> ben negativen Konsequenzen neoliberaler Wirtschaftspolitik (dem
> sog. „Washington Consensus") konfrontiert, die zu wachsender Not,
> vermehrtem Leid und grösserem Unrecht in unseren Gemeinschaf-
> ten führen. Als Communio müssen wir der falschen Ideologie der
> neoliberalen wirtschaftlichen Globalisierung so begegnen, dass wir
> dieser Realität und ihren Auswirkungen Widerstand entgegenset-
> zen, sie grundlegend umwandeln und verändern […]. Hier handelt
> es sich um Götzendienst " (Lutherischer Weltbund 2003, S. 20).

Ekklesiologisch ist hier der Begriff der *Communio* zugrunde gelegt.
Außerdem ist bemerkenswert, dass die globalisierte neoliberal-ka-
pitalistische Wirtschaftsordnung als Götzendienst qualifiziert ist.

Im Jahr 2004 beschloss die 23. Generalversammlung des Reformierten Weltbundes den siebenjährigen „Prozess des Erkennens,
Lernens und Bekennens (*processus confessionis*) gegen wirtschaftliche Ungerechtigkeit und Naturzerstörung" mit dem Accra-Bekenntnis. Darin heißt es:

> „Wir sind uns des ungeheuren Ausmaßes und der Komplexität
> dieser Situation bewusst und suchen keine einfachen Antworten.
> Als Wahrheits- und Gerechtigkeitssuchende, die sich die Sichtweise
> der Machtlosen und Leidenden zu eigen machen, sehen wir, dass
> die gegenwärtige Welt-(Un)Ordnung auf einem außerordentlich
> komplexen und unmoralischen Wirtschaftssystem beruht, dass von
> (einem) Imperium verteidigt wird. Unter dem Begriff ‚Imperium'
> verstehen wir die Konzentration wirtschaftlicher, kultureller,
> politischer und militärischer Macht zu einem Herrschaftssystem

unter der Führung mächtiger Nationen, die ihre eigenen Interessen schützen und verteidigen" (Reformierter Weltbund 2004, Ziff. 11).

Daraus folgte für die Generalversammlung die Verwerfung der „gegenwärtigen Weltwirtschaftsordnung, wie sie uns vom globalen neoliberalen Kapitalismus aufgezwungen" und durch „ein wirtschaftliches, politisches und militärisches Imperium" verteidigt wird (Reformierter Weltbund 2004, Ziff. 19). Bei der Vollversammlung des ÖRK in Harare 1998 wurden zwei Beschlüsse gefasst, die leider nicht verbunden wurden und so den konziliaren Prozess auseinander gerissen haben: Einerseits die Beteiligung an dem reformierten Prozess des Bekennens angesichts wirtschaftlicher Ungerechtigkeit und Naturzerstörung, woraus der sogenannte AGAPE-Prozess (*Alternative Globalization Addressing People and Earth*) und danach der P&W-Prozess (*Poverty and Wealth*) wurde, und andererseits die Ausrufung einer *Dekade zur Überwindung von Gewalt*, aus dem auch die Beschlüsse zum gerechten Frieden hervorgingen. Der Fehler der Trennung dieser beiden Arbeitszweige konnte auch im Nachhinein nicht korrigiert werden. Die Arbeit an den Fragen der fundamentalen Ungerechtigkeit und Vergötzung des Weltwirtschaftssystems und seiner strukturellen Gewalt mit Flankierung durch militärische und paramilitärische direkte Gewalt wurde nicht mit der Dekade verbunden – meines Erachtens ein Schaden für beide Prozesse.

Aufgrund des Druckes einiger Kirchen wurden erst auf der 10. Vollversammlung in Busan 2013 mehrere Dokumente verabschiedet, die die klare *Absage* an den imperialen Kapitalismus enthalten. In der dort verabschiedeten zweiten ökumenischen Missionserklärung heißt es:

„Wir bekräftigen, dass die Ökonomie Gottes auf den Werten der Liebe und der Gerechtigkeit für alle basiert und dass die verwandelnde Mission sich dem Götzendienst in der freien Marktwirtschaft widersetzt. Die wirtschaftliche Globalisierung hat den *Gott des Lebens durch Mammon ersetzt*, den Gott des freien Marktkapitalismus, der die Macht für sich beansprucht, die Welt durch die Anhäufung unmäßigen Reichtums und Wohlstands zu retten. Mission in diesem Kontext muss *eine Gegenkultur vorleben* und Alternativen zu solch götzendienerischen Visionen anbieten, denn die Mission gehört dem *Gott des Lebens, der Gerechtigkeit und des Friedens* und nicht diesem falschen Gott, der Mensch und Natur Leid und Elend bringt. Aufgabe der Mission ist es somit, die Ökonomie der Habgier anzuprangern und die göttliche Ökonomie der Liebe, des Miteinanderteilens und der Gerechtigkeit zu praktizieren" (ÖRK 2013, Ziff. 108).

Hier ist die klare Positionierung ausgesprochen – analog dem Accra-Bekenntnis. Ebenso eindeutig ist die São Paulo-Erklärung „Umwandlung des internationalen Finanzsystems zu einer Wirtschaft im Dienst des Lebens", ursprünglich verabschiedet von einer Konferenz, die der ÖRK, die Weltgemeinschaft Reformierter Kirchen (WGRK, Nachfolgeorganisation des Reformierten Weltbunds) und der Council for World Mission (CWM) einberufen hatten und die dann von der Vollversammlung in Busan angenommen wurde. Noch weitere einschlägige Dokumente wären für dieses Thema relevant (vgl. Kairos 2013).

Ebenso im November 2013 folgte Papst Franziskus mit seinem Apostolischen Brief „Evangelii Gaudium". Er bringt die jahrzehntelange ökumenische Arbeit mit der Feststellung „Diese Wirtschaft tötet" (Franziskus I. 2013, Ziff. 53, vgl. weiter Segbers und Wiesgickl 2015) auf den Punkt: Zudem plädiert er für ein Nein zu einer Wirtschaft der Ausschließung, ein Nein zu einem Geld, das regiert, statt zu dienen und einem Nein zu sozialer Ungleichheit, die Gewalt hervorbringt (vgl. Franziskus I. 2013, Ziff. 53ff.). Somit haben wir in der weltweiten Christenheit einen noch nie dagewesenen Konsens im Blick auf Analyse und Verwerfung des herrschenden kapitalistischen Systems und seiner imperialen militärisch-politischen Ausbreitung und Verteidigung – jedenfalls auf der Ebene der offiziellen Beschlüsse.

Auch im säkularen Bereich ist die Verbindung von kapitalistischem Weltsystem und imperialen Strukturen völlig geläufig – natürlich nicht ihre Ablehnung. In den USA beispielsweise haben die Kreise um George W. Bush stolz die *Pax Americana* beschworen. In gewisser Weise kann man diese Verbindung feststellen, seit in der Antike das Geld ins tägliche Leben eindrang und sich mit dem imperialen Expansionismus verband, wie die oben genannten Forschungen belegen. Vollends klar ist der Zusammenhang aber seit 500 Jahren im europäischen Weltsystem, wie klassisch Giovanni Arrighi dargestellt hat (vgl. Duchrow 1991; Arrighi 1994). Er zeichnet die jeweiligen Zyklen, die von wechselnden Verbindungen von Kapital- und Territorialmächten hegemonial bestimmt werden, zuerst von Genua/Spanien, dann den Niederlanden, gefolgt vom Britischen Empire und schließlich den USA. In dieser letzten Phase war die Durchsetzung der neoliberal-kapitalistischen Wirtschaftsform etwa durch Militärdiktaturen in Asien, Afrika und Lateinamerika vorbereitet, die unter Mitwirkung der USA an die Macht gekommen waren. Das wurde begleitet vom Aufbau ideologischer Hegemonie durch Einrichtungen wie die Mont Pelérin Society (vgl. Walpen 2004). Die Arbeit Arrighis ist für heutige Friedensforschung von besonderer Bedeutung, weil sie die Zeit zwischen zwei Akkumulationsregimen jeweils von einer Tendenz zur Finanzialisierung und zu Kriegen bestimmt sieht. Wenn beispielsweise die Finanzmärkte nicht ausreichen, um Länder der Peripherie durch Verschuldung mit Hilfe von den USA kontrollierten internationalen Einrichtungen wie dem Internationalen Währungsfonds unter Kontrolle zu halten oder wenn arabische Herrscher wie Saddam Hussein und al-Gaddafi aus dem Dollar als Ölwährung aussteigen oder wenn Ölquellen, Pipelines, andere Rohstoffe oder geopolitische Machtverhältnisse auf dem Spiel stehen, kehren die westlich-imperialen

Akteure zu klassisch imperialistischen Militäraktionen zurück, wie die Kriege in Afghanistan, Irak, Libyen und Syrien beweisen (vgl. Lüders 2016, 2017).

3.2   Die biblisch-theologische und ekklesiologische Bewertung der Analyse

Es geht hier nicht um die Details der Fakten, sondern nur um die grundsätzliche theologische Konsequenz aus der politisch-ökonomischen Analyse. Bereits zu Beginn der neoliberalen Phase, die militärisch-politisch 1973 mit dem Kissinger-Pinochet-Putsch gegen den demokratisch gewählten Präsidenten in Chile, Salvador Allende, begann, sprach Margret Thatcher das berühmte Wort „There Is No Alternative" (TINA). Damit war im Prinzip die Geschlossenheit des imperial-kapitalistischen Systems angesagt und seine Anerkennung als Glaubenswahrheit gefordert – analog der Kaiserverehrung im Imperium Romanum. Das ist, was etwa der Lutherische Weltbund Götzendienst nennt und was damit Kirchen theologisch zur klaren Verwerfung des imperial-kapitalistischen Systems und zum Widerstand zwingt, in der reformatorischen Sprache zum *status confessionis*, wie es formal nur der Reformierte Weltbund mit dem Accra-Bekenntnis vollzogen hat. Im Zusammenhang des konziliaren Prozesses wurde ein Rahmenplan veröffentlicht, in dem andere Kirchen aufgerufen sind, ihr treues Kirchesein in ihren eigenen biblisch-theologischen Traditionen auszudrücken (vgl. ÖRK 1986). Die öffentliche Verwerfung des Systems in einer der ekklesiologischen Formen ist meines Erachtens deshalb eine zentrale Grundlage für den Öffentlichkeitsauftrag der Kirche und die daraus folgenden Handlungsmöglichkeiten. Wie in den messianischen Gemeinden des ersten Jahrhunderts muss dies aber nicht nur mit Worten geschehen, sondern in der eigenen

Gestalt und der Tat. Auch im Blick auf Handlungsoptionen ist es eine zentrale Frage, ob wir es noch mit einem System zu tun haben, innerhalb dessen mehr oder weniger gute Schritte in Richtung auf gerechten Frieden zu erkennen und zu fördern oder zu verwerfen sind, oder ob wir eine Situation haben, in der Widerstand und fundamentale Systemtransformationen die einzige Perspektive sind und deshalb angestrebt werden müssen.

Die Antwort auf diese Frage ist komplex.

Die Beschlüsse aller protestantischen Weltbünde und des ÖRK, in dem auch die orthodoxen Kirchen Mitglied sind, sowie der Papst haben in kirchengeschichtlich noch nicht dagewesener Einmütigkeit offiziell festgestellt, dass das herrschende imperial-kapitalistische Weltsystem als solches die Erde zerstört, große Teile der Menschheit in Hunger und Tod treibt, alle Gesellschaften zunehmend spaltet und damit Gewalt hervorbringt sowie schließlich bis hin zum möglichen Atomkrieg in kriegerische Auseinandersetzungen treibt und darum prinzipiell überwunden werden muss. Der gerade erschienene neue Bericht des Club of Rome, „Wir sind dran", bringt es auf den Punkt: „Der Erde droht der Systemkollaps" (Weizsäcker und Wijkman 2017). Die Klimakatastrophe, hervorgerufen durch den Wachstumszwang der Wirtschaft, der wiederum verursacht wird dadurch, dass Kapital per definitionem wachsen muss, ist der nicht mehr zu verdrängende Beweis, dass ein militärisch flankiertes System des unbegrenzten Geldvermehrens nicht mit einer begrenzten Erde kompatibel ist und außerdem zu „Klimakriegen" führen kann (vgl. Welzer 2008). Das heißt, der große systemische Rahmen und der Ansatz des herrschenden Systems müssen grundlegend verändert werden. Man kann nicht etwa innerhalb des Systems durch rein technologische Maßnahmen die Erde retten, wie etwa grüner Kapitalismus glauben machen will (vgl. Brand und Wissen 2017). Wir haben es also im Blick auf die biblischen Kontexte mit einer vergleichsweise analogen Situation zu tun wie im Hellenismus und im Römischen Reich, nur viel gravierender, weil den ganzen Erdball gefährdend.

Auf jeden Fall werden in dieser Situation also ekklesiologische Optionen im Kontext der spätantiken Imperien für den Öffentlichkeitsauftrag der Kirche prioritär relevant werden: Klare Verwerfung des Systems verbunden mit Verweigerung, Hoffnung auf Gottes Alternative, Leidensbereitschaft, Beginn des Baus alternativer Gemeinschaften als Kontrastgesellschaft und deren Vernetzung, Bündnisbildung mit allen transformatorischen Kräften in der Gesellschaft. Aber die Situation ist nicht eindeutig. Innerhalb der Restbestände von Demokratie – selbst in einer „marktkonformen" Demokratie – gibt es Handlungsmöglichkeiten im Sinn klassischer Prophetie. Die Kirchen in all ihren Sozialgestalten haben durch die Arbeit im Konziliaren Prozess mit Sicherheit dazu beigetragen, die Stimmung in der Bevölkerung gegen Krieg einzunehmen – beispielsweise gegen den völkerrechtswidrigen Irakkrieg. Das Abstandnehmen Deutschlands vom Irakkrieg hat nicht insgesamt den Westen vom imperialen Kapitalismus geheilt, hat aber gezeigt, dass relative Alternativen auch in dem unbedingt veränderungsbedürftigen Gesamtsystem möglich sind. Eine solche relative Beeinflussung darf nur nicht zu der Illusion führen, die Zerstörung der Welt könne allein durch kleine Korrekturen im System durchgeführt werden – die große Versuchung der stark ins System eingebundenen deutschen Kirchen als Institutionen. Das heißt also, die Grundstrategie im politisch-ökonomischen Öffentlichkeitsauftrag der Kirche in allen Sozialgestalten muss heute auf umfassende Systemtransformation zielen. In diesem Rahmen aber sind systemimmanente Schritte in die richtige Richtung unbedingt zu unterstützen. Gibt es beispielhafte Möglichkeiten im heutigen Kontext?

4 Praktische Möglichkeiten, den Öffentlichkeitsauftrag der Kirche für gerechten Frieden inmitten der notwendigen Zivilisationstransformation wahrzunehmen

Hier muss als Erstes davor gewarnt werden, die Problematik des gerechten Friedens aus der Gesamtdynamik der Zivilisation herauszulösen, die von der Konkurrenzdynamik der Kapitalakkumulation, flankiert von direkter und kultureller Gewalt, angetrieben wird. Zweitens wäre es verkehrt, im Sinn des alten „Wächteramtes der Kirche" bei der Beeinflussung der Herrschenden in Wirtschaft und Politik einzusetzen. Wie Max Weber (1972, S. 708f.) richtig erkannte, ist der kapitalistische Markt *anethisch*, das heißt, er lässt keine eigenständigen ethischen Entscheidungen zu – es sei denn um den Preis des eigenen Untergangs angesichts der Konkurrenz. Nimmt man die militärisch allen anderen überlegene imperiale Macht der USA hinzu, so ist die direkte Beeinflussbarkeit der Entscheidungsträger durch kirchliche Akteure gleich null. Die Intervention in Richtung auf die Herrschenden ist allenfalls sekundär sinnvoll, wenn die anderen Handlungsmöglichkeiten in nicht beeinflussbaren Systemen in Anschlag gebracht worden sind. Ein klassisches Beispiel für diese Zusammenhänge ist die Widerstandsbewegung gegen den Vietnamkrieg. Wie könnten heute kirchliche Beiträge zur Entstehung solcher breiten Bewegungen von unten aussehen?

4.1 Systemtranszendierendes kirchliches Handeln „von unten" für gerechten Frieden

Wie bei Jesus und Paulus, aber auch in der zweiten Missionserklärung des ÖRK in Busan, deutlich wurde, beginnt die biblische

Perspektive in diesen Fällen von unten und von den Rändern her. Die klarste Gestaltungsmöglichkeit hier sind Kommunitäten oder andere Gemeinschaftsprojekte als eine besonders wichtige Form der Sozialgestalt „Nachfolgegruppen". Ich nenne beispielhaft die Kommunität Grimnitz. Sie versteht sich als Zelle im Konziliaren Prozess für Gerechtigkeit, Frieden und Bewahrung der Schöpfung. Praktisch nimmt die Kommunität Flüchtlinge auf und entwickelt Arbeits- und Lebensformen mit ihnen. In den USA sind aus solchen Kommunitäten ganze Bewegungen entstanden wie zum Beispiel die Soujourners mit ihrer gleichnamigen sehr wirksamen Zeitschrift.

Um aber verallgemeinerungsfähige Ansätze zu finden, geht es um die Frage: Wie können normale Gemeinden vor Ort in dieser Weise für gerechten Frieden im Kontext des herrschenden Systems die gegenwärtige Realität verstehen lernen und dann öffentlich wirksam werden? Ich möchte das am Beispiel eines Projekts ver- deutlichen, das Kairos Europa mit einem Netz von Gemeinden unter dem Namen „Interreligiöse Solidarität gegen Fluchtursachen und Verarmung" durchführt (Kairos Europa 2016). Christliche Gemeinden in Deutschland haben seit mehreren Jahren eine großartige humanitäre Solidarität mit Flüchtlingen entwickelt. Kairos Europa unterstützt solche Gemeinden, die bereit sind, sich auf der Erfahrungs- und Vertrauensbasis der humanitären Tätigkeiten ekklesiologisch im Sinn der neutestamentlichen Kon- trastgesellschaft zu entwickeln und so auch politisch bewusster handeln zu lernen. Die beteiligten Gemeinden weigern sich, in der Öffentlichkeit die Fragen von Flucht und Asyl unter dem Thema „Flüchtlingskrise" zu diskutieren. Denn dieses „Framing" der Frage ist bewusst und zynisch gewählt, weil dadurch die Opfer zu Tätern gemacht werden, die eine Krise herbeiführen. Auf diese Weise soll verhindert werden, dass über die *Krisen* geredet wird, die Menschen aus ihrer Heimat treiben, und darüber, wer sie verursacht. Eine solche Frage öffentlich in den Mittelpunkt zu stellen und dadurch die interessengeleitete irreführende Fragestellung zu unterlaufen, nennt man „Reframing" (vgl. Lakoff 2004) – eine zentrale Aufgabe und Möglichkeit für den kirchlichen Öffentlichkeitsauftrag in tendenziell totalitären Systemen.

Mit dieser Fragestellung verwandeln die zunächst in der Form von kleinen Arbeitsgruppen beteiligten Gemeinden die von ihnen „betreuten" Flüchtlinge in Subjekte und laden die Gesamtgemeinde (mit möglichst viel Beteiligten aus der ganzen Kommune) ein, von ihnen zu lernen, welches denn eigentlich die Ursachen für ihre Flucht waren und wer dafür verantwortlich war und ist. Sie bringen auch Flüchtlinge, Erwerbslose und Obdachlose zusammen, damit diese erkennen lernen, dass sie Opfer des gleichen Systems und darum Bundesgenossen sind, um sich nicht von rechts gegeneinander ausspielen zu lassen. Schließlich lernen die Gemeinden von Flüchtlingen, wie der Koran analog der Bibel gerechten Frieden lehrt.

4.2 Kirchliches Handeln für den gerechten Frieden auf regionaler und nationaler Ebene

Um das beschriebene Basishandeln noch stärker mit gesamtkirchlichem Handeln zu verbinden, ist zu fragen, welche Rolle hier Landeskirchen spielen könnten. In der Badischen Landeskirche wurde Pfingsten 1983 auf Initiative von Basisgruppen das Ökumenische Netz für Gerechtigkeit, Frieden und Bewahrung der Schöpfung gegründet. Gleichzeitig war vor der 6. Vollversammlung des ÖRK in Vancouver (im August des gleichen Jahres) in den Delegationen der beiden deutschen Staaten im Austausch mit Delegierten aus Kirchen anderer Länder unter dem Namen dieses Netzes der weltweite konziliare Prozess gegenseitiger Verpflichtung (JPIC) vorbereitet worden (vgl. Duchrow 2008b). In Baden wurden aus

dem Netz heraus die Werkstatt Ökonomie und die Werkstatt
für gewaltfreie Aktion gegründet. Später folgte noch das Forum
Friedensethik in der Badischen Landeskirche. Mitglieder der
Werkstatt für gewaltfreie Aktion sind inzwischen Mitglieder des
Ev. Oberkirchenrats und haben mitgeholfen, den Beschluss der
Landessynode in der Badischen Landessynode, zur Friedenskirche
zu werden, herbeizuführen und umzusetzen. Dieser Beschluss
enthält die Grundlagen, auf denen heute unter den Bedingungen
kirchlicher Realität weitergearbeitet werden kann (vgl. EKiBa
2013). Sie werden in einem besonderen Beitrag in diesem Projekt
behandelt werden.

Folgt man der hier gelegten Grundlage, sehe ich spezifisch für die
deutschen Kirchen in allen Sozialgestalten einen erheblichen Nach-
holbedarf an grundsätzlicher und konkreter Positionierung. Schon
im Jahr 2006 betitelten Tobias Pflüger und Jürgen Wagner ein von
ihnen herausgegebenes Buch „Welt-Macht EUropa: Auf dem Weg
in weltweite Kriege". Das Weißbuch der Bundesregierung von 2016
geht in die gleiche Richtung. Die direkte und indirekte Beteiligung
der Bundesrepublik Deutschland seit 1992 an NATO Kriegen und
die neuen Initiativen für den Ausbau der EU Streitkräfte haben alle
imperialen Charakter. Deshalb hätten sich die deutschen Kirchen
seither auf der Basis der biblischen Grundlagen, der ökumenischen
Beschlusslage und der nun vorliegenden Beschlüsse der Badischen
Landessynode längst öffentlich von der erklärten Militärpolitik
der Bundesregierungen distanzieren müssen.

Konkret müssten sich die Kirchen mit der Friedensbewegung
vor allem an zwei Konfliktpunkten engagieren: Ramstein und Bü-
chel. Die Rolle der US-Militärbasis Ramstein im Irakkrieg gehört
schon der Vergangenheit an. Aber die zentrale Rolle von Ramstein
bei der außergerichtlichen Tötung von Menschen durch Drohnen
und die Untätigkeit der Bundesregierung an dieser Stelle ist ein
täglicher Skandal. Der Bundestagsabgeordnete Hans Christian

Ströbele (2017) hat am 13. Dezember 2016 beim Generalbundes-
anwalt gegen diese Verbrechen von deutschem Boden aus Anzeige
erstattet. Warum haben sich deutsche Kirchen dieser Anzeige
nicht angeschlossen?

Alle diese Beispiele prophetischen Handelns im klassischen
Wächteramt werden aber letztlich erst glaubwürdig, wenn die
Kirchen in allen Sozialgestalten selbst die imperiale Lebensweise
überwinden und anderen helfen, dies zu tun. Dabei ist die Arbeit
zusammen mit sozialen Bewegungen am Aufbau von Alternativen
zur kapitalistischen Weltwirtschaft zentral, weil diese der Motor
für Ungerechtigkeit, Unfrieden und Zerstörung der Schöpfung
ist. Obwohl die Alternativen zur kapitalistischen Weltwirtschaft
lokal-regional beginnen, reicht diese Ebene nicht aus. Die *mak-
roökonomischen Strukturen* müssen mittelfristig so beeinflusst
werden, dass sie postkapitalistisch organisiert werden. Das betrifft
vor allem Weichenstellungen in den Bereichen Geldordnung,
Eigentumsordnung und Arbeit, die alle auf das Gemeinwohl
statt auf Kapitalakkumulation ausgerichtet werden können und
müssen (vgl. Diefenbacher und Douthwaite 1998; Duchrow und
Hinkelammert 2002, bes. Kapitel 7; Duchrow 2017).

Im Blick auf die Thematik dieses Bandes ist vor allem darauf
hinzuweisen, dass durch alternatives Wirtschaften die soziale
Kohäsion und ökologische Zukunftsfähigkeit gestärkt und dadurch
Kriegsursachen abgebaut werden. Freilich wäre es nötig, neben den
hier angesprochenen Aspekten des Zusammenhangs von Gerechtigkeit, Frieden und Bewahrung der Schöpfung mit der Frage des
imperialen Kapitalismus weitere Verbindungen zwischen Wirtschaft und Krieg detailliert zu analysieren und Gegenstrategien zu
entwickeln. Es wird immer deutlicher, dass zunehmend die Krisen
des herrschenden neoliberalen Systems mit Aufrüstung gemildert
werden sollen. Vor allem die USA setzen zur Zeit eine gigantische
Aufrüstungsspirale in Gang. „Kriegskeynesianismus" zum Aufbes-

sern der Arbeitslosenzahlen und Bilanzen, Waffenhandel gerade
mit kriegführenden Parteien und Kriege für Wirtschaftsinteressen
feiern nicht nur in den USA Triumphe, sondern gehören auch seit
der Rühe-Richtlinie von 1992 grundsätzlich zur deutschen Politik.
Es wären also Konzepte und Strategien zu erarbeiten, die nicht nur
Widerstand gegen diese Entwicklung leisten, sondern ökonomische Alternativen zur Rüstungswirtschaft aufzeigen. Außerdem
spielt die Privatisierung der Sicherheitssysteme eine zunehmende
Rolle, die durch den Drehtüreffekt zwischen den wirtschaftlichen,
politischen und militärischen Eliten zu wachsender Aufrüstung
tendiert (vgl. Hever 2018).

Aus alledem wird deutlich, dass der konziliare Prozess für
Gerechtigkeit, Frieden und Bewahrung der Schöpfung mit dem
Zentrum der Arbeit für eine Wirtschaft im Dienst des Lebens nach
wie vor den noch unerfüllten Öffentlichkeitsauftrag der Kirche in
all ihren Sozialgestalten zentral umschreibt – und zwar so, dass
diese für sich selbst und gesellschaftlich im Bündnis mit sozialen
und Friedensbewegungen gleichzeitig an der systemischen Transformation arbeitet und konkret prophetisch interveniert.

Schließen möchte ich mit einem staunenden Hinweis auf Papst
Franziskus. In gewisser Weise verkörpert er in seiner Person das
Zusammenspiel der hier vorgeschlagenen Herangehensweise an den
kirchlichen Öffentlichkeitsauftrag heute. Er zieht aus einem Palast
in ein Gästehaus, wo er mit anderen isst. Er besucht die Flüchtlinge
in Lampedusa, die die europäische Todesroute über das Mittelmeer
geschafft haben und setzt so ein Zeichen. Er geht jedes Jahr auf
ein internationales Treffen mit sozialen Bewegungen, wo er deren
Sprache spricht und luzide soziale Analysen vorlegt. Ein Papst sagt
den jungen Leuten: Ihr könnt alles vergessen, was die Kirche sonst
noch schreibt, aber lest die Bergpredigt und Matthäus 25,31ff., das
Wort von den Geringsten. Aus dem gleichen Geist verfasst er das
Apostolische Schreiben „Evangelii Gaudium" (2013), in dem „Diese

Wirtschaft tötet" mit den vierfachen „Neins" steht, und „Laudato Si" (2015), in dem Franz von Assisi unter den Bedingungen der Klimakatastrophe mit seiner Botschaft wieder aufersteht. Schließlich ruft er ein Jahr nach der Trumpwahl Friedensforscherinnen und Friedensforscher sowie Nobelpreisträger zusammen, um ein klares, öffentliches Nein zu Geist, Logik und Praxis der atomaren Bewaffnung zu sprechen. Er hat es geschafft, das grundsätzliche Nein zum herrschenden System mit prophetischer Konkretheit zu verbinden. Es ist schwer zu sagen, ob angesichts der hierarchischen Struktur der katholischen Kirche die anderen Sozialgestalten von Kirche in das gelebte Beispiel und die Botschaft dieses Papstes einstimmen werden. Dennoch ist Leonardo Boff zuzustimmen, der den letzten Aufsatz der ersten fünf Bände einer Studienreihe des internationalen Projekts „Die Reformation radikalisieren" mit den Sätzen beendet, die gleichzeitig meinen Beitrag hier beschließen sollen:

> „Franziskus ist mehr als ein Name. Es ist ein neues Projekt von Kirche, dem Evangelium treu, offen für alle, eine Kirche, welche sich in der Nachfolge Jesu versteht. Mit einem solchen Verständnis von Kirche kann eine neue Form des ökumenischen Dialogs entstehen. Falls Luther heute lebte, würde er sich riesig im Geiste freuen, weil seine Anliegen endlich gehört werden –als Inspiration für eine Reform der ganzen Christenheit. Franziskus in Rom ist ein Zeichen, dass Gott und Christus die Kirche Gottes noch lieben und der evangelischen Botschaft eine neue Zukunft bereiten wollen" (Boff 2015, S. 224).

Literatur

Albertz, Rainer. 1992. *Religionsgeschichte Israels in alttestamentlicher Zeit*. Göttingen: Vandenhoeck & Ruprecht.

Albertz, Rainer. 2001. *Die Exilszeit. 6. Jahrhundert v. Chr*. Stuttgart: Kohlhammer.

Arrighi, Giovanni. 1994. *The Long Twentieth Century: Money, Power, and the Origins of Our Times*. London: Verso.

Boff, Leonardo. 2015. Die Bedeutung Martin Luthers für die Befreiung der Unterdrückten. In *Kirche – befreit zu Widerstand und Transformation. Church – Liberated for Resistance and Transformation*, hrsg. von Ulrich Duchrow und Karen Bloomquist, 207–224. Münster: LIT.

Brand, Ulrich und Markus Wissen. 2017. *Imperiale Lebensweise. Zur Ausbeutung von Mensch und Natur in Zeiten des globalen Kapitalismus*. München: oekom Verlag.

Brodbeck, Karl-Heinz. 2009. *Die Herrschaft des Geldes. Geschichte und Systematik*. Darmstadt: Wissenschaftliche Buchgesellschaft.

Deppe, Frank, David Salomon und Ingar Solty. 2011. *Imperialismus*. Köln: Papyrossa.

Diefenbacher, Hans und Richard Douthwaite. 1998. *Jenseits der Globalisierung. Handbuch für lokales Wirtschaften*. Mainz: Grünewald.

Duchrow, Ulrich. 1991. *Europa im Weltsystem 1492–1992. Gibt es einen Weg der Gerechtigkeit nach 500 Jahren Raub, Unterdrückung und Geldver(m)ehrung*. Bremen: Junge Kirche.

Duchrow, Ulrich. 2008a. Ohne Systemkritik keine prophetischen Konsequenzen. Kritik der EKD-Friedensdenkschrift 2007. *Neue Wege* 102 (5): 135–141.

Duchrow, Ulrich. 2008b. Ökumene und kapitalistisches Imperium: Der Konziliare Prozess für Gerechtigkeit, Frieden und die Befreiung der Schöpfung. In *Hoffnungswege. Wegweisende Impulse des Ökumenischen Rates der Kirchen aus sechs Jahrzehnten*, hrsg. von Hans-Georg Link und Geiko Müller-Fahrenholz, 291–320. Frankfurt a. M.: Lembeck.

Duchrow, Ulrich. 2013. *Gieriges Geld. Auswege aus der Kapitalismusfalle – Befreiungstheologische Perspektiven*. München: Kösel.

Duchrow, Ulrich. 2017. *Mit Luther, Marx und Papst den Kapitalismus überwinden. Eine Flugschrift*. Hamburg: VSA.

Duchrow, Ulrich und Franz Josef Hinkelammert. 2002. *Leben ist mehr als Kapital. Alternativen zur globalen Diktatur des Eigentums.* Oberursel: Publik Forum.

Duchrow, Ulrich und Gerhard Liedke. 1987. *Schalom – Der Schöpfung Befreiung, den Menschen Gerechtigkeit, den Völkern Frieden.* Stuttgart: Kreuz Verlag.

Evangelische Kirche in Baden (EKiBa) (Hrsg.). 2013. *„Richte unsere Füße auf den Weg des Friedens" – ein Diskussionsbeitrag aus der Evangelischen Landeskirche in Baden.* Karlsruhe: EKiBa.

EKD. 2007. *Aus Gottes Frieden leben – für gerechten Frieden sorgen. Eine Denkschrift des Rates der Evangelischen Kirche in Deutschland.* Gütersloh: Gütersloher Verlagshaus.

Franziskus I. 2013. *Evangelii Gaudium.* Rom: Vatikan.

Franziskus I. 2015. *Laudato Si.* Rom: Vatikan.

González Fernández, Antonio. 2015. The Responsibility of Conviction: Christian Pacifism. In *Befreiung von Gewalt zum Leben in Frieden,* hrsg. von Ulrich Duchrow und Nessan Craig, 202–222. Münster: LIT.

Graeber, David. 2012. *Schulden: Die ersten 5000 Jahre.* Stuttgart: Klett-Cotta.

Hever, Shir. 2018. *The Privatization of Israeli Security.* London: Pluto Press.

Horsley, Richard A. 2003. *Jesus and Empire: The Kingdom of God and the New World Disorder.* Minneapolis, MN: Augsburg Fortress.

Kahl, Brigitte. 2010. *Galatians Re-Imagined: Reading with the Eyes of the Vanquished.* Minneapolis, MN: Fortress Press.

Kairos Europa (Hrsg.). 2013. Von den Rändern her in Richtung globale Transformation! „Pilgerweg der Gerechtigkeit und des Frieden" – Hoffnung auf einen neuen kirchlichen Aufbruch für das Leben? http://kairoseuropa.de/337-2/. Zugegriffen: 17. März 2018.

Kairos Europa (Hrsg.). 2016. Interreligiöse Solidarität gegen Fluchtursachen. http://kairoseuropa.de/337-2/. Zugegriffen: 03. Februar 2018.

Kessler, Rainer. 2006. *Sozialgeschichte des alten Israel.* Darmstadt: Wissenschaftliche Buchgesellschaft.

Lakoff, George. 2004. *Don't Think of an Elephant! Know Your Values and Frame the Debate.* White River Junction, VT: Chelsea Green Publishing.

Lampe, Peter. 1978. Die Apokalyptiker. Ihre Situation und ihr Handeln. In *Eschatologie und Frieden. Bd. II,* hrsg. von Gerhard Liedke, 61–125. Heidelberg: FEST.

Lohfink, Norbert. 1989. *Das Jüdische am Christentum – Die verlorene Dimension*. Freiburg: Herder.

Lüders, Michael. 2016. *Wer den Wind sät – Was westliche Politik im Orient anrichtet*. 17. Aufl. München: C.H. Beck.

Lüders, Michael. 2017. *Die den Sturm ernten. Wie der Westen Syrien ins Chaos stürzte*. 6. Aufl. München: C.H. Beck.

Lutherischer Weltbund. 2003. Botschaft der Zehnten Vollversammlung. http://www.lwf-assembly2003.org/lwb-vollversammlung/htdocs/PDFs/LWF_Assembly_Message-DE.pdf. Zugegriffen: 10. März 2018.

Miguez, Néstor, Joerg Rieger und Jung Mo Sung. 2009. *Beyond the Spirit of Empire*. London: SCM Press.

Müller, Rudolf Wolfgang. 1981. *Geld und Geist. Zur Entstehungsgeschichte von Identitätsbewußtsein und Rationalität seit der Antike*. 2. Aufl. Frankfurt a. M.: Campus.

Neu, Rainer. 1992. *Von der Anarchie zum Staat. Entwicklungsgeschichte Israels vom Nomadentum zur Monarchie im Spiegel der Ethnosoziologie*. Neukirchen: Neukirchener Verlag.

Ökumenischer Rat der Kirchen (ÖRK). 1986. Rahmen des ökumenischen Prozesses zur gegenseitigen Verpflichtung (Bund) für Gerechtigkeit, Frieden und Bewahrung der Schöpfung. Arbeitspapier für das Exekutivkomitee des ÖRK, März 1986. Beilage zur Junge Kirche. Jahrgang 53 (4).

Ökumenischer Rat der Kirchen (ÖRK). Team für Gerechtigkeit, Frieden und Schöpfung. 2005. Alternative Globalisierung im Dienst von Menschen und Erde. https://www.weltwirtschaft-und-entwicklung.org/downloads/agapeoerkhintergrundpapierde032005.pdf. Zugegriffen: 10. März 2018.

Ökumenischer Rat der Kirchen (ÖRK). 2013. Gemeinsam für das Leben: Mission und Evangelisation in sich wandelnden Kontexten. Entwurf für eine neue Erklärung des ÖRK zu Mission und Evangelisation, vorgelegt von der Kommission für Weltmission und Evangelisation (CWME). http://www.emw-d.de/fix/files/Gemeinsam_fuer_das_Leben_-_Mission_Evangelisation_wandelnde_Kontexte.pdf. Zugegriffen: 10. März 2018.

Pflüger, Tobias und Jürgen Wagner. 2006. *Welt-Macht EUropa: Auf dem Weg in weltweite Kriege*. Hamburg: VSA.

Raheb, Mitri. 2014. *Glaube unter imperialer Macht. Eine palästinensische Theologie der Hoffnung*. Gütersloh: Gütersloher Verlagshaus.

Reformierter Weltbund. 2004. Bund für wirtschaftliche und ökologische Gerechtigkeit (Covenanting for Justice in the Economy and the Earth) – Anhang zur Botschaft – Zusammenfassung der Berichte und Entscheidungen der 24. Generalversammlung. http://kairoseuropa. de/wp-content/uploads/2015/11/Accra-conf-dtsch-Anhang-GC-32-g. pdf. Zugegriffen: 10. März 2018.

Scheidler, Fabian. 2015. *Das Ende der Megamaschine. Geschichte einer scheiternden Zivilisation.* Wien: Promedia.

Schottroff, Luise. 1990. „Gebt dem Kaiser, was dem Kaiser gehört, und Gott, was Gott gehört." Die theologische Antwort der urchristlichen Gemeinden auf ihre gesellschaftliche und politische Situation. In *Befreiungserfahrungen. Studien zur Sozialgeschichte des Neuen Testaments,* hrsg. von Luise Schottroff, 184–216. Gütersloh: Gütersloher Verlagshaus.

Schottroff, Luise. 2015. Die Schreckensherrschaft der Sünde. In *Befreiung vom Mammon. Die Reformation radikalisieren. Bd. 2,* hrsg. von Ulrich Duchrow und Hans G. Ulrich, 71–94. Münster: LIT.

Schwantes, Milton. 1995. *Das Land kann seine Worte nicht ertragen. Meditationen zu Amos.* München: Kaiser.

Seaford, Richard. 2004. *Money and the Early Greek Mind. Homer, Philosophy, Tragedy.* Cambridge: Cambridge University Press.

Segbers, Franz und Simon Wiesgickl (Hrsg.). 2015. *„Diese Wirtschaft tötet" (Papst Franziskus) – Kirchen gemeinsam gegen Kapitalismus. Eine Veröffentlichung der Rosa-Luxemburg-Stiftung für Ulrich Duchrow.* Hamburg: VSA.

Ströbele, Hans Christian. 2017. Strafanzeige wegen Kampfdrohnen-Steuerung über deutschen US-Stützpunkt Ramstein. *Rundbrief des Forums FriedensEthik in der Evangelischen Landeskirche in Baden* 7 (3): 17–21.

Tsompanidis, Stylianos. 1999. *Orthodoxie und Ökumene – Gemeinsam auf dem Weg zu Gerechtigkeit, Frieden und Bewahrung der Schöpfung.* Münster: LIT.

Veerkamp, Ton. 2012. *Die Welt anders. Politische Geschichte der Großen Erzählung.* Hamburg: Argument/InkriT.

Walpen, Bernhard. 2004. *Die offenen Feinde und ihre Gesellschaft. Eine hegemonietheoretische Studie zur Mont Pèlerin Society.* Hamburg: VSA.

Weber, Max. 1972. *Wirtschaft und Gesellschaft.* 5. Aufl. Tübingen: J.C.B. Mohr.

Weizsäcker, Ernst Ulrich von und Anders Wijkman. 2017. *Wir sind dran.*
Club of Rome: Der große Bericht. Was wir ändern müssen, wenn wir
bleiben wollen. Eine neue Aufklärung. 3. Aufl. Gütersloh: Gütersloher
Verlagshaus.
Welzer, Harald. 2008. *Klimakriege – Wofür im 21. Jahrhundert getötet*
wird. Frankfurt a. M.: S. Fischer Verlag.

Die öffentliche Verantwortung einer Kirche für gerechten Frieden

Georg Kalinna

1 Einleitung

Viele Gemeinden, so auch meine derzeitige Vikariatsgemeinde, haben seit den 1960er-Jahren eine ansehnliche Tradition des Friedensengagements und der Friedensarbeit. Wie andere Gemeinden auch pflegt diese Gemeinde in unterschiedlichen Formaten, insbesondere in Informationsabenden und einem über die Gemeinde ausstrahlenden Gottesdienstformat, die in der Friedensbewegung tief verankerte Geschichte. Leider handelt es sich oftmals um eben das: Geschichte. Es gibt kaum bis keine Aktionsformen für Jugendliche oder junge Erwachsene, die sich im Bereich kirchlicher Friedensarbeit betätigen möchten. Das ist nicht klagend oder anklagend gemeint. Junge Menschen haben ihre Themen und finden Plattformen, auf denen sie diese politisch vertreten. Nur ob sie diese mit christlichen Anliegen verknüpfen oder in der Kirche finden wollen und können, ist eine andere Frage. Das bedeutet nicht, dass die Aufgaben kleiner geworden wären. Doch diese freilich nicht empirisch gestützten Beobachtungen lassen vermuten, dass der Zusammenhang zwischen Politik und christlichem Glauben

© Springer Fachmedien Wiesbaden GmbH, ein Teil von Springer Nature 2019
S. Jäger und F. Enns (Hrsg.), *Gerechter Frieden als
ekklesiologische Herausforderung*, Gerechter Frieden,
https://doi.org/10.1007/978-3-658-22910-8_4

für viele Menschen schwächer geworden ist als es noch vor zwei oder drei Jahrzehnten der Fall war. Friedensfragen treiben keine Theologiestudierende mehr in die Fakultäten oder auf die Straße.

Gleichzeitig spielt sich auf der Ebene akademischer Theologie und kirchlicher Öffentlichkeit eine Debatte darüber ab, ob und in welchem Sinne die Kirche politisch sein kann oder muss. Die polarisierenden Debatten um Migration, Asyl und Flucht reichen hierbei in die Kirche hinein. 2016 kritisierte der ehemalige Bundesfinanzminister Wolfgang Schäuble anlässlich des Reformationsjubiläums, die evangelische Kirche definiere sich durch bestimmte politische Meinungen. Diese Meinungen seien zu einem stärkeren Band des Zusammenhalts geworden als der gemeinsame Glaube. Dem hielt er entgegen: „[U]m politisch zu sein" solle die Kirche „erst einmal Religion sein" (Schäuble 2016). Der EKD-Ratsvorsitzende, Heinrich Bedford-Strohm, erwiderte, indem er seine Position einer Öffentlichen Theologie noch einmal bekräftigte und verdeutlichte (Bedford-Strohm 2016). Andere nahmen Schäubles Kritik zum Anlass, ihrerseits die Anliegen der Öffentlichen Theologie zu kritisieren oder zu modifizieren (Körtner 2016; Körtner 2017, insb. S. 103ff., S. 115ff.; Fischer 2016; Thomas 2016; Albrecht und Anselm 2017). Schon 2013 beklagte sich Günther Beckstein über die „Theologie der Energiesparlampe", die seines Erachtens sinnbildhaft für die politisierte Theologie der EKD betrachtet werden kann (vgl. Bingener 2013). Als sich Heinrich Bedford-Strohm in einem Facebook-Post öffentlich zu den Koalitionsgesprächen äußerte, erntete er hierfür Kritik von Nachwuchstheologen (Kamann 2018). In Interviews werden ehemalige wie amtierende Amtsinhaber regelmäßig mit Fragen wie diesen konfrontiert: „Gegenwärtig wird über die Frage diskutiert, wie sehr sich Kirche politisch äußern sollte. Was denken Sie?" (Gessler und Kosch 2018, S. 20). Und regelmäßig fällt die Antwort deutlich aus: „Christen müssen sich einmischen", so die Überschrift eines

Artikels des Berlin-Brandenburgischen Landesbischofs Markus Dröge (2017). „Kirche kann gar nicht unpolitisch sein, weil sie mit dem Leben der Menschen zu tun hat. Und das ist politisch", so die ehemalige EKD-Ratsvorsitzende und Landesbischöfin Margot Käßmann (vgl. Gessler und Kosch 2018, S. 20).

2 Der Öffentlichkeitsauftrag und die Friedensfrage im Protestantismus nach 1945

Diese deutliche Positionierung zu dem *Dass* des Öffentlichkeitsauftrages ist seit dem Zweiten Weltkrieg tief im deutschen Protestantismus verwurzelt. Bei kirchlichen und universitär-theologischen Verantwortungsträgern herrscht Konsens, dass die Kirche aufgrund ihrer Botschaft und ihres Grundes notwendigerweise dazu aufgerufen ist, sich an Debatten des öffentlichen Lebens zu beteiligen. Nur in diesem schwachen Sinne soll im Folgenden davon die Rede sein, dass die Kirche eine öffentliche Verantwortung oder einen Öffentlichkeitsauftrag hat (vgl. zum Öffentlichkeitsbegriff im kirchlichen Kontext nach wie vor Huber 1973). Öffentlich meint im Folgenden lediglich die Ausrichtung des christlichen Glaubens auf das, was alle betrifft (oder potentiell betreffen kann). In diesem Sinne hat sich spätestens in der Auseinandersetzung um das Erbe des Kirchenkampfes in der deutschsprachigen Theologie die Ansicht durchgesetzt, dass die Gestaltung des öffentlichen Lebens in direktem Zusammenhang mit dem christlichen Glauben steht und notwendige Aufgabe kirchlicher Praxis ist. Trotz einiger Polemiken gegenüber früheren Vertretern der Zwei-Reiche-Lehre wie etwa Helmut Thielicke stand auch diesen „Lutheranern" deutlich vor Augen, dass die Kirche sich zu politischen Fragen äußern muss, eine Schlussfolgerung, die die weit überwiegende Mehrheit der

Theologen nach der Erfahrung der NS-Zeit gezogen hatte (vgl. Thielicke 1947; Thielicke 1958, S. 433ff.). Kraft ihres Auftrags, das Evangelium allen Völkern zu verkündigen, ist die Kirche dazu ermächtigt und verpflichtet, Glaube und politische Praxis miteinander zu verweben – in welcher Form auch immer. „Der christliche Glaube ist immer politisch" (Anselm und Albrecht 2017, S. 30).

Jenseits des kirchlichen Konsenses über das *Dass* des kirchlichen Öffentlichkeitsauftrages waren und sind Inhalt und Reichweite dieses Öffentlichkeitsauftrages immer wieder umstritten. Wie soll sich die Kirche zu politischen Fragen äußern? Wer ist dazu berufen, christliche Ansichten zu öffentlichkeitsrelevanten Themen zu formulieren und wer, sie zu vertreten? Wie sieht die „Öffentlichkeit" aus, der die Kirche gegenübersteht und der gegenüber sie einen Anspruch zu haben meint? Welche „Kirche" ist es, die ihren Anspruch geltend macht?

Zu Beginn der Bundesrepublik kreisten die theologische Ethik sowie die kirchlichen Debatten dieser Art noch stark um den Dual von Kirche und Staat. Dieser Dual hatte so lange Plausibilität, wie man davon ausgehen konnte, dass beide in einem annähernd gleichberechtigten Kräfteverhältnis zueinanderstanden und dass beide im Großen und Ganzen die gesamte Gesellschaft repräsentierten (vgl. exemplarisch und wirkmächtig Barth 1998 [1946]). Angesichts verschiedener Entwicklungen, von denen Mitgliederrückgang und Wertewandel nur zwei Faktoren neben einem gewandelten Staatsverständnis und den gesellschaftlichen Neuaufbrüchen der 1960er-Jahre sind, verstehen die meisten Vertreter theologischer Ethik die Kirche nunmehr als Teil der Zivilgesellschaft (Huber 1998, S. 267ff.; Bedford-Strohm 1999, S. 421ff.) Doch auch damit ist noch nicht ausgemacht, *was für ein* zivilgesellschaftlicher Akteur die Kirche sein möchte. Wie vor 70 Jahren gilt auch heute: *Wie* der Zusammenhang vom Glauben an Gottes Heilshandeln und an sein fortwährendes „Herrschen" zu denken ist, um im herrschaftssoziologischen Bedeutungsfeld zu bleiben, und welche Konsequenzen daraus zu ziehen sind, bildet bis heute ein hoch umstrittenes Spannungsfeld. Ja, es scheint in gewisser Weise, als habe die Polarisierung der westeuropäischen Gesellschaften, inklusive der deutschen, in den letzten Jahren dazu beigetragen, dass die *Art und Weise* der Bezugnahme Vertreterinnen und Vertreter christlicher Kirchen und die *Art und Weise,* in der ihre Mitglieder politisch handeln, umstrittener ist als noch vor einigen Jahren. Wie eingangs beschrieben, löst die Debatte darum nach wie vor heftige Diskussionen aus.

Auch und vor allem im Hinblick auf Friedensfragen gilt, dass eine christliche Beteiligung an politischen Debatten, die Krieg und Frieden betreffen, notwendig ist. Umso heftiger waren und sind die jeweiligen Inhalte immer wieder umstritten. Von den Debatten um die Wiederaufrüstung der Bundeswehr über die Billigung des Militärseelsorgevertrages und das Recht zur Kriegsdienstverweigerung in den 1950er-Jahren bis zu den Demonstrationen gegen den NATO-Doppelbeschluss in den 1980er-Jahren und den Einsatz der Bundeswehr in Afghanistan in den 2000er-Jahren – es dürfte nur wenige andere Bereiche geben, in denen der deutschsprachige Protestantismus des 20. Jahrhunderts derart heftig gestritten und inhaltlich diskutiert hat. Wie die Erklärung des Moderamens des Reformierten Bundes aus dem Jahr 1982 exemplarisch gezeigt hat, konnten die Debatten so weit eskalieren, dass man sich gegenseitig den Glauben absprach.

Die Debatten aus der Vergangenheit haben im Raum der EKD institutionelle Früchte getragen, angefangen vom Posten des Militärbischofs über die Einrichtung des Büros des Bevollmächtigten des Rates der EKD bei der Bundesregierung und später bei der Europäischen Union bis hin zu den verschiedenen Forschungsstellen und den Friedensbeauftragten der Landeskirchen. Neben zahlreichen Initiativen auf lokaler Ebene gibt es eine breite Vernetzung kirchlicher Friedensarbeit.

3   Öffentliche Verantwortung und Protestantismus: eine Typologie

In der gegenwärtigen Debatte um die öffentliche Verantwortung im Protestantismus unterscheidet man zuweilen liberale und linksprotestantische Auffassungen, die dann im Anschluss an Max Weber auf Gesinnungs- und Verantwortungsethik unterteilt werden (Körtner 2016, S. 8; ausführlich Körtner 2017, S. 115ff.). Diese Typologie hat in ihrer polemischen Zielrichtung und einseitigen Weber-Deutung offenkundige Schwächen. Zum einen dürfte das daran liegen, dass die Divergenzpunkte nicht in dem Gegensatz von Gesinnung und Verantwortung zu suchen sind, sondern in unterschiedlichen Deutungen der Gesellschaft und der Kirche. Zum anderen zeigt sich, dass es treffender ist, drei Ansätze voneinander zu unterscheiden. Im Folgenden beziehe ich mich auf die Typisierung von Albrecht und Anselm (2017, S. 41) und werde sie leicht abwandeln. Dementsprechend unterscheide ich eine liberalkonservative Position, wie sie etwa von Trutz Rendtorff repräsentiert wird (bei Anselm und Albrecht die Heinz-Dietrich Wendland zugeordnete Position); eine linksliberale Position, wie sie etwa von Wolfgang Huber und der Öffentlichen Theologie vertreten wird, und schließlich eine linksprotestantische Position, wie sie früher von Dorothee Sölle oder Helmut Gollwitzer und heute von Ulrich Duchrow verkörpert wird.

Bei dem liberalkonservativen Typus lässt sich eher von der öffentlichen Verantwortung *des Christentums* oder *der Christinnen und Christen* sprechen als von einem Öffentlichkeitsauftrag *der Kirche*. Die relevante Bezugsgröße heißt hier zumeist nicht Kirche,

sondern Religion oder Christentum, um zu betonen, dass es um
das Wirken religiöser oder christlicher Menschen geht und nicht
so sehr um das Handeln einer Institution. Der politische Raum
ist der von allen Menschen geteilte Raum zur Aushandlung von
Interessenkonflikten, der der Entfaltung der Freiheit des Einzelnen dient. Das zeigt sich etwa an der Behandlung der politischen
Ethik in Trutz Rendtorffs Ethik (Rendtorff 2011 [1980/1981]). Hier
geht es um eine umfassende Deutung und Würdigung politischer
Institutionen und Praktiken, die immer darauf bedacht ist, ihren
Blick nicht auf die Kirche zu verengen. Ihr geht es darum, die
politische Ordnung als „ethische Form des Zusammenlebens"
zu entfalten (Rendtorff 2011 [1980/1981], S. 264), in deren Mittelpunkt der „Bürger" (Rendtorff 2011 [1980/1981], S. 299) steht. Der
Beitrag des christlichen Glaubens ist vorrangig vermittelt durch
das Handeln christlicher Bürgerinnen und Bürger (beziehungsweise Politikerinnen und Politiker). Dem liberalkonservativen
Typus geht es darum, die Geschichte des modernen liberalen
und demokratischen Verfassungsstaates möglichst umfassend
zu würdigen und als christliches Anliegen zu reformulieren. So
werden Rechtsstaat, Pluralismus, Toleranz und Menschenrechte
als Errungenschaften der modernen Gesellschaft gewürdigt und
in den Strom der christlichen Traditionsgeschichte eingeordnet.
Paradigmatisch steht hierfür die Denkschrift „Evangelische Kirche
und freiheitliche Demokratie" (EKD 1985), die die staatlichen Strukturen der Bundesrepublik als diejenige Verfassungsform würdigt,
„die die unantastbare Würde der Person als Grundlage anerkennt
und achtet" (EKD 1985, S. 12) und so „eine positive Beziehung
der Christen zum demokratischen Staat" begründet (EKD 1985,
S. 13). Die friedensförderliche Beteiligung an dem demokratischen
Prozess – unterstützt durch kirchliche Bildungsarbeit – ist hier die
vorrangige Aufgabe des einzelnen Christenmenschen. Neuerdings
hat eine neue Form der Verantwortungsethik diesen Gesprächszu-

sammenhang aufgegriffen und spielt den Verantwortungs- sowie den Vernunftbegriff gegen den linksliberalen Ansatz aus (Körtner 2017, S. 103ff., 115ff.). Sowohl der Linksliberalismus als auch der liberalkonservative Ansatz betonen die friedensstiftende Wirkung des für alle geltenden Rechts. Den Religionen kommt darüber hinaus die Aufgabe zu, ihre eigenen Potentiale zur Radikalisierung einzuhegen.

Der linksliberale Ansatz, vertreten durch Theologen wie Wolfgang Huber und Heinrich Bedford-Strohm, teilt liberale Grundüberzeugungen. Wie der liberalkonservative Ansatz würdigt er die gewachsenen Strukturen des demokratischen Verfassungsstaates und integriert sie in die theologische Deutung (Huber 1973). „Öffentliche Theologie hat […] eine klare Affinität zur Demokratie als Staatsform" (Bedford-Strohm 2011, S. 5). Der Öffentlichkeitsauftrag ist hier jedoch deutlicher Sache *der Kirche,* die als aktiv-gestaltender Teil der Zivilgesellschaft verstanden wird – nicht nur als neutraler Makler divergierender Interessen. Als programmatisch kann hier die Denkschrift „Das rechte Wort zur rechten Zeit" gelten (EKD 2008). Wie die Denkschrift deutlich macht, ergeben sich hier Legitimation und Nötigung zur kirchlichen Beteiligung an der Öffentlichkeit durch den Sendungsauftrag durch Jesus Christus. „Die Legitimation der Kirche, sich zu politischen und gesellschaftlichen Fragen zu äußern, beruht nach ihrem Selbstverständnis auf dem umfassenden Verkündigungs- und Sendungsauftrag ihres Herrn" (EKD 2008, Ziff. 10). Stärker als bei dem liberalkonservativen Ansatz geht es hier auch um konkrete politische Optionen, die zum Beispiel dem „Vorrang für die Armen" entsprechen (vgl. Bedford-Strohm 2009). Um im politischen Raum wirksam zu werden, ist jedoch im Sinne des liberalen Gesellschaftsverständnisses eine Übersetzungsleistung im Sinne von Jürgen Habermas notwendig (vgl. Habermas 2001, 2005). Christliche Gehalte sind so zu übersetzen, dass sie der säkularen Gesellschaft verständlich und einleuchtend sind. Rationales Argumentieren hat – ebenso wie im liberalkonservativen Typus – einen hohen Stellenwert. Doch stärker als dieser betont der linkskonservative Ansatz, dass es hierbei auch um normative Orientierung geht. Theologische Gehalte müssen übersetzt werden, um politisch wirksam zu werden; doch politisch wirksam werden *müssen* oder *sollten* sie. Die Kirche wird so als „Herzschrittmacher der modernen bundesrepublikanischen Demokratie" (Huber 2007, S. 397) und als integraler Bestandteil der Zivilgesellschaft verstanden (Bedford-Strohm 2008).

Der Linksprotestantismus, wie er vom späten Helmut Gollwitzer, Dorothee Sölle oder gegenwärtig von Ulrich Duchrow vertreten wird, hat – wie Albrecht und Anselm zu Recht feststellen –, in der Bundesrepublik „verhältnismäßig stark an breitenwirksamer öffentlicher Präsenz eingebüßt" (Albrecht und Anselm 2017, S. 41). Dieser Typus beurteilt die gegenwärtige Gesellschaft deutlich kritischer als die anderen Ansätze. Ein zentrales Charakteristikum ist das Verhältnis von Theorie und Praxis, das sich von liberalen Ansätzen unterscheidet. Während der liberalkonservative Typus programmatisch abstreitet, dass theologische Gehalte „durch menschliche Praxis verifiziert oder falsifiziert werden" (Rendtorff 2011 [1980/1981], S. 49), betont der Linksprotestantismus ebenso programmatisch: „[D]as Verifikationskriterium jedes theologischen Satzes ist die zukünftig ermöglichte Praxis. Theologische Sätze enthalten so viel an Wahrheit, wie sie praktisch in der Veränderung der Wirklichkeit hergeben" (Sölle 1971, S. 97). Statt theologische Gehalte kognitiv übersetzen zu wollen, um theologische Gehalte in den demokratischen Prozess einzuspeisen, geht es darum, diese Gehalte umzusetzen und zwar exemplarisch. „Wahrheit" ist nicht „Erkenntnis", sondern „Lebensvollzug" (Sölle 1971, S. 105). In den späten 1960er-Jahren war Ausdruck dessen etwa das von Dorothee Sölle mitinitiierte politische Nachtgebet in Köln. Gegenwärtig verbindet sich mit diesem Typus beispielsweise das gemeindliche

Engagement bei den Themen Flucht und Asyl. „Kirche" ist für diesen Typus etwas anderes als für die beiden zuvor genannten Ansätze. Kirche ist nicht in erster Linie die landeskirchlich verfasste Organisation, sondern ein Begriff für ein Netzwerk kleinerer Gruppierungen, die ursprünglich ihre Wurzeln in den Basisbewegungen der späten 1960er- und frühen 1970er-Jahre haben. In diesem Sinne ist „die Kirche" nicht ein Teil der Gesellschaft, sondern steht in der Verpflichtung, als „Kontrastgesellschaft" zu fungieren, eine Rolle, die Ulrich Duchrow mit Rekurs auf biblische Traditionen ausdrücklich einfordert (Beitrag Duchrow in diesem Band, S. 68ff.), Heinrich Bedford-Strohm dagegen ausdrücklich ablehnt (Bedford-Strohm 2011, S. 7; vgl. zu dem Begriff auch Huber 1994). Theologie hat hier die Funktion von Ideologiekritik. Während die liberalkonservative Seite beispielsweise betont, dass der Mensch „Sünder" und mithin „nicht dauerhaft friedensfähig" ist (Körtner 2008, S. 209) erwidert die linksprotestantische Seite: Sünde lässt sich nie so verstehen, dass sie den Status Quo mit theologischer Dignität ausstattet. Nur politisch interpretierte Sünde ist praxiswirksam und weicht nicht dem Anspruch des biblischen Zeugnisses aus. Die Reduktion des Sündenbegriffs auf eine religiöse Kategorie erscheint diesen Vertreterinnen und Vertretern als „Kollaboration und Apathie" (Sölle 1971, S. 112). Gegenstand der Gesellschaftsdeutung sind daher nicht so sehr der demokratische Prozess oder die kompromissorientierten Aushandlungsmechanismen zur Vermittlung unterschiedlicher Interessen – wie in beiden Spielarten der liberalen Deutung des Öffentlichkeitsauftrages. Im Gegenteil: Die politischen Institutionen der Gesellschaft stehen im Verdacht, materielle Ungleichheiten der „kapitalistischen" Gesellschaft und des (heutzutage neoliberalen) Marktes zu verschleiern. Unter dem Einfluss des Marxismus der 1960er-Jahre werden die Pathologien der Gesellschaft in sozioökonomischen Wurzeln gesucht. Ziel ist daher Revolution (Gollwitzer 1988) beziehungsweise Systemwandel.

Linksprotestantismus wie Linksliberalismus sind beeinflusst durch die Befreiungstheologie, die Arbeiten des Ökumenischen Rates der Kirchen und die damit verbundene Option für die Armen. Doch während Linksliberale die gegenwärtige Gesellschaft im Großen und Ganzen bejahen und ihre Anliegen in den gewachsenen Strukturen der Landeskirchen und des Verfassungsstaates einbringen zu können meinen, hat der Linksprotestantismus eine erheblich größere Reserve gegenüber der Durchsetzungsfähigkeit geltenden Rechts sowie der des demokratischen Prozesses überhaupt.

Mit dieser Typologie im Rücken möchte ich mich nun der Friedensdenkschrift aus dem Jahr 2007 zuwenden.

4 Die Verortung der Friedensdenkschrift

Die Denkschrift „Aus Gottes Frieden leben – für gerechten Frieden sorgen" (EKD 2007) ist in diesem Spektrum zwischen dem linksliberalen und dem liberalkonservativen Typus zu verorten. Sie befürwortet die internationale Rechtsordnung sowie ihre nationalen Pendants liberaler Prägung. Ihr Leitgedanke des gerechten Friedens ist „durch das Recht" durchzusetzen (EKD 2007, Ziff. 85ff.). Sie zielt daher auf eine Stärkung der Institutionen des internationalen Rechts (EKD 2007, Ziff. 124ff.). Sie verortet Konfliktursachen nicht nur in ökonomischen Faktoren, sondern nimmt unterschiedliche Wurzeln des Unfriedens in den Blick.

Im zweiten Kapitel entfaltet die Friedensdenkschrift ihre Vorstellung davon, wie die Kirche und Christinnen und Christen in der Öffentlichkeit einen „Friedensbeitrag" leisten. Dabei sind zwei Schwerpunktsetzungen erkennbar: *Zum einen* liegt ein starker Fokus auf der institutionellen Seite der kirchlich verfassten Strukturen, wie sie in der Bundesrepublik Deutschland gewachsen und rechtlich verankert sind. Wenn es um das Handeln von Kirche(n)

geht, dann geht es um das Handeln der Institution(en), wie sie sich
in der Bundesrepublik herausgebildet haben, um die „Volkskirche".
Das friedensethische Engagement der Volkskirche kommt vor allem
in der liturgischen Gestaltung ihrer Gottesdienste (EKD 2007, Ziff.
39f.) und in ihrer Bildungsarbeit zum Ausdruck (EKD 2007, Ziff.
50–55). Angesprochen sind etwa die „offiziellen Repräsentanten der
Religionen" (EKD 2007, Ziff. 46) oder „[d]ie evangelische Kirche"
(EKD 2007, Ziff. 48). Dabei sind auch die öffentlichen Räume im
Blick, die der deutsche Staat den Kirchen und Religionsgemein-
schaften einräumt. Die Kirche ist „Bildungsinstitution" (EKD 2007,
Ziff. 50). Die Bildung zum Frieden hat in der Bundesrepublik ihren
Ort in den Bereichen, in denen das politische System ihr Zugänge
zu Bereichen des öffentlichen Lebens lässt. Die hintergründig
affirmative Gesellschaftsdeutung geht aus von der Bejahung des
in der Bundesrepublik gegebenen Verhältnisses von Kirche und
Staat (EKD 2007, Ziff. 44), der verfassungsmäßig gewährleisteten
Gewissensfreiheit (EKD 2007, Ziff. 58, 62).

   Zum anderen ist das Gegenüber der Landeskirchen der Staat des
Grundgesetzes. In diesem Sinne schreibt die Friedensdenkschrift im
Gefolge der ethischen Tendenzen der 1980er-Jahre ein rechtsethi-
sches Paradigma fort, das sich in gewisser Weise als Anknüpfung
an die Grundgedanken der Demokratiedenkschrift lesen lässt.
Entfaltet die Demokratiedenkschrift den Staat des Grundgesetzes
als von Christinnen und Christen zu bejahende Friedens- und
Rechtsordnung, so scheint die Friedensdenkschrift – trotz einiger
Relativierungen – die internationale Organisation der Vereinten
Nationen als eine Art Analogon zu der innerstaatlichen Rechtsordnung zu begreifen (EKD 2007, Ziff. 125ff.). Die Friedensethik der
Denkschrift ist – ganz im Geiste der oben dargestellten liberalen
Ansätze – zuvörderst *Rechts*ethik. Die Menschenrechtsdiskurse
der 1970er- und 1980er-Jahre haben auch innerhalb von Kirche
und Theologie dazu geführt, dass die Menschenrechte und – im

deutschen Kontext – der damit zusammenhängende Gedanke
der Menschenwürde und Gottebenbildlichkeit zu einem entscheidenden Bezugspunkt wurden. Bilden die Menschenrechte eine
Art Verkoppelung religiöser Anliegen im politischen Bereich, so
ist ebenso im Hinblick auf die Friedensethik festzuhalten, dass
auch hier die Menschenrechte den entscheidenden Punkt zur
Koppelung beider Bereiche liefern. Die Friedensdenkschrift zielt
vor allem auf die Implementierung des Leitbildes vom gerechten
Frieden innerhalb des internationalen Rechtsregimes ab (EKD
2007, Ziff. 85: „Das ethische Leitbild des gerechten Friedens ist
zu seiner Verwirklichung auf das Recht angewiesen"). Die Kirche
nimmt ihre Öffentlichkeitsverantwortung wahr, indem sie auf den
rechtlichen Rahmen hinweist und auf den verschiedenen Ebenen
kirchlicher Arbeit auf dessen Einhaltung hinwirkt.

Kritiker wie Michael Haspel (2011) haben diese Bindung der
Friedensethik an ein rechtsethisches Paradigma mit dem Argument
kritisiert, dass hier fälschlicherweise vorausgesetzt werde, dass
„Macht und Gewalt überwiegend faktisch an das Recht gebunden
sind oder realistisch erwartbar prinzipiell an das Recht gebunden
werden können" (Haspel 2011, S. 142). Gerade das aber treffe nur
auf Staaten liberaldemokratischen Zuschnitts zu, die das Gewaltmonopol innehätten, nicht aber für andere Regime, geschweige
denn für die zwischenstaatliche Ebene. In diesem Sinne ist Rainer
Anselm zuzustimmen, wenn er diagnostiziert:

> „Wenn ich recht sehe, verfolgen die friedensethischen Stellung-
> nahmen beider Kirchen in ihrer konkreten Urteilsbildung letztlich
> einen gemäßigten westlich-aufklärerischen christlichen Ethno-
> zentrismus, der den Hierarchisierungen folgt, wie sie sich in den
> deutschen friedensethischen Lernprozessen des 20. Jahrhunderts
> ergeben haben" (Anselm 2018, S. 41).

Was fehlt, so Haspel, sei ein kirchlicher Beitrag zu einer Debatte über die *Ziele* von Militäreinsätzen. Diese Defizitanzeige mag erklären, warum Margot Käßmanns Satz aus ihrer Neujahrspredigt 2010 so eine Resonanz erfahren hat. „Nichts ist gut in Afghanistan". Mit diesem Satz hat die ehemalige Landesbischöfin, EKD-Ratsvorsitzende und Reformationsbotschafterin weit über kirchliche Kreise hinaus Aufsehen erregt. Im Geiste der Kritik Haspels könnte das genau daran liegen, dass es hier *nicht* lediglich um den rechtlichen Rahmen ging, sondern um einen Beitrag zur Frage, welche Ziele mit diesem Einsatz verfolgt werden und ob er sinnvoll ist.

Mit diesen Kritikpunkten komme ich zu der linksprotestantischen Alternative in der Herangehensweise an die öffentliche Verantwortung einer Kirche, die auf einen gerechten Frieden zielt. Sie liest sich als eine Alternative zu den Optionen der Friedensdenkschrift.

5   Die linksprotestantische Alternative

Ulrich Duchrow kann in diesem Zusammenhang als Repräsentant einer linksprotestantischen Alternative gelten. Sowohl die Deutung der Kirche als auch die Deutung der Gesellschaft unterscheiden sich grundlegend von den Weichenstellungen der Friedensdenkschrift. Beiden ist im Folgenden nachzugehen.

Wie oben geschildert, sind sozioökonomische Gründe für die Friedensdenkschrift nur *ein* friedensgefährdender Faktor neben anderen. Aus linksprotestantischer Perspektive handelt es sich dagegen bei sozioökonomischen Ungleichheiten um den zentralen Faktor. Diese Deutung wird durch die sozialhistorisch gelesene biblische Tradition untermauert. Damit einher geht eine deutlich pessimistischere Deutung der Gesellschaft und der internationalen Rechtsordnung sowie ihrer Organe; nicht weil sie ihrem Anspruch nach abzulehnen wären, sondern weil sie, so der Vorwurf, faktisch als ausführende Organe nationaler Machtinteressen agieren. Der Linksprotestantismus will die Gesellschaft theologisch deuten. Theologische Deutung heißt jedoch in diesem Fall eine antikapitalistisch orientierte, sozialhistorisch informierte Sichtweise. Dadurch lässt sich die theologische Tradition für den gegenwärtigen Kontext plausibilisieren und relevant machen. Als Beispiel sei hier nochmals der Sündenbegriff genannt. Dem Linksprotestantismus gelingt es, die destruktiven Folgen struktureller *Sünde* darzustellen, greifbar und anschlussfähig zu machen. Sünde ist keine religiöse Sonderkategorie, sondern wird anschaulich in strukturellen Problemen ökonomischer Art. Die Friedensdenkschrift zählt Sünde ausdrücklich *nicht* zu den politischen oder ökonomischen Faktoren für Friedensgefährdungen. Für sie ist Sünde „in der Verfassung der menschlichen Natur" angelegt und wird interpretiert als die destruktiven Potentiale im Menschen. „Menschen sind zum Guten wie zum Bösen fähig", es handelt sich um die Tendenz, „die eigenen Interessen ohne Rücksicht auf andere durchzusetzen" (EKD 2007, Ziff. 38). Anders in der linksprotestantischen Lesart. In Fortschreibung der Anliegen von Dorothee Sölle und anderen benennt Duchrow die destruktiven Konsequenzen exzessiv wirtschaftlichen Handelns und reiner Interessenpolitik auf internationaler Ebene sowie deren friedensgefährdenden Konsequenzen. So kann er umso deutlicher das mit „Sünde" Gemeinte in greifbaren Konkretionen vor Augen führen. „Sünde" ist keine Sonderkategorie, die nur mit der persönlichen Gottesbeziehung zu tun hat, sondern etwas, was sich im ganzen Leben, auch dem wirtschaftlichen, in Not und Leid auswirkt.

Ein weiteres Beispiel für diese theologische Gesellschaftsdeutung ist der Begriff des Imperiums. Imperium ist eine Chiffre für verschiedene Systeme gesellschaftlicher Ausbeutung, die auf einer unkontrollierten und exzessiv gewaltbereiten Machtausübung beruht. Das Weltreich Alexanders des Großen ist ebenso ein „Imperium" wie das römische Kaiserreich, das biblische Ägypten oder die Vereinigten Staaten des 21. Jahrhunderts. Der Imperiumsbegriff koppelt Sozialkritik, Exegese und Gegenwartsdeutung. Die Kirche steht und fällt für Duchrow daher mit ihrer Fähigkeit, sich der Logik „des Imperiums" zu widersetzen oder sich ihr zu fügen.

Die Kirche erscheint in dieser linksprotestantischen Tradition nicht so sehr als Makler unterschiedlicher Meinungen oder als religiöse Bildungsinstanz. Ihre Aufgabe besteht – in der Tradition täuferischer und pietistischer Ansätze – darin, eine Gegenkultur zu bilden. Kirche meint dabei nicht so sehr die (landeskirchliche) Organisation als kleine Gruppen, die untereinander ein Netzwerk bilden und mit anderen zivilgesellschaftlichen Akteuren kooperieren, um gemeinsame Ziele zu verwirklichen. „Volkskirche" ist ein Begriff, den beide liberalen Spielarten ungerne aufgeben möchten, betont er doch die Offenheit der Kirche gegenüber verschiedenen Lebensentwürfen sowie die Offenheit gegenüber unterschiedlichen Meinungen. Im Linksprotestantismus meint Kirche dagegen nicht – zumindest nicht in erster Linie – Volkskirche. Stattdessen liegt der Fokus einerseits stärker auf der engen Kooperation mit Kirchen weltweit und andererseits auf kleineren Gemeinschaften als Zellen christlichen Handelns. Das Ziel der kirchlichen Gemeinschaften ist dabei nicht lediglich der Hinweis auf die Einhaltung rechtlicher Regelungen, sondern das zeichenhafte Vorleben ihrer Interpretation des Evangeliums. Überhaupt sind die Deutungen und Empfehlungen stärker auf politische Gestaltung und Aktion zugeschnitten als auf geregelte Lobbyarbeit im demokratischen Prozess. Der Linksprotestantismus setzt nicht so sehr auf Übersetzung und Vermittlung als auf Ideologiekritik und exemplarisches Handeln. Systemkritik und Systemänderung lauten hier die Ziele. Der Linksprotestantismus bemüht sich, Gottes Anspruch gerecht zu werden und bemüht sich ernsthaft darum, diesem Anspruch

Geltung zu verschaffen. Frieden ist für den Christenmenschen nicht nur die politisch bessere Option, sondern von Gott geforderte Praxis. Die Gestaltung des öffentlichen Lebens ist nicht nur eine Frage politischer Klugheit, sondern auch eine Frage, die sich zurückbeziehen muss auf die hohen Ansprüche der christlichen Tradition.

Sowohl von liberalkonservativer als auch von linksliberaler Seite wird dieser Kirchenbegriff mit Skepsis gesehen. Von liberalkonservativer Seite wird diesem Begriff – in der Tradition einer gewissen Lesart der Troeltsch-Weberschen Typologie von Kirche, Sekte und Mystik – vorgeworfen, er sei realitätsfern. Die Kirche könne sich gar nicht als Teil *außerhalb* der Gesellschaft begreifen; sie sei immer schon ein Teil hiervon (vgl. z. B. Graf 2011, S. 119ff.). Von linksliberaler Seite aus heißt es mit Rekurs auf Dietrich Bonhoeffer: Hier werde Gottes Wirken unzulässigerweise auf den Bereich eines kirchlichen Sonderraums beschränkt (Bedford-Strohm 2011, S. 8).

Die linksprotestantische Herangehensweise hat dabei allerdings zweierlei für sich: Zum einen tut sie sich nicht so schwer, die zunehmend deutlicher werdende Minderheitensituation der Kirchen in Westeuropa konstruktiv aufzunehmen. Die Volkskirche, wie die Bundesrepublik sie von den 1950er- bis in die 1980er-Jahre kannte, ist vielerorts aufgrund struktureller Ursachen bereits heute Geschichte. In anderen Teilen ist dieser Wandlungsprozess im Gange. Die Situation erfordert neue theologische Visionen und praktische Strategien im Hinblick auf die öffentliche Verantwortung der Kirche. Eine Stärke des Linksprotestantismus besteht darin, dass er von seinen Traditionen und Ursprüngen her mit der Minderheitensituation vertraut ist und entsprechende Lösungen bereithält. Dazu gehört etwa die Haltung, dass die Kirche zunächst einmal das von ihr als richtig und gut Erkannte *vorleben* muss, anstatt darauf hinzuarbeiten, dieses in säkulare Begriffe zu übersetzen, um es dann der ganzen Gesellschaft mit den Mitteln des

Rechts *vorzuschreiben*. Nur weil die Kirche in ihren Anfängen eine Gemeinschaft sui generis war, hatte sie für Menschen Attraktivität und Strahlkraft. Glaubwürdigkeit und Authentizität sind auch heute wichtige Eigenschaften, die der Kirche zu wünschen sind.

Zweitens bleibt hier der Zusammenhang von Spiritualität und politischer Initiative sichtbarer als in den liberalen Ansätzen. Das Christentum erscheint hier nicht als eine Tradition, die neben anderen die gegenwärtige Gesellschaft prägt und nun noch in Transformationserscheinungen greifbar ist. Stattdessen ist es hier eine gemeinschaftsbildende und friedensstiftende Kraft, die in konkreten Menschengruppen und Initiativen sichtbar werden lässt, dass der christliche Glaube lebendig ist und Konsequenzen für die Lebensgestaltung hat.

6 Öffentliche Verantwortung für gerechten Frieden

Ich habe diesen Artikel mit der Feststellung eröffnet, dass, unabhängig von der theologischen Ausrichtung, unter offiziellen Kirchenvertreterinnen und Kirchenvertretern kein Streit darüber besteht, dass christlicher Glaube politische Implikationen hat. Eine zentrale Herausforderung liegt jedoch darin, dass diese Auffassung nicht so selbstverständlich ist, wie diese Einmütigkeit meinen lässt. In der fünften Kirchenmitgliedschaftsuntersuchung etwa befürwortete lediglich eine knappe Hälfte der befragten Kirchenmitglieder (47 %) und 17 % der Konfessionslosen, dass sich die Kirche „zu politischen Grundsatzfragen" äußern sollte (EKD 2014, S. 93). „Werte wie Gerechtigkeit, Freiheit und Frieden" erschienen nur gut der Hälfte der Kirchenmitglieder (51 %) überhaupt als religiöse Themen (EKD 2014, S. 25). Zu ähnlichen Ergebnissen kam eine YouGov-Umfrage aus dem Jahr 2015: 81 % der Befragten gaben an, dass sich „organisierte religiöse Gruppen aller Art [aus der Politik] heraushalten [sollten]". Von den evangelischen Befragten gaben 56 % an, der Einfluss der Religion auf die Politik sollte kleiner sein (Schmidt 2015). Wie alle Statistiken sind diese Umfragewerte hinterfragbar und auslegungsbedürftig. Was steht hinter dieser Skepsis? Sind es die seit dem 11. September 2001 immer wieder in neuen Wellen auftretenden Debatten um den politischen Islam? Ist es die Verschiebung der religiösen Landschaft durch die Vereinigung der DDR mit der Bundesrepublik?

Trotz vieler offener Fragen drängt sich meines Erachtens eine Schlussfolgerung auf: Der Gedanke, dass Religion Privatsache ist, ist für kirchliche Verantwortungsträgerinnen und Verantwortungsträger sowie für theologische Hochschullehrer und Hochschullehrerinnen undenkbar; für weite Teile der Bevölkerung und der evangelischen Kirchenmitglieder jedoch nicht. Das lässt sich als eine Herausforderung lesen: Es ist die Aufgabe christlicher Menschen sowie kirchlicher und theologischer Verantwortungsträger kommunizieren zu können, warum es in der Sache selbst begründet liegt, dass der christliche Glaube politische Gestalt annimmt. Ist der Zusammenhang von christlichem Glauben und im weitesten Sinne politischer Praxis unklar, schwinden das Verständnis und die Akzeptanz. Deshalb geht es darum, die Narrative zu stärken, die diesen Zusammenhang deutlich machen.

Zur Analyse der theologischen Optionen und der Handlungsmöglichkeiten bietet sich hierfür ein Ansatz von Verantwortungsethik an, der sich als responsive Ethik bezeichnen lässt. Ich möchte im Folgenden einen Vorschlag machen, den Öffentlichkeitsauftrag der Kirche im Hinblick auf den Frieden als *Verantwortung für gerechten Frieden* zu entfalten. In der Gegenwart spielt der Verantwortungsbegriff eine gewisse Rolle in der Kritik an linksliberalen Positionen (vgl. Körtner 2017, S. 115ff.). Ansätze zu einer responsiven Ethik finden sich bei Dietrich Bonhoeffer, der in seinen Fragmenten

zur Ethik Verantwortung als „Antwort auf das Leben Jesu Christi"
bestimmt hat (Bonhoeffer 2013, S. 254). Verantwortung kommt
hier vor allem als Phänomen des Antwortens als Grundsignatur
menschlichen Lebens zur Sprache. Die entscheidenden Fragen dieser
Ethik lauten nicht: Welcher Norm ist zu gehorchen? Oder: Welches
Gut müssen wir verfolgen? Sie verknüpft die Gesellschaftsdeutung
mit Gott als Grund des Glaubens; es geht ihr um den Versuch,
mit ihrem Handeln auf Gottes Wort und Werk zu antworten (vgl.
hierzu Bukowski 2017, S. 73ff.). Wie ist die gegenwärtige Situation
oder Herausforderung zu interpretieren? Wozu befähigt uns Gott
und was fordert er in der konkreten Situation (vgl. Gustafson 1981,
S. 327)? Diese Zuordnung zielt auf eine transformative Praxis, die
als antwortendes Handeln zu verstehen ist, nämlich als Antwort
auf eine Interpretation von Gottes Wirken in und durch die jeweilige Situation. Die Ziele und die Normen, die Zielen zugrunde
liegen, sind ja zumeist unbestritten. Würde man die evangelischen
Christinnen und Christen darauf ansprechen, ob sie dafür sind,
für möglichst viele Menschen einen gerechten Frieden herzustellen, würde man eine eindeutige Antwort bekommen. Wie das
allerdings konkret zu bewerkstelligen ist und wie das mit dem
christlichen Glauben zu tun hat, das ist für die meisten nicht so
eindeutig und bedarf der Klärung. Dieser Ansatz könnte sich an
dem Werk und der Wirkungsgeschichte des US-amerikanischen
Theologen H. Richard Niebuhr orientieren, der in einem posthum
veröffentlichten Vorlesungsmanuskript Grundzüge einer responsiven Ethik entfaltet hat (vgl. Niebuhr 1999 [1963]).

Ein solcher Ansatz verfolgt mehrere Ziele: Zum einen geht es um
eine Fokussierung auf den Zusammenhang von Gott und Wirklichkeit, Spiritualität und Handeln. Er folgt damit einem klassischen
Anliegen des Linksprotestantismus. Zum anderen geht es darum,
einen wirklichkeitsgerechten Blick auf die Welt zu ermöglichen.
Er könnte dazu beitragen, unterschiedliche theologische Optionen

und praktische Handlungsfolgen zu analysieren. Von hier aus ist die linksprotestantische Tradition zu problematisieren. Förderliche und hinderliche Aspekte gegenwärtiger Entwicklungen sind genauer in den Blick zu nehmen, als es der Linksprotestantismus tut. Die an Großbegriffen orientierte Kritik an „Kapital" und „Markt" führt dazu, dass *erstens* positive Entwicklungen aus dem Blick geraten. Diese großflächige Kritik führt *zweitens* dazu, dass Fehlentwicklungen aus dem Blick geraten, die nichts mit sozioökonomischen Faktoren zu tun haben. Sie führt *drittens* dazu, dass Allianzen mit Verbündeten unmöglich werden, die solche Einschätzungen mit ebenso guten Gründen nicht teilen. Die pauschale Annahme, die gegenwärtigen demokratischen Staaten des Westens betrieben Götzendienst, indem sie „neoliberal" agierten, beinhaltet viele voraussetzungsreiche Annahmen theologischer und ökonomischer Art. Diese wären aus der Sicht responsiver Ethik zum Gegenstand der Diskussion zu machen. Wie verhält sich dieser Blick auf das Weltwirtschaftssystem zu den wohlstandsförderlichen Aspekten dieser Wirtschaft? Hat Gott mit dieser Wirtschaft nichts zu tun, wenn sich der Anteil der Menschen der Weltbevölkerung, die in extremer Armut leben, in den letzten 30 Jahren mehr als halbiert hat (vgl. World Bank 2018)? Ab wann wird die Teilnahme an und Reproduktion von Wirtschaftslogiken zu einer (quasi-)religiösen Verehrung eines falschen „Gottes"? Die Wahrnehmung positiver Trends und das Abrücken von ökonomischen Großtheorien müssten zumindest dafür sorgen, dass sich das Verhältnis von Mensch und Gott, Wirtschaft und Wohlstand komplizierter gestaltet, als linksprotestantische Akteure es schildern. Aus all dem ergibt sich die Notwendigkeit, dass unterschiedliche Narrative zum Verständnis der Situation erlaubt sein müssen.

Gleiches gilt für die Seite des *Antwortens*. Die Herausforderung, sich mithilfe christlicher Narrative darüber zu streiten, wozu Gott in einer konkreten Situation instand setzt und welche Antwort angesichts dessen erforderlich ist, greift die linksprotestantische Agenda einer stärkeren Verkoppelung von Spiritualität und Handeln auf. Gegen die liberalkonservative Abneigung gegenüber allen Formen, die nicht geeignet erscheinen, den demokratischen Prozess zu beeinflussen, ist es aus der Sicht responsiver Ethik wichtig, verschiedene Sozialgestalten und Aktionsformen der Kirche *gleichberechtigt nebeneinander* zu akzeptieren. Kontemplation und Gebet gehören ebenso zum Antworten auf Gottes Wirken in dem Unfrieden der Welt wie politische Arbeit auf kommunaler, regionaler, staatlicher und internationaler Ebene und diakonisches Engagement. Frömmigkeit oder Spiritualität und politisches Handeln gehen Hand in Hand. Hierzu gehört eine Kultur des Zuhörens, ein angemessener Umgang mit Schulderfahrungen in Konflikten sowie vor allem die Kontaktpflege zu internationalen Partnern, seien es Kontakte aus der Ökumene, seien es interreligiöse Begegnungen. Dazu gehört auch, von kirchlichen Partnern zu lernen, die direkte Erfahrungen in Regionen gesammelt haben, in denen gewaltsame Konflikte ausgetragen wurden.

Eine zentrale Herausforderung wird darin bestehen, die christliche *Story* (oder die christlichen *Stories)* so fortzuentwickeln, dass jüngere Generationen sich als Teil dieser Geschichte verstehen können und so – im Kontext des Öffentlichkeitsauftrages –für die christliche Friedensarbeit begeistern können. Denn, wie Markus Weingardt vor einigen Jahren feststellte: „Tatsächlich werden viele der kirchennahen Initiativen seit dreißig Jahren von denselben Menschen getragen, nur dass diese heute dreißig Jahre älter sind. Gerade bei jüngeren Christen – auch Theologinnen und Theologen – ist Frieden kein TopThema [sic!] mehr" (Weingardt 2012). Zum einen lässt sich fragen: Wie müssen die Orte aussehen, an denen junge Menschen heute das berechtigte Gefühl bekommen, einen Unterschied zu machen? Und zum anderen: Welche Formen können die Kirchen im 21. Jahrhundert finden, dass junge Menschen diese

Orte innerhalb der Kirchen – und nicht bei Amnesty International oder Greenpeace – finden?

Mit dem Zurücktreten gemeinsam geteilter Praktiken, der Ausdifferenzierung unterschiedlicher Frömmigkeitstypen und der Auszehrung gemeinsam geteilter Glaubensinhalte erscheint mir dabei eine Gefahr dringlicher als viele andere: das gegenseitige Ignorieren oder ein Streit ohne das Bewusstsein um einen gemeinsamen Grund. Dabei besteht zum großen Teil Einigkeit gerade in den politischen Fragen von großer Tragweite, wie etwa bei der Ablehnung von Rüstungsexporten. Womöglich liegt eine der größten Herausforderungen darin, friedfertiges Handeln vorzuleben. Von hier aus ist auch die „sogenannte Ohnmachtsformel" aus dem Jahr 1958 zu würdigen, die als Markstein protestantischer Diskussionskultur gelten kann. Diese viel gescholtene Kompromissformel erklärt zum Abschluss:

> „Die unter uns bestehenden Gegensätze in der Beurteilung der atomaren Waffen sind tief. Sie reichen von der Überzeugung, dass schon die Herstellung und Bereithaltung von Massenvernichtungsmitteln aller Art Sünde vor Gott ist, bis zu der Überzeugung, dass Situationen denkbar sind, in denen in der Pflicht zur Verteidigung der Widerstand mit gleichwertigen Waffen vor Gott verantwortet werden kann. Wir bleiben unter dem Evangelium zusammen und mühen uns um die Überwindung dieser Gegensätze. Wir bitten Gott, er wolle uns durch sein Wort zu gemeinsamer Erkenntnis und Entscheidung führen" (zitiert nach Walther 1981, S. 139).

Das Bemühen, unter dem Evangelium zusammenzubleiben und Gott darum zu bitten, er möge zu Erkenntnis und Entscheidung führen, könnte auch heute zu einem Umgang mit innerkirchlichem und gesellschaftlichem Pluralismus anleiten.

Literatur

Albrecht, Christian und Reiner Anselm. 2017. *Öffentlicher Protestantismus. Zur aktuellen Debatte um gesellschaftliche Präsenz und politische Aufgaben des evangelischen Christentums.* Zürich: TVZ.

Anselm, Reiner. 2018. Kategorien ethischen Urteilens im Konzept des gerechten Friedens. In *Gerechter Frieden als Orientierungswissen,* hrsg. von Ines-Jacqueline Werkner und Christina Schüess, 35–46. Wiesbaden: Springer VS.

Barth, Karl. 1998 [1946]. Christengemeinde und Bürgergemeinde. In Barth, Karl. *Rechtfertigung und Recht. Christengemeinde und Bürgergemeinde. Evangelium und Gesetz,* 47–80. Zürich: TVZ.

Bedford-Strohm, Heinrich. 1999. *Gemeinschaft aus kommunikativer Freiheit. Sozialer Zusammenhalt in der modernen Gesellschaft.* Leipzig: Evangelische Verlagsanstalt.

Bedford-Strohm, Heinrich. 2008. Öffentliche Theologie in der Zivilgesellschaft. In *Politik und Theologie in Europa. Perspektiven ökumenischer Sozialethik,* hrsg. von Ingeborg Gabriel, 340–366. Ostfildern: Matthias-Grünwald-Verlag.

Bedford-Strohm, Heinrich. 2009. Vorrang für die Armen. Öffentliche Theologie als Befreiungstheologie für eine demokratische Gesellschaft. In *Theologische Ethik der Gegenwart. Ein Überblick über zentrale Ansätze und Themen,* hrsg. von Friederike Nüssel, 167–182. Tübingen: Mohr Siebeck.

Bedford-Strohm, Heinrich. 2011. Öffentliche Theologie und Kirche. Abschiedsvorlesung an der Universität Bamberg am 26. Juli 2011. https://landesbischof.bayern-evangelisch.de/downloads/Abschiedsvorlesung_Bedford_Strohm.pdf. Zugegriffen: 7. Mai 2018.

Bedford-Strohm, Heinrich. 2016. Fromm und politisch. Warum die evangelische Kirche die Öffentliche Theologie braucht. *Zeitzeichen* 17 (7): 8–11.

Bingener, Reinhard. 2013. Beckstein zieht Kandidatur als EKD-Präses zurück, FAZ vom 10.11.2013. http://www.faz.net/aktuell/politik/evangelische-kirche-beckstein-zieht-kandidatur-als-ekd-praeses-zurueck-12657604.html. Zugegriffen: 7. Mai 2018.

Bonhoeffer, Dietrich. 2013. *Ethik.* 4. Aufl. Gütersloh: Gütersloher Verlagshaus.

Bukowski, Peter. 2017. Gerechtigkeit predigen. Zur Frage einer homileti-
schen Umsetzung der Erklärung von Accra. In *Theologie in Kontakt.
Reden von Gott in der Welt*, hrsg. von Peter Bukowski, 82–97. Göttingen:
Vandenhoeck und Ruprecht.

Dröge, Markus. 2017. Christen müssen sich einmischen. https://www.
cicero.de/kultur/kirche-und-politik-christen-muessen-sich-einmi-
schen. Zugegriffen: 7. Mai 2018.

Evangelische Kirche in Deutschland (EKD). 1985. *Evangelische Kirche und
freiheitliche Demokratie. Der Staat des Grundgesetzes als Angebot und
Aufgabe. Eine Denkschrift der Evangelischen Kirche in Deutschland.*
Gütersloh: Gütersloher Verlagshaus.

Evangelische Kirche in Deutschland (EKD). 2007. *Aus Gottes Frieden
leben – für gerechten Frieden sorgen. Eine Denkschrift des Rates der
EKD.* Gütersloh: Gütersloher Verlagshaus.

Evangelische Kirche in Deutschland (EKD). 2008. *Das rechte Wort zur
rechten Zeit. Eine Denkschrift des Rates der Evangelischen Kirche in
Deutschland zum Öffentlichkeitsauftrag der Kirche.* Gütersloh: Gütersloher Verlagshaus.

Evangelische Kirche in Deutschland (Hrsg.). 2014. Engagement und In-
differenz. Kirchenmitgliedschaft als soziale Praxis. V. EKD-Erhebung
über Kirchenmitgliedschaft. https://www.ekd.de/ekd_de/ds_doc/
ekd_v_kmu2014.pdf. Zugegriffen: 7. Mai 2018.

Fischer, Johannes. 2016. Gefahr der Unduldsamkeit. Die „Öffentliche
Theologie" der EKD ist problematisch. *Zeitzeichen* 17 (5): 43–45.

Gessler, Philipp und Stephan Kosch. 2018. „Ich muss über meine Biografie
lachen" – Interview mit Margot Käßmann. *Zeitzeichen* 19 (5): 18–22.

Gollwitzer, Helmut. 1988. *Umkehr und Revolution. Aufsätze zu christlichem Glauben und Marxismus.* Bd. 1, hrsg. von Christian Keller.
München: Kaiser.

Gustafson, James. 1981. *Ethics From a Theocentric Perspective. Bd. 1.
Theology and Ethics.* Chicagom IL: The University of Chicago Press.

Graf, Friedrich Wilhelm. 2011. *Kirchendämmerung. Wie die Kirchen unser
Vertrauen verspielen.* München: C.H. Beck.

Habermas, Jürgen. 2001. *Glauben und Wissen. Friedenspreis des deutschen Buchhandels 2001. Laudatio: Jan Philipp Reemtsma.* Frankfurt
a. M.: Suhrkamp.

Habermas, Jürgen. 2005. Religion in der Öffentlichkeit. In *Zwischen Naturalismus und Religion. Philosophische Aufsätze*, hrsg. von Jürgen Habermas, 119–154. Frankfurt a. M.: Suhrkamp.

Haspel, Michael. 2011. Friedensethik zwischen Rechtsethik und Ethik des Politischen. Reflexionen anlässlich des Afghanistankrieges. In *Friedensethik im 20. Jahrhundert*, hrsg. von Volker Stümke und Matthias Gillner, 135–152. Stuttgart: Kohlhammer.

Huber, Wolfgang. 1973. *Kirche und Öffentlichkeit*. Stuttgart: Klett.

Huber, Wolfgang. 1994. Öffentliche Kirche in pluralen Öffentlichkeiten. *Evangelische Theologie* 54 (2): 157–180.

Huber, Wolfgang. 1998. *Kirche in der Zeitenwende. Gesellschaftlicher Wandel und Erneuerung der Kirche*. Gütersloh: Gütersloher Verlagshaus.

Huber, Wolfgang. 2007. Demokratie wagen. Der Protestantismus im politischen Wandel 1965–1985. In *Umbrüche. Der deutsche Protestantismus und die sozialen Bewegungen in den 1960er und 70er Jahren*, hrsg. von Siegfried Hermle, Claudia Lepp und Harry Oelke, 383–399. Göttingen: Vandenhoeck und Ruprecht.

Kamann, Michael. 2018. EKD-Chef bekommt nach GroKo-Appell Kritik von links, Die Welt vom 12.02.2018. https://www.welt.de/politik/deutschland/article173487086/Heinrich-Bedford-Strohm-EKD-Chef-bekommt-Kritik-von-links.html. Zugegriffen: 7. Mai 2018.

Körtner, Ulrich. 2008. *Evangelische Sozialethik. Grundlagen und Themenfelder*. 2. Aufl. Göttingen: Vandenhoeck und Ruprecht.

Körtner, Ulrich. 2016. Mehr Verantwortung, weniger Gesinnung. In der Flüchtlingsfrage weichen die Kirchen wichtigen Fragen aus. *Zeitzeichen* 17 (2): 8–11.

Körtner, Ulrich. 2017. *Für die Vernunft. Wider Moralisierung und Emotionalisierung in Politik und Kirche*. Leipzig: Evangelische Verlagsanstalt.

Niebuhr, Helmut Richard. 1999 [1963]. *The Responsible Self. An Essay in Christian Moral Philosophy*. Louisville, KY: Westminster John Knox Press.

Rendtorff, Trutz. 2011 [1980/1981]. *Ethik. Grundelemente, Methodologie und Konkretionen einer ethischen Theologie*. 3. Aufl. Tübingen: Mohr Siebeck.

Schäuble, Wolfgang. 2016. Das Reformationsjubiläum 2017 und die Politik in Deutschland und Europa. *Pastoraltheologie* 105 (1): 44–53.

Schmidt, Matthias. 2015. Mehrheit will weniger religiösen Einfluss auf die Politik. https://yougov.de/news/2015/07/24/mehrheit-will-weniger-religiosen-einfluss-auf-die-/. Zugegriffen: 7. Mai 2018.

Sölle, Dorothee. 1971. *Politische Theologie. Auseinandersetzung mit Rudolf Bultmann*. Stuttgart: Kreuz-Verlag.

Thielicke, Helmut. 1947. *Kirche und Öffentlichkeit. Zur Grundlegung einer lutherischen Kulturethik*. Tübingen: Furche.

Thielicke, Helmut. 1958. *Theologische Ethik, Bd. 2. Entfaltung. 2. Teil: Ethik des Politischen*. Tübingen: Mohr Siebeck.

Thomas, Günter. 2016. Kafkaeske Züge. Zur Reichweite von Verantwortung und Macht angesichts der Flüchtlingskrise. *Zeitzeichen* 17(8): 12–15.

Walther, Christian, Wolf Werner Rausch und Andreas Pawlas (Hrsg.). 1981. *Atomwaffen und Ethik. Der deutsche Protestantismus und die atomare Aufrüstung 1954–1961. Dokumente und Kommentare*. München: Kaiser.

Weingardt, Markus. 2012. Die Zukunft kirchlicher Friedensarbeit. Festvortrag zur Verabschiedung von Pfr. Ulrich Schmitthenner, Stuttgart, 11. Juni 2012. https://www.ekiba.de/html/media/dl.html?i=17785. Zugegriffen: 7. Mai 2018.

World Bank. 2018. Poverty Overview. http://www.worldbank.org/en/topic/poverty/overview. Zugegriffen: 7. Mai 2018.

Kirchen, Staat und der gerechte Frieden
Eine evangelische Perspektive

Christian Polke

1 Einleitung: „Gerechter Frieden" – als friedensethische Zielvision und als Indikator irreduzibler Wertkonflikte

» These 1

Die ethisch-theologische Formel vom „gerechten Frieden" hat in ihrer Orientierungskraft von der Pluralität und Konflikthaftigkeit ihrer beiden Leitbegriffe „Frieden" und „Gerechtigkeit" auszugehen: Legitime Gerechtigkeitsforderungen können zu einer Veränderung von konflikthaften Zuständen führen, die nur durch gewaltsame Mittel erfolgen kann, wie auch umgekehrt eine pazifistische Grundeinstellung dazu führen kann, dass unter gegebenen Umständen ungerechte Verhältnisse wenigstens auf Zeit um des Aufrechterhaltens eines Zustandes relativer Gewaltarmut zu tolerieren sind. Sowohl in der Spannung zwischen Faktizität und idealer Geltung als auch im irreduziblen, konflikthaften Wertepluralismus sieht evangelische Ethik phänomenale Anhaltspunkte für die eschatologische Unterscheidung zwischen „Vorletztem" und „Letztem".

© Springer Fachmedien Wiesbaden GmbH, ein Teil von Springer Nature 2019
S. Jäger und F. Enns (Hrsg.), *Gerechter Frieden als ekklesiologische Herausforderung*, Gerechter Frieden,
https://doi.org/10.1007/978-3-658-22910-8_5

Die Formel vom „gerechten Frieden" kann hierzulande als Programm friedensethischer Stellungnahmen der beiden großen Kirchen angesehen werden, trotz erheblicher Unterschiede in Begründung und Gewichtung einzelner Facetten. Dabei suggeriert das biblische Ideal, wonach „Gerechtigkeit und Friede sich küssen" (Ps 85,11), dass Frieden und Gerechtigkeit in einer unauflöslichen Verbindung miteinander stehen, sowohl in konzeptioneller als auch in phänomenaler Erschließungskraft. In Folge heißt dies: Nur dort, wo gewaltarme Zustände nicht von schreienden Ungerechtigkeiten begleitet werden, lässt sich im biblischen Sinne von Frieden reden und umgekehrt dürfen gerechte Verhältnisse nur dann als solche bezeichnet werden, wenn sie von Gewaltarmut gekennzeichnet sind. Gerechter Frieden fungiert gleichsam als Pathosformel, welche die biblischen Visionen des messianischen Friedensreiches (vgl. Jes 11,1–16; Jes 65, 17–25) und der apokalyptischen Erneuerung in einem „neuen Himmel und einer neuen Erde" (vgl. Apk 21, 1–5) ethisch bündelt und perspektiviert; jedoch nicht ohne, wie die Denkschrift der Evangelischen Kirche in Deutschland (EKD) von 2007 es in ihrem Titel tut, die eschatologische Differenz zwischen Vorletztem und Letztem, zwischen Gottgestifteten und Menschengemachten, zu unterstreichen: „Aus Gottes Frieden leben – für gerechten Frieden sorgen". Gleichwohl wird in friedensethischen Überlegungen, selbst in theologischen, nicht immer scharf genug dieser eschatologische Brechung Rechnung getragen. Dabei bedarf es einer solchen Vorstellung vom gerechten Frieden, um sinnvoll von menschlicher Verantwortung in ethischer, sozialer und politischer Hinsicht sprechen zu können. Nicht weniger wichtig bleibt zudem die Warnung Eberhard Jüngels, derzufolge „die Beziehung des irdischen Friedens auf den himmlischen Frieden" häufig genug auf „eine theologische Entwertung des – freilich keineswegs verneinten – irdischen Friedens hinausläuft" (Jüngel 2003, S. 18f.). Jüngel verbindet seine Unterscheidung von irdischem und himmlischen Frieden, die gerade nicht auf eine Trennung beider Größen hinausläuft, mit einer scharfen Kritik an der implizierten Wertsemantik, wie sie Überlegungen dieser Art zumeist inhäriert. Wird nämlich „der ewige Friede als höchster Wert verstanden, dann", so Jüngel, „ist der irdische Friede zwangsläufig entwertet" (Jüngel 2003, S. 18f.). Nun kann man diese Kritik auch dann für friedensethische Überlegungen fruchtbar machen, wenn man diese prinzipielle Abneigung gegen Werte nicht teilt. Deshalb plädiere ich dafür, bei der Rede vom „gerechten Frieden" zwischen einer *utopischen*, das heißt stets auch *eschatologieträchtigen* Dimension und einer *empirischen*, das heißt die *Wertkonflikte* indizierenden Dimension zu unterscheiden. Jedenfalls dort, wo mit gerechtem Frieden ethisch relevante Zusammenhänge anvisiert werden, kommt man um die Wahrnehmung der Konfliktträchtigkeit zweier oder mehrerer Werte beziehungsweise Ideale nicht herum. Einen Wertepluralismus, der derzeit auch sonst fröhliche Urstände feiert, so als könne man alle sozialen Lagen um einen einzigen Wert herum rekonstruieren (z. B. den der Freiheit), sollte sich evangelische Ethik nicht zu eigen machen. Es zeichnet vielmehr ihre Realitätstauglichkeit aus, sowohl um situationsbedingt notwendige Priorisierungen – in diesem Fall – einer der beiden Werte zu wissen, als auch einer reflektierten Balance, mit Rawls gesprochen, einem „reflexiven Gleichgewicht", zuzuarbeiten.

Evangelische Ethik stellt sich somit der Tatsache, dass der gerechte Frieden mehr Ideal als Wirklichkeit ist und dass dieses Ideal selbst als in sich konfliktreich, weil plural verfasst, begriffen werden muss. Isaiah Berlin hat diesbezüglich vom „Wertepluralismus" gesprochen. Für eine Ethik, die sich der historischen Kontextualität und soziokulturellen Pluralität ihrer Wertüberzeugungen und Ideale bewusst ist, kann dies im Grunde auch gar nicht anders sein. Nicht zuletzt deswegen kommt es darauf an, dass die *ambiguitätssensiblen Potentiale*, wie sie der *christlichen Glaubenstradition* zu eigen sind

(*Sündenbewusstsein, eschatologische Differenz, Unterscheidung von weltlichem und geistlichem Regiment*), in der Rekonstruktion der Konflikte in Anschlag gebracht werden. Zwar hat die neuere evangelische Ethik stets betont, gerechter Frieden meint weniger einen Zustand als einen (langwierigen und umfassenden) Prozess, zu dem neben Friedenssicherung und Gewaltarmut auch die Einhaltung von Menschenrechten, das Recht auf Entwicklung und nicht zuletzt die Sorge für transnationale soziale Gerechtigkeit gehören (vgl. Reuter 2013), Rückschläge übrigens inbegriffen. Jedoch kommt dabei nicht immer klar genug zur Geltung, dass es (zumindest) aus der Sicht der Akteure in vielen gewaltreichen Konflikten auch um die Wiederherstellung oder Gewinnung von Gerechtigkeit geht. Solange die Formel vom gerechten Frieden jedoch lediglich auf einer konzeptionellen Ebene operiert, bleibt sie demgegenüber notwendigerweise abstrakt. In der Realität verbinden sich häufig genug gewaltsame Auseinandersetzungen mit der Herstellung von partikularen (gleichwohl gerechtfertigten) Gerechtigkeitsanliegen, wie auch umgekehrt umfassende Gewährung von Sicherheit mitunter einhergeht mit der Stabilisierung eines (in sich ungerechten) Status quo. Zu den Einsichten moderner Friedensforschung gehört jedenfalls, dass dauerhafter Frieden von mehr als nur Gewaltarmut und Minderung sozialer Ungleichheit abhängt, so sehr schon diese beiden Herausforderungen schwierig genug sein können (vgl. Senghaas 2012, S. 228ff.)

2 Die Herausforderung für evangelische Theologie und Ethik: Konturen einer ethisch-politischen Ekklesiologie

▶ These 2

Kirchen und christliche Gemeinschaften als friedensethische Akteure wahrzunehmen, stellt evangelische Theologie und Ethik vor die Aufgabe, von einem dogmatisch enggeführten, minimalistischen Verständnis von Ekklesiologie Abstand zu nehmen. Kirche ist mehr als eine nur auf Wortverkündigung und rechte Sakramentsverwaltung fokussierte Gemeinschaft der Glaubenden. Kirchen müssen sich theologisch als ethische (und politische) Handlungs- und soziale Rechtsgemeinschaften verstehen, um der Vielzahl an ethischen und politischen Verantwortungszumutungen gerecht zu werden. Dabei gilt es zu vermeiden, dass ethische Aufgaben, wie sie sich folgerichtig aus dem Glauben ergeben und wie sie kritisch reflektiert werden müssen, erneut soteriologisch aufgeladen werden.

Immer noch hält sich ein gewisser, vornehmlich lutherischer Stereotyp, der einen Hiat zwischen dogmatischem und ethischem Kirchenbegriff propagiert oder jedenfalls subkutan aufrecht erhält, nach dem die alleinigen Kennzeichen von Kirche geistlicher Art sind. Diese enge Interpretation von Confessio Augustana (CA) VII wird in ethischen Debatten zumeist noch dadurch unterstrichen, dass jede weitere nähere Bestimmung zu bedenklichen soteriologischen Aufladungen ethischer Haltungen führen würde. In friedensethischer Hinsicht darf hier auch an die Rolle des sogenannten *status confessionis* erinnert werden, wie er in den 1980er-Jahren im Zuge der Kontroversen um die Apartheid in den weltweiten Konfessions- und Kirchenbünden oder auch in der Debatte um die Nachrüstung eine Rolle gespielt hat.

Demgegenüber ist zunächst daran festzuhalten, dass zwar zwischen dem Grund der Kirche als „creatura Euangelii" (Luther 1884 [1519], S. 430) und ihren Vollzügen zu unterscheiden ist. Aber schon bei Martin Luther bedeutet das keineswegs, dass die Kirche sich in theologischer Hinsicht allein als Glaubensgemeinschaft verstanden wissen darf, deren sichtbare und nicht ausschließlich heilsvermittelnde Handlungsvollzüge keinerlei Rolle mehr spielen. Man könnte anders weder verstehen, warum der frühe Luther in seinen Ausführungen zum Abendmahl – ganz im Sinne der Argumentationslinie von 1Kor 11 – ethische Konsequenzen als „Folgerichtigkeiten" eines in der Liebe tägigen Glaubens aufweisen konnte; noch würde man dem Umstand gerecht, dass er auch später stets weitere Kennzeichen der Kirche nennen konnte, zu denen die umfassende Seelsorge gehörte, die sich keineswegs auf den individuellen Privatbereich konzentrierte. Mehr noch wird man es aus historischen wie theologischen Gründen als einen Gewinn erachten dürfen, dass der Lernprozess innerhalb der protestantischen Konfessionen denjenigen Recht gegeben hat, die auf dem hier einschlägigen dogmatisch-ethischen (!) Zusammenhang von Rechtfertigung und Heiligung beharrt haben und somit auf die Gestalt und das äußere, also über die geistlichen Kernkompetenzen hinausweisende, Wirken der Kirche(n) in der Öffentlichkeit Wert gelegt haben. Dahinter steht die sich seit Schleiermacher zunehmend durchsetzende Einsicht, dass keine Ekklesiologie ohne Klärung ihres Standpunktes, ihrer Selbstverortung im Kontext des menschlichen Zusammenlebens und seiner Institutionen auskommt. So richtig es bleibt, jedweder Aufladung von ethischen und politischen Haltungen zu Kriterien wahren Glaubens zu wehren, so plausibel ist die Forderung einer Ekklesiologie, die dogmatisch wie ethisch die Vollzüge rekonstruiert, die den Grund der Kirche darstellen und bezeugen und dies – gut paulinisch wie reformatorisch – nicht nur im eigentlichen Gottesdienst, sondern ebenso in demjenigen

„im Alltag der Welt" (vgl. Röm 12, 1–8). Friedensethik betrifft sonach nicht minder das ethische Handeln der Kirche, ist Teil einer Ekklesiologie, die auf den jeweiligen Standort, die Vernetzungen sowie die politischen Handlungsfähigkeiten – national wie transnational – ihrer Subjekte achtet.

Mit der Ausdifferenzierung eines theologisch gehaltvollen Kirchenbegriffes in der dreifachen Rede von der Kirche als einer „Glaubens-, Handlungs- und Rechtsgemeinschaft" (Reuter 2009, S. 33ff.) wird keinesfalls der Grund und die Konstitution von Kirche zugunsten ihres Vollzugs und ihrer Ordnung eingezogen. Gleichwohl verläuft die reformatorische Unterscheidung von „sichtbarer" und „verborgener" Kirche nicht parallel zu derjenigen von „geistlichem Kerngeschäft" und „sozialpolitischer Verantwortung". Vielmehr bezieht sich der ethische Begriff der Kirche als Handlungsgemeinschaft im Grunde

> „auf Gemeinschaften der Christenheit unter dem Aspekt ihrer
> selbsttätigen Grundvollzüge, d. h. ihrer Kennzeichen und Aufgaben:
> Kirche als sittliche Gemeinschaft manifestiert sich in signifikan-
> ten menschlichen Handlungen des Dienstes der Versöhnung, des
> ‚Gottesdienstes' im besonderen (darstellenden) und allgemeinen
> (wirksamen) Sinn" (Reuter 2009, S. 40).

Diese Versöhnungstätigkeit zielt genau auf die genuinen Verantwortlichkeiten, von denen im Umfeld der Rede vom gerechten Frieden mit Blick auf die Rolle der Kirchen zu sprechen ist. Daraus resultieren dann zu Recht Erwartungen an die Kirchen (von „außen" wie von „innen"), gemessen an ihrem Selbstanspruch und -verständnis. Das impliziert zudem, den Beitrag der Kirchen zur Versöhnungstätigkeit nicht allein in den geistlichen Komponenten zu sehen, so wichtig diese als Quellen der Orientierung und Motivation, das heißt Auferbauung und Vergewisserung, sind. Umgekehrt wird damit ebenso wenig auf eine kirchliche

Globalkompetenz für alle sozialen, ethischen und politischen Fragen abgestellt. Zwischen diesen beiden Extremen, folgt man der Unterscheidung der beiden Reiche beziehungsweise Regimente, wären Wesen und Auftrag der Kirche in friedensethischer Hinsicht zu beleuchten. Dabei gilt als Minimum zu konzedieren, dass – wie schon Luther wusste – die Aufgaben der „Obrigkeit" vom Glauben ihrer Repräsentanten (potenziell) unabhängig eingesehen werden und deshalb Nicht-Christen in politischen Funktionen nicht minder gemeinwohlförderliche Werke tätigen können.

Im Sinne einer Selbstunterscheidung der Kirchen von Politik und Staat bedarf es daher sowohl des Wissens um die unterschiedlichen Formen und Pflichten in der Meisterung ethischer wie politischer Herausforderungen als auch des Verständnisses für Verständigungsoptionen hinsichtlich legitimer Mittel und Ziele. Dadurch lassen sich Kooperationen knüpfen, ohne die Grenzen von Religion und Politik zu verwischen. Vor diesem Hintergrund hat Hans-Richard Reuter das geistliche, ethische und – im weitesten Sinne – politische Handeln von Kirche einmal so beschrieben: Den reformatorischen Grundsignaturen von Kirche – nach CA VII: rechte Verkündigung des Evangeliums und Sakramentsverwaltung – gemäß kommt das indirekte, da weder direkt missionarische noch als unmittelbare Folge der Glaubensverkündigung bewertbare, gleichwohl wirksame Zeugnis kirchlicher Versöhnungsarbeit in der Vermittlung von handlungsleitenden Orientierungen und Tugenden (Evangelium), in der Gerechtigkeitsorientierung aus dem Bewusstsein der Gleichheit aller Menschen (Taufe) sowie in der solidarischen Hilfe, insbesondere gegenüber den Schwachen und Ausgeschlossenen (Abendmahl), zur Geltung. In pluralistischen Gesellschaften, die ein hohes Maß an generalisierten Werten benötigen, die von einer breiten Mehrheit unterschiedlichster Herkunft, Glaubensüberzeugung und politischer Ansicht getragen werden, lässt sich so das Proprium christlichen Ethos für andere anmutend zur Darstellung bringen.

„Bildungs-, Gerechtigkeits- und Hilfehandeln sind" dann

> „die impliziten, aber nicht beliebigen *notae ecclesiae*. Weil die Christenheit hier etwas tut, was auch von Nichtchristen und mit ihnen gemeinsam getan werden kann, kommt es darauf an, dass sie in allen drei Handlungsfeldern erkennbares Profil entwickelt und vorrangig solche Aufgaben übernimmt, die von Staat und Gesamtgesellschaft übersehen oder vernachlässigt werden" (Reuter 2009, S. 44).

Die im letzten Halbsatz angesprochene Öffnung über die Kooperation mit staatlichen Instanzen hinaus zielt auf die Einsicht, dass Kirchen und christliche Gemeinschaften sich auch um solche Aufgaben besonders bemühen sollten, die im Einklang mit dem Evangelium von Gesamtgesellschaft und Staat nicht wahrgenommen werden können oder dürfen, ganz gleich, ob prinzipiell oder auf absehbare Zeit. Hier macht sich der Stellvertretungscharakter des christlichen Ethos bemerkbar. In ethischer Hinsicht verbindet sich damit die Wahrnehmung für das, was vernachlässigt wird und für die, die gar ausgeschlossen sind, mit der Frage, wer aus sachlichen, strukturellen und politischen Gründen eigentlich als primärer Verantwortungsträger für die Lösung solcher Aufgaben und Probleme zu gelten hat. Für unsere Frage heißt das: Ohne Reflexion auf die staatlichen Aufgaben für die Sorge um einen gerechten Frieden, kann eine Betrachtung der ethischen und politischen Rolle der Kirchen sich nur überheben und/oder anmaßend werden. Das bedeutet nicht, einem Etatismus auf dem Gebiet evangelischer Ethik das Wort zu reden. Zu Recht ist Kritik an der (immer noch herrschenden) Staatszentriertheit evangelischer Sozialethik zu üben. Dabei wäre zuvorderst zu betonen, dass unter „Staat" mehr verstanden werden sollte als ein Set von politischen Institutionen.

Er meint vielmehr den Ort politischer Weltverantwortung auch und gerade christlicher Amtsträger als engagierte Staatsbürger; so wie im Übrigen auch die bisher abbreviaturhaft verwendete Rede von der Kirche als ethischer Instanz auf ein Bündel von Aufgaben verweist, die nicht allein den Amtsträgern oder sonstigen offiziellen Repräsentanten zugemutet wird, sondern genauso das Eigenengagement vielfältiger Art von Christenmenschen, etwa in christlichen Gemeinschaften und Gruppen, umfasst. Als auch ekklesiologisch relevante Beispiele seien nur genannt: Brot für die Welt, Kirchliche Entwicklungsdienste, Aktion Sühnezeichen, die Fokolarbewegung, geistliche Bruder- und Schwesternschaften bis hin zu (ökumenischen) Gemeindepartnerschaften über den Globus hinweg. In alledem macht sich gleichwohl die Überzeugung kund, dass Kirche als geistliche, unter das Wort Gottes gestellte, Gemeinschaft der Versammelten (*congregatio*) zugleich eine Solidargemeinschaft von Brüdern und Schwestern (*communio*) darstellt, die das Leben in Glück und Not gemeinsam teilt. Beides verdankt sich dabei der Kraft des Heiligen Geistes und so finden pneumatologisch Soteriologie und Ethik auch im Kirchenbegriff zusammen.

3 Implikationen ethisch-politischer Ekklesiologie (I): Das Verhältnis zu den Instanzen staatlicher Macht

▶ These 3
„Mit Frieden Staat machen" (Barmen V) – diese Programmformel verweist darauf, dass als primäre Instanz für die Herstellung und Bewahrung gewaltarmer (friedlicher) und auf Recht basierender (gerechter) Zustände nach wie vor der Staat beziehungsweise staatliche Instanzen nationaler, transnationaler

und internationaler Art zu gelten haben. Unter demokratischen
Bedingungen kann „Staat" freilich nie nur die jeweils politisch
Verantwortlichen in der Regierung meinen, sondern ebenso
diejenigen, die als der eigentliche Souverän Verantwortung
auf Zeit auf Repräsentanten übertragen und dabei gleichwohl
für die Ausgestaltung der politischen Rahmenbedingungen in
Verantwortung stehen: durch Kontrolle der Regierung wie durch
bürgerschaftliches Engagement, also durch aktives Eintreten
für das Aufrechterhalten der Herrschaft des Rechts.

Frieden, so hat es Dolf Sternberger einmal ausgedrückt, ist das
Ziel der Politik (vgl. Sternberger 1990, S. 301ff.). Dabei dachte er
keineswegs nur an die Politik im engeren Sinne, also dasjenige, was
in die Obliegenheiten der politischen Instanzen von Legislative,
Exekutive und Judikative fällt. Politik in einem weiteren Sinne
umfasst das gesamte, öffentliche und darin bürgerschaftliche
Handeln von Menschen in einem Gemeinwesen. Gegenüber dem
immer noch, jedenfalls im protestantischen Bereich, vorherr-
schenden „Etatismus", der Politik allzu schnell auf die staatliche
Sphäre beschränkt und damit engführt, gilt es gerade unter den
Bedingungen demokratischer Gesellschafts- und Rechtsordnungen
darauf zu verweisen, dass die eigentlichen politischen (Verantwor-
tungs-)Subjekte die Bürgerinnen und Bürger in ihrer Gesamtheit
darstellen. Das hat Konsequenzen und zwar jenseits der Frage, ob
dem christlichen Glauben eine besondere Affinität zur Demokratie
zukommt, wie die Mehrheit der EthikerInnen und die verschiedenen
kirchenoffiziellen Stellungnahmen seit der Demokratiedenkschrift
von 1985 vermuten lassen. Denn *Demokratie* ist nicht nur eine
spezifische Regierungs-, sie ist mehr noch und *ethisch primär eine
Lebensform*. Sie ist diejenige, die es (bislang am besten) erlaubt und
gewährt, mit einer Pluralität an Lebensformen zurechtzukommen
und Konflikte, die dabei auftreten, in verfahrensgeleiteten Formen

zu bearbeiten. Demokratische Ordnung und gesellschaftlicher Pluralismus sind so wechselseitig aufeinander angewiesen. Das bedeutet, dass die darin zu bewerkstelligenden Aufgaben ebenfalls nicht simpel einer Seite zuzuordnen sind, weder dem Staat und den Rechtsinstitutionen noch der (Zivil-)Gesellschaft und ihren Interessenvertretern. Von daher plausibilisiert sich eine funktionale, das heißt nach Sachkriterien vorzunehmende Aufgabenteilung als Voraussetzung für das Funktionieren von Demokratie.

Gegenüber ihrem zeitbedingten, ursprünglichen Sinn sind die berühmten Worte aus Barmen V (vgl. Jüngel 2000), die von einer „gemeinsamen Verantwortung der Regierenden und der Regierten" sprechen, unter demokratietheoretischen Gesichtspunkten zu aktualisieren. Weil in Demokratien politische Repräsentanten und Mandatsträger stets nur „Macht auf Zeit" gewährt bekommen, was der potentiellen Partizipation aller (Bürger) am politischen Geschehen entspricht, bedarf es einer funktionalen Aufgabenteilung, die die Verantwortungsspielräume, die damit identifiziert und wahrgenommen werden, so ins Verhältnis setzt, dass beide Seiten – Regierte und Regierende –, wenngleich mit unterschiedlicher Konnotation und Reichweite, in die Pflicht genommen bleiben. Das ist der Wahrheitskern hinter der Rede, dass Demokratien „entgegenkommender Lebensformen" beziehungsweise einer ihnen angemessenen Form von „Sittlichkeit" (Albrecht Wellmer) bedürfen. Für unser Thema ist dieser strukturelle Zusammenhang keinesfalls trivial. Denn Frieden als Aufgabe der Politik, beziehungsweise genauer – spätestens seit Augustin – des Staates, kann und muss von daher auch gerade in seinem rudimentären Sinn einer Abwesenheit von Gewalt unter Wahrung des staatlichen Gewaltmonopols (als einem zentralen Gedanken neuzeitlicher Staatstheorien) ausbuchstabiert werden. In Demokratien korreliert diesem Gewaltmonopol freilich die Gewaltenteilung als einem fein säuberlich austarierten System der Gewaltenkontrolle, an dessen

Fragilität wir derzeit selbst in europäischen Demokratien wieder erinnert werden. Unter den Aspekten der Eindämmung von Gewalt sowie der Sicherung von Gewaltarmut kommt man jedenfalls an dieser staats- oder auch (staaten-)bundfokussierten Zuschreibung nicht vorbei. Gleichwohl bedeutet dieses Festhalten an staatlicher Hoheitsgewalt (Polizei, Militär) noch keinen Etatismus.[1] Aber in Zeiten von Globalisierung wird darüber hinaus die trans- und internationale, die Nationalstaaten gleichwohl mit einbeziehende, Friedensverantwortung immer wichtiger. Die Legitimität solcher Fokussierung ergibt sich zudem daraus, dass kaum andere realistische, das heißt zieleffektive Lösungen vorstellbar sind. Sie ergibt sich ferner vor dem Hintergrund, dass der Staat selbst, so durch den Souverän legitimiert, sein Gewaltmonopol gleichwohl nur unter der Wahrung elementarer – seit dem 20. Jahrhundert durch Völkerrecht und Menschenrechtsvereinbarungen repräsentierte – Rechtspflichten ausüben darf. Alle im Zuge der letzten Jahrzehnte verhandelten Themen um die *Responsibility to Protect* gehen von dieser ethischen und politischen Verantwortungsdelegation an den (National-)Staat oder an überstaatliche, gleichwohl staatsanaloge Institutionen aus.

Doch schon auf der Ebene des Nationalstaates lässt sich eine weit über die engen Grenzen der Politik und ihrer Organe hinausgehende, also gemeinsame, nämlich gesellschaftliche wie staatliche Verantwortung für den Frieden – und ebenso für Gerechtigkeit – erkennen. Vor allem, wenn unter Frieden nicht einfach der Gegenbegriff zu Krieg oder Gewalt verstanden wird. Auf dem Schnittfeld von Frieden und Gerechtigkeit als politische Kriterien kommt hierbei der Wert der Sicherheit zum Tragen. Frieden und

---

1 Das kann man sich leicht an der gefährlichen Lage in sogenannten *Failing States* vergegenwärtigen. Zudem ist auch das staatliche Gewaltmonopol nicht um seiner selbst willen da, sondern an Recht, Gesetz und „moralische Standards" rückgebunden.

Gerechtigkeit lassen sich in einem elementaren Sinn zugleich als Gewährung von Sicherheit, *äußerer, innerer* und *sozialer Sicherheit*, fassen (vgl. Kaufmann 1973). *Frieden*, verstanden als *umfassendes Konzept von Sicherheit*, ist selbst unter Bedingungen gelingenden staatlichen Gewaltmonopols nicht allein Aufgabe der staatlichen Instanzen. Zwar tragen diese elementar zum Sicherheitsgefühl der Bürger durch Funktionieren ihrer Institutionen bei. Doch ist Sicherheit – wie Frieden – durch die Fähigkeit zum *wechselseitigen Vertrauen* (vgl. Jüngel 2003, S. 35ff.) sowie die Fertigkeit, eine solche Vertrauensbasis dauerhaft zu kultivieren, bedingt. Daraus resultiert, dass Menschen vor allem über das Gefühl von Sicherheit und Vertrauen ihre Lebenslage als „friedvoll" definieren. Zudem gewährt soziales Vertrauen jenes Bewusstsein von Freiheit, das sich auf die Individuen und Gruppen überträgt. Für ein realistisches Konzept von Frieden werden somit diejenigen Konflikte besonders aufschlussreich, die sich zwischen kollektivem Sicherheitsverlangen und individuellen Freiheitsspielräumen einstellen.

Vor diesem Hintergrund gilt es nunmehr, die Lage und Aufgabe von Kirchen in demokratischen Kontexten (aber im Grunde selbst unter anderen politischen Regimeformen) zu konturieren. Als immer auch politische Verantwortungsgemeinschaften können sie sich nicht einfach abstinent zu den Lebensformen und Sozialstrukturen ihrer gesellschaftlichen Mitwelt verhalten. Unter der Einsicht, dass die Demokratie zwar nicht die einzig mögliche Staatsform ist, in der sich christlicher Glaube entfalten kann (so, wie sie auch nicht per se die friedlichste aller Staatsformen ist), lassen sich gleichwohl strukturelle wie inhaltliche Parallelitäten festmachen. Zur christlichen Glaubenshaltung gehört jedenfalls die bewusste Anerkennung der Endlichkeit und Pluralität, der Fehlbarkeit und Kompromissbedürftigkeit von Menschen. Kirchen als politische Verantwortungsgemeinschaften in einer sich als umfassende Lebensform verstehenden demokratischen Ge-

sellschaftsordnung zu begreifen, müsste von hier aus nach der
Rolle ihres Agierens fragen. Wesentlich dafür ist, dass Kirchen
bei der Wahrnehmung ihrer Aufgaben den Pluralismus unterschiedlicher Werthaltungen und Interessenlagen achten und die
Vielfalt an möglichen Kooperationen stets neu ausloten, nicht
nur mit staatlichen Instanzen, sondern mehr noch mit anderen
Interessens- und Überzeugungsgemeinschaften. Mit dieser dezidiert zivilgesellschaftlichen Verortung einhergehen muss die
Forderung nach eigener Selbstbescheidung, die Kirchen zwar zur
durchaus sinnvollen Politikberatung befähigt, aber zugleich die
Kernaufgaben des Staates diesem selbst überlässt. Von daher ist
die Verhältnisbestimmung von staatlichen Instanzen und ihren
Verantwortlichkeiten im Gegenüber zu denen nicht-staatlicher, eben
auch religiöser Gemeinschaften für eine Friedensethik zentral. Denn
obgleich sich insbesondere in dramatischen Umbruchsituationen
und gesellschaftlichen Transformationsprozessen nachweisen lässt,
wie wichtig die Übernahme einer Mediatorenrolle durch Kirchen,
christliche Gruppierungen, ökumenische Netzwerke und andere
zivile Gruppen sein kann – mit dem Ziel der Wiedergewinnung
gewaltarmer Verhältnisse und des staatlichen Gewaltmonopols
unter Herrschaft des Rechts – so ist doch die temporäre Vorläufigkeit solchen Wirkens festzuhalten. Als eine der Besonderheit
der Situation geschuldete Aufgabe darf sie sich selbst nicht auf
Dauer stellen. Umgekehrt sollen gerade deswegen Christinnen
und Christen innerhalb der Funktionen eines politischen Systems
ihrem Glauben wie ihrer Rolle gemäß handeln. Aber auch hier gilt
es, die Grenzen zwischen dem Religiösen und dem Politischen zu
wahren. Von daher gilt auf politischer wie auf persönlicher Ebene
für den Christenmenschen, der sich zugleich als Bürger versteht, die
Pflicht zur Kompromissbildung; und nicht anders verhält es sich auf
kollektiver, also die Kirchen als Sozialformen betreffender Ebene.
So können christliche Gemeinschaften an der Ausgestaltung einer

auf Kompromisse und Teilkonsense zielenden, demokratischen Konfliktkultur mitwirken und dabei das Bewusstsein der bleibenden Revisionsbedürftigkeit aller Entscheidungen, Meinungen und Zustände wachhalten. So sehr mitunter harter Widerspruch von Nöten ist, noch die schärfste Kritik an politischen Zuständen und Pathologien der konkreten staatlichen Instanzen, Ordnungen und Akteure darf dabei nicht zur pauschalen und darin naiven Dämonisierung von Politik führen. Aus den geschichtlichen Erfahrungen aktiven Widerstandes von Christinnen und Christen in gewaltsamen Diktaturen sollten wir vielmehr um die doppelte Ausrichtung eines friedensethisch relevanten politischen Ethos von Christenmenschen wissen: Kritische Loyalität zum politischen Gemeinwesen geht einher mit der Bereitschaft zur Übernahme von (stellvertretender) Verantwortung mit dem Ziel einer Verbesserung der Lebenschancen für alle.

Mit der Rede von Kirchen als Subjekten der Zivilgesellschaft wird einerseits ihr Aktionsradius in spezifischer Weise verortet – nämlich im Gegenüber und Miteinander mit anderen sozialen Interessen- und Überzeugungsgemeinschaften – und andererseits ihr Selbstverständnis dahingehend präzisiert, dass sie sich bereitwillig unter die „Herrschaft des (säkularen) Rechts" stellen und die funktionsspezifische, darin begrenzte Souveränität des Staates anerkennen. Hierin wurzelt der Vorzug demokratischer Ordnungen mit umfassenden Freiheitsgarantien. Die Religionsfreiheit in ihren negativen wie positiven Komponenten wird so zu einem Indikator für die strukturelle Bereitstellung von Formen des Zusammenlebens, die an Konfliktvermeidung und Gewaltarmut ausgerichtet sind. Umgekehrt illustriert deren und die Abwesenheit anderer individueller wie kollektiver Freiheitsrechte sowie der mangelnde Schutz von Minderheiten die Notwendigkeit rechtlicher Garantien für die Aufrechterhaltung friedlicher Zustände. Dabei darf nicht übersehen werden, dass auch Kirchen gerne einmal dazu neigen, ihre eigenen partikularen Selbstansprüche auf die Politik und die Gesellschaft als Ganze dergestalt zu übertragen, dass von der Pflicht zur Selbstbeschränkung kaum mehr etwas erkennbar ist. Machtmissbrauch – auch das ist eine Einsicht einer politischen Ekklesiologie – gibt es in einer Kirche der gerechtfertigten Sünder allemal. Die Ideologieträchtigkeit neuartiger oder aber als wiedergewonnen inszenierter Symbiosen aus Staat (Nation), Kultur und Kirche (Religion), wie wir sie derzeit etwa in Russland und Osteuropa beobachten können, ist keinesfalls nur eine „von außen" erfolgte Instrumentalisierung des Glaubens. Jede ethnoreligiöse Aufladung eines Gemeinwesens droht die Zivilgesellschaft als Ganze und die Freiheitsrechte der Einzelnen zu beschädigen.

4 Implikationen ethisch-politischer Ekklesiologie (II): Kirchen und christliche Gemeinschaften in der Zivilgesellschaft

▷ These 4
Kirchen und christliche Gemeinschaften müssen sich in demokratischen Zusammenhängen als ethisch-politische Akteure innerhalb der Zivilgesellschaft verstehen. Als „intermediäre Institutionen" (Wolfgang Huber) nutzen sie ihre *Soft Power*, um solidarische Bindungen zu pflegen beziehungsweise neu zu formieren, um dadurch ihren Beitrag zu einem nicht a priori festgelegten offenen Gemeinwohl, als dessen Teil gleichwohl ein „gerechter Frieden" gelten darf, zu leisten. Mit ihrer Verortung in der Zivilgesellschaft wird einerseits vermieden, die Kirchen mit dem Staat auf eine Ebene zu setzen, und andererseits können sie so ihren Beitrag zu einem demokratischen (zivilgesellschaftlichen) Ethos durch Wahrung ihrer Eigenfunktion leisten.

Protestantische Ekklesiologie verortet die Kirche in der Gesellschaft, nicht als Gegenüber zum Staat, sondern als aktiven Part eines Geflechts von Institutionen und Organisationen, Gruppen und sozialen Netzwerken. Insofern kann man mit Wolfgang Huber und im Anschluss an Émil Durkheim von Kirchen als „intermediären Institutionen" (Huber 1998, S. 127) reden. Dies bedeutet nicht, dass der genuine Auftrag der Kirche – ihrem Selbstverständnis wie der Fremdwahrnehmung nach – primär in gesellschaftspolitischen Aktivitäten läge. Die Gefahr, sich von der genuinen Kernkompetenz geistlicher Verkündigung zu entfernen, bleibt bestehen, ist aber als Risiko jeder Interessen- und Überzeugungsgruppierung anzusehen, die sich von ihrem Selbstverständnis über die Grenzen der eigenen Community hinaus für das gesellschaftliche Wohl engagiert. Im Falle der Kirchen kommt hinzu, dass ihr genuines Erbe, das sie zu pflegen haben – die christliche Überlieferung –, in sich einen ethischen und politischen Auftrag enthält, den es *sine vi, sed verbo* (CA XXVIII) in Wort und Tat zu bezeugen gilt. In diesem Zusammenhang kann man von der *Soft Power* reden, die mit Blick auf friedensethische Herausforderungen von nicht geringer Relevanz ist, insofern Frieden auf *Vertrauen ermöglichenden* (stabilen) *Kooperationsformen* basiert, deren krisenhafte Bewährung zur Kultivierung gewaltfreier Verhältnisse beiträgt. Zudem stellt die Kirche in ihrer Sozialform eine trotz unterschiedlicher Kirchentümer und Organisationsgrade prinzipiell nicht an territoriale oder kulturelle Kontexte gebundene Gemeinschaftsweise dar, die Möglichkeiten zu umfassenderen, transnationalen Kooperationen birgt. Dies zusammen mit ihrer mehr oder minder dauerhaften lokalen Verankerung macht ihr Spezifikum aus. Anders als beispielsweise das Rote Kreuz stellen Kirchen keine nur für spezifische Anliegen (in Notlagen) gedachten Organisationen dar, sondern pflegen eine kontinuierliche Form des Gemeinschaftslebens, das sich nicht ausschließlich an religiösen Kernthemen orientiert. Auch deswegen können Kirchen aus inhaltlicher wie struktureller Perspektive (zusammen mit NGOs) Promulgatoren transnationaler Öffentlichkeiten sein und innerhalb der Zivilgesellschaften an der Transnationalisierung von Themen, wie dem gerechten Frieden oder dem Klimawandel, mitwirken. Agenda-Setting unter Bereitstellung von Formen und Foren des Diskurses darf von daher als ein zentrales politisches Instrument zivilgesellschaftlicher Akteure gelten. Eine Ekklesiologie, die Kirche als Institution von Zivilgesellschaft[2] ansieht, kann deshalb leichter das ethisch-politische Handeln von Kirche präzise reflektieren, ohne sich dabei staatlicher Hoheitsansprüche zu bedienen.

Unter dem Stichwort des Agenda-Settings gewinnt die Pathosformel vom gerechten Frieden noch einmal eine andere Wendung. Zieht man ihre inhaltliche Füllung heran, wie sie sich etwa in der EKD-Denkschrift findet, nach der es um „Vermeidung von Gewaltanwendung, […] Förderung von Freiheit und kultureller Vielfalt sowie […] Abbau von Not" (EKD 2007, Ziff. 80) geht, so lässt sich damit auch eine Staaten und Gesellschaften verbindende *Vorstellung eines länderübergreifenden Gemeinwohls* (im umfassenden Sinne) verknüpfen. Das meint keine inhaltliche Charta der Weltpolitik, sondern verweist vielmehr in der *Offenheit* der Formel vom gerechten Frieden auf die Notwendigkeit ihrer kontext- und situationsbezogenen Spezifizierung und Konkretisierung. Erst darüber können

---

2   Dabei ist ein solches ekklesiologisches Selbstverständnis selbst Produkt der neuzeitlichen Ausdifferenzierung von Staat und Gesellschaft. Sowohl von der eigenen Geschichte als auch vom Blick auf die unterschiedlichen politischen Kontexte hängt ab, wie sich soziale Vorstellungsschemata (*Social Imaginaries*) über Ort und Aufgabe von Kirchen in der Welt, konkret: der (Zivil-)Gesellschaft ausbilden. Schon die jüngere deutsche Kirchengeschichte nach 1945 belegt in Ost und West, dass es nicht nur genuin religiöse Faktoren sind, die hier mentalitätsprägend geworden sind.

die in der ersten These erwähnten Wertkonflikte zwischen Freiheit, Sicherheit, Vielfalt, Gewaltarmut etc. angemessen ausgetragen werden. Darüber hinaus wird dem Begriff des Gemeinwohls gerade nicht auf eine a priori fest- und vorgeschriebene Größe rekurriert, sondern auf den stets neu politisch und sozial auszuhandelnden Fluchtpunkt des „Woraufhins" gemeinsamen politischen Handelns. Denn der Konnex von Pluralismus und Zivilgesellschaft ist kein zufälliger, sondern ein strukturell notwendiger:

> „Der Pluralismus beruht vielmehr auf der Hypothese, in einer differenzierten Gesellschaft könne im Bereich der Politik das Gemeinwohl lediglich a posteriori als das Ergebnis eines delikaten Prozesses der divergierenden Ideen und Interessen der Gruppen und Parteien erreicht werden" (Fraenkel 1991, S. 300).

Das gilt selbstredend auch für die Ziele, Wege und Mittel von Friedenspolitik und deren (ethische) Würdigung.

Nur zu analytischen Zwecken lassen sich die in den Thesen 3 bis 5 unterschiedenen Ebenen von *Staat, Zivilgesellschaft* und *Kirche* restlos voneinander abheben. In der Realität überlappen sie sich. Als zivilgesellschaftliche Akteure treten Kirchen meist nicht allein in Gestalt offizieller Amtsträger in Erscheinung – auch wenn zumeist ihnen das Gespräch mit der staatlichen Seite obliegt. Nicht minder bedeutend sind in friedenspolitischer Hinsicht jene Gruppen, aber mitunter auch hervorgehobene Einzelgestalten, die auch über die einzelne Konfession hinaus in Form von (Friedens-) Netzwerken ökumenisch tätig sind. Reformatorisch gesehen stellen sie ebenfalls Gestalten von Kirche dar, sofern und solange ihr Bezug auf das Evangelium und seinen Geist präsent und erkennbar bleibt. Auch diese zivilgesellschaftlichen Akteure operieren nicht selten mit lokalen, also etwa kommunalen Repräsentanten und Institutionen des Staates zusammen; aber ihr Einflussbereich in die Gesellschaft dürfte jenseits dieser Kontakte noch nachhaltiger sein. Vor allem dienen sie unterhalb der Verantwortung für das Einhalten des Gewaltmonopols als Seismographen für die An- oder Abwesenheit derjenigen Ressourcen, die, wie die Garantien einer sozialen Basisversorgung und einer für alle zugänglichen öffentlichen Infrastruktur, Bedingungen eines nachhaltigen und in diesem Sinne gerechten Friedens sind. Zudem kann bürgerschaft- liches Engagement mithelfen, partielles Versagen oder Ausbleiben solcher Aufgaben zu verhindern oder wenigstens zu lindern. Im besten Fall wird dabei auch das öffentliche Bewusstsein primärer Verantwortlichkeit geschärft.

Insbesondere bei der Pflege einer friedenspolitischen Verantwor- tungskultur kann den Kirchen und christlichen Gruppierungen, auch im Austausch mit anders religiösen und säkularen Stimmen, das symbolische Vokabular ihrer Überlieferung helfen. In auch für nicht-christliche Ohren anmutender Qualität zur Darstellung gebracht, lassen sich Visionen eines gerechten Friedens rhetorisch so inszenieren, dass ein gemeinsamer Hoffnungshorizont eröffnet wird, der im politischen Geschehen eine Eigendynamik entfalten kann.[3] Dadurch erhält der Zwang zu parteiübergreifenden Inte- ressenskoalitionen eine unerwartete Wendung, lassen sich doch neue, über die jeweils eigene Gruppe hinausreichende solidarische Bindungen initiieren. Man sollte die Wirkung religiöser Sprachsym- bole wie die Notwendigkeit ihrer klugen Inszenierung auch in dieser Hinsicht nicht unterschätzen. Sachlicher Nüchternheit und notwendigen Pathos bedarf es jedenfalls, wenn es um eine nachhaltige Friedenspolitik und ihre Selbstvergewisserung geht. Zudem verhindert eine eschatologische Brechung der Vision vom gerechten Frieden die fatalen Folgen eines ethischen wie politischen

---

3   Im Übrigen können symbolische Anordnungen für sich sprechen. Man
    denke etwa an die Bronze-Skulptur des russischen Künstlers Jewgeni
    Wiktorowitsch Wutschetitsch im Garten des UNO-Hauptgebäudes
    in New York.

Perfektionismus, der im Angesicht seines Scheiterns oftmals nur noch Resignation, Hass oder Verzweiflung hinterlässt.

An dieser Stelle ist schließlich an den Beitrag von Kirchen zur Friedensaufgabe durch Versöhnungsarbeit zu erinnern. Indem es zur geistlichen Kernaufgabe, unmittelbar aus dem Glaubenswissen resultierend, gehört, menschliche Grundaspekte von Schuld und Sühne, Vergebung und Verzeihung nicht nur zu thematisieren, sondern auch rituell zu inszenieren, ist Kirchen und Religionsgemeinschaften etwas möglich, was politischen Instanzen eher verwehrt bleibt und was sich auch viele andere NGOs nicht zu eigen machen können: die Artikulation jener Tiefendimension, an der Erfahrungen von Gewalt und eigener (kollektiver) Täterschaft traumatisch wirken und einer „Lösung" jenseits des Menschenmöglichen harren. Kaum eine andere Facette ökumenischer Friedensarbeit dürfte in der Vergangenheit mehr geschätzt worden sein. Das hängt auch damit zusammen, dass die konfessionellen Spaltungen selbst oftmals Auslöser für gewaltsame Konflikte waren. Im Sinne der Schärfung des Bewusstseins für eigene Schuld, für vergessene, verdrängte oder nicht bearbeitete Ausgrenzungen und Verfolgungen können Kirchen und Religionsgemeinschaften exemplarisch vorangehen in dem langwierigen Prozess von Konfliktbearbeitung und Versöhnung. Insofern gehört Selbstkritik zu den förderlichsten und vornehmlichsten Beiträgen von Kirchen und christlichen Gemeinschaften, gerade im ökumenischen Miteinander. Denn die ökumenische Bewegung und die neuzeitliche Friedensproblematik sind von Anfang miteinander verknüpft. Zu einer Friedensethik aus der Perspektive des christlichen Glaubens gehört es jedenfalls, an die Wurzeln von Gewalt und Ressentiment zu gehen. Die Erfahrungen „inneren Unfriedens", die sich aus Erfahrungen der Täuschung, der Angst und der Schuld (vgl. Tödt 1988, S. 249ff.) speisen, sind genauso relevant wie die Umstände, Gründe und Ursachen für „äußere" Formen von Not, Gewalt und

Unfreiheit. Dies einzubringen, auch vor dem Hintergrund des historisch vertieften Bewusstseins eigener Schuldverstrickung, dürfte nicht der geringste Beitrag von christlichen Gemeinschaften sein, sofern sie die Einladung und Bereitschaft zur Umkehr mit der Hoffnung auf eine nicht selbst zugesprochene, darin eben echte Versöhnung verbinden.

Darüber hinaus lässt sich aus zahlreichen Studien zur Rolle von Kirchen in sozialen und politischen Transformationsprozessen, vor allem außerhalb Europas, Wichtiges für die Gewinnung einer friedensethischen Expertise lernen, die sich einzelnen Konflikten und ihren sozialen Kontextbedingungen widmet, nicht in der schlichten Übertragung, wohl aber im genauen Hinsehen auf die Art und Weise ihres konkreten Agierens. So haben Kirchen in vielen Zuständen struktureller Gewalt und sozialer Anomie – dank ihrer relativ unabhängigen institutionellen Infrastruktur – gelernt, als Plattform für die Aushandlung gemeinsamer Strategien zur Konfliktbewältigung zu fungieren und ihre Rolle als Mediatoren ernst zu nehmen (vgl. Lienemann und Lienemann-Perrin 2006). Unter der Perspektive eines gerechten Friedens waren sie vor allem dann erfolgreich, wo sie sich nicht lediglich zum eigenen Vorteil auf eine Seite geschlagen oder gar zur Stimme der Machthabenden erklärt haben. „Intermediär" erhält von hier aus noch einmal eine ganz spezifische Bedeutung. Es verweist auf eine ethische Positionsverortung, die diesseits des Ausnahmefalles (z. B. des deutschen Kirchenkampfes) „zwischen den Stühlen" angesiedelt ist und dabei das Augenmerk auf das gewaltfreie Austragen von Konflikten zwischen betroffenen Parteien richtet. In diesem Sinne sind Kirchen nicht nur in demokratischen Kontexten dazu aufgerufen, „schools of public virtue" (Thiemann 1996) zu werden, *exemplarische Lern-* und *Lehrorte* des Umgangs mit unterschiedlichen Interessen, Ansichten und Zielen sowie der Ausformulierung gemeinsamer Anliegen und Lösungsansätze. Würde sich der ökumenische Dialog in diesem Rahmen begreifen, dann könnte er nach wie vor ein Musterbeispiel des *zivilen*, das heißt *friedlichen* und darin *gleichberechtigten*, also g*erechten Umgangs mit Pluralität* abgeben, wobei dies einschließt, Entscheidungen, die revisibel sind, mit Mehrheiten zu legitimieren, ohne der Minderheit ihre eigene Stimme und Berechtigung zu verweigern.

5   Implikationen ethisch-politischer Ekklesiologie (III): Selbstreflexion kirchlichen (friedensethischen) Handelns – *Policy Making* und *(Self-)Governance*

▶ These 5
Friedensethik hat die Akteure ihres Handelns nicht minder ins Zentrum zu rücken als eine empirisch gesättigte und dabei kategorial entfaltete Ekklesiologie. Mit der Umstellung auf die Akteursperspektive reflektiert theologische Friedensethik die Rolle der Kirchen und Religionsgemeinschaften als politische Akteure. Statt lediglich einer institutionenfixierten Aufgaben-zuordnung von ethisch als vorzugswürdig erachteten Aufgaben, die dem gerechten Frieden dienlich sind, das Wort zu reden, muss eine realitätsorientierte Ekklesiologie und Ethik sich selbstkritisch wie konstruktiv den Strategien des *Policy-Making* zuwenden und die Strukturen der eigenen Governance reflek-tieren. Das ermöglicht eine schonungslose Analyse, inwiefern und warum Kirchen, christliche Gruppierungen und andere Religionsgemeinschaften nicht nur friedensförderlich agieren, sondern ebenso friedensgefährdende Potentiale mit sich führen.

Religiöser Vergemeinschaftung kommt beim „Framing" – verstan-den als „Selektion des Bezugrahmens" (vgl. Esser 2003) – sozialen

Agierens und sozialen Handelns eine nicht unerhebliche Bedeutung zu. Sozialwissenschaftlich betrachtet stellen Religionsgemeinschaften kollektive Akteure dar. Achtet man somit weniger strikt ausschließlich auf die Institutionalität von Religion und arbeitet hingegen stärker *akteurszentriert*, dann rücken die Rolle religiöser Deutungsmuster bei der Plausibilisierung, Motivierung und Ausgestaltung sozialen Verhaltens in den Mittelpunkt auch friedensethischer Analysen. Dabei muss ernstgenommen werden, dass ein wesentlicher Bestandteil dessen, was unter religiöser Governance verstanden werden kann, in der Ausbildung, Aufrechterhaltung und Stabilisierung von kollektiven Identitäten besteht. Gegenwärtig lässt sich wahrnehmen, dass viele Gewaltkonflikte und Kriege zunehmend als identitätspolitische Auseinandersetzungen wahrgenommen werden. Vor diesem Hintergrund muss eine Friedensethik, die friedenspolitische Stellungnahmen nicht scheut, das Thema von Religion und Gewalt ehrlich thematisieren.

Nun stellen weder *die* Religionen unmittelbar, also monokausal, Ursachen für Gewaltexzesse dar; noch darf dabei übersehen werden, dass die Berufung auf religiöse „Marker" (als Identitäts-, damit Inklusions- und zugleich Exklusionskriterien) *sowohl* der *Befriedung als auch* der *Intensivierung* von Gewaltprozessen dienen kann (vgl. Kippenberg 2008). Wer in letzteren Fällen lediglich davon spricht, hier würden Religion und Glaube missbraucht, greift entschieden zu kurz. Schließlich steht die Deutungshoheit über das, was Religion beziehungsweise was als religiös bezeichnet wird, weder ein für alle Mal fest, noch können derlei Urteile allein aus einer, Meta-, Binnen- oder Außenperspektive getroffen werden. Mit Blick auf die gern *dem* (politischen oder fanatisierten) Islam zugeschriebenen Gewaltexzesse lässt sich beispielsweise zeigen, die Pluralisierung muslimischer Religionskulturen und das Schwinden klassischer Lehrautoritäten erschweren nachgerade den Erfolg eines solchen Missbrauchdiskurses als interne Religionskritik (unter Muslimen).

Selbiges gilt selbstredend für *das* Christentum. Damit wird die
Unterscheidung von „guter" und „schlechter" Religion auf dem
Feld religiös orientierter Ethik keineswegs obsolet, vor allem nicht
hinsichtlich des ethisch-politischen Handelns religiöser Akteure.
Aber eine solche moralische Religionskritik von innen kann nur
dann gelingen, wenn sich religiöse Gemeinschaften kritischen
Einwänden, seien sie säkularer Art oder auch von Seiten Anders-
gläubiger geäußert, nicht verschließen. Zur „Transnationalisierung
religiöser Regime" gehört die Herausforderung religiös-säkularen
Pluralismus nicht minder wie für das staatliche Arrangieren und
Reagieren auf entsprechende politische Forderungen. Das alles
zeigt, Religionsgemeinschaften und Kirchen müssen ihr eigenes
Wirken stärker unter den Stichworten des *Policy-Making* und der
Governance-Strukturen betrachten.

Dazu unter dem Gesichtspunkt einer Ethik des gerechten
Friedens einige abschließende Bemerkungen: Die Relevanz von
Policy-Making lässt sich am besten am Beispiel des bundesrepublikanischen Kontextes illustrieren. In diesem kommt den beiden
großen Kirchen schon aufgrund ihrer verfassungsrechtlichen
Stellung eine hervorgehobene öffentliche Rolle als zivilgesellschaftliche Institution zu. Im Rahmen dieses auf Kooperation
(vgl. Polke 2009) angelegten institutionellen Settings können
diese religiösen Akteure mittelbar effektiv auf diejenigen Politik-
felder mitgestaltend Einfluss nehmen, die unter anderem auch mit
Friedenspolitik zu tun haben. Dennoch überwiegt – empirisch
gesehen –, nicht zuletzt aufgrund der auf dem Parochialprinzip
beruhenden, flächendeckenden Körperschaft öffentlichen Rechts,
das Gemeinwohlengagement auf kommunaler und regionaler, dann
aber auch auf transnationaler Ebene; letzteres etwa über vielfältige
Netzwerke und Partnerschaften von Gemeinden. *Policy-Making*
in einem solchen Rahmen stützt sich bei Gemeinschaftsformen
dieser Art auf das auch sonst stark vorhandene „Sozialkapital",

also auf „Netzwerke, Normen und soziales Vertrauen, die Koordination und Kooperation zum gegenseitigen Nutzen fördern" (Putnam 1999, S. 40), um exemplarisch Projekte und Praxen zu initiieren, die dem Ideal des gerechten Friedens entsprechen. Mit der bewussten Sichtbarmachung, auch und gerade in der Phase der Erprobung, geht es sowohl darum, Lernprozesse auszulösen, was unter anderem bedeutet, Sachexpertise zu gewinnen, als auch im positiven Fall auf Nachahmungseffekte zu hoffen. Damit wird durch entsprechende Öffentlichkeitsarbeit das gesellschaftliche Bewusstsein für die Dringlichkeit dieser Aufgaben, konkret der Friedenspolitik und des Rechts auf Entwicklung, verstärkt. Solche Effekte können sich immer dann wechselseitig verstärken, wenn exemplarisches Wirken und Werben mit einer weit über die eigene Mitgliederschaft hinausreichende allgemeine Erwartungshaltung und Kompetenzzuschreibung einhergeht. Insofern agieren auf allen Ebenen und in diversen Sozialformationen Kirchen stets zugleich als *Lobbyisten*. Dabei müssen sie nicht nur auf die *Erkennbarkeit ihrer eigenen Wert- und Überzeugungsbasis* achten. Sie müssen vielmehr für die *Transparenz ihres Lobbyings* sorgen, ohne *notwendige strategische Bündnisse* von vornherein (ethisch) zu disqualifizieren. Ein solches Anforderungsprofil an kirchliches Agieren unter politischem Vorzeichen ist keineswegs abhängig von den Besonderheiten des deutschen Religionsrechts. Es folgt vielmehr aus den strukturellen Konditionen der Institutionalisierung religiöser Gemeinschaften: „Religionsgemeinschaften sind eine Form von Vergemeinschaftung, die als Kollektive über eine hohe Kapazität kollektiven Handelns verfügen" (Schuppert 2017, S. 183). Weil es zu einer effektiven Ausübung solcher kollektiven Handlungspotentiale rechtlicher Regelungen bedarf, sind unter modernen Bedingungen durchgreifender Staatlichkeit (selbst wenn diese nur auf dem Papier gegeben sind) alle Religionsgemeinschaften, Kirchen und christlichen Gemeinschaften als kollektive Akteure *politische Player.* An diesem Faktum darf eine Ekklesiologie nicht vorbeigehen, will sie ihren (immer auch empirischen) Gegenstand nicht von vornherein verfehlen. So gilt es schließlich Kirchen als religiöse *Governance-Kollektive* zu begreifen, die in vierfacher Weise als „regelungsintensive Rechtsgemeinschaften" (Schuppert 2017, S. 171), institutionelle Organisationen, als Identitäts- und Kommunikationsgemeinschaften fungieren. Als solche bilden sie politische Agenden aus, die umstritten bleiben mögen, diskurs ausgehandelt oder autoritativ gesetzt werden müssen, aber jedenfalls ihr Agieren als kollektive Akteure leiten.

Unter dem Druck zunehmender internationaler Verflechtungen, dem globalen Ausmaß politisch anzugehender Probleme sowie der Transnationalisierung politischer Prozesse wird zudem deutlich, inwiefern staatliche wie nicht-staatliche, und das heißt immer auch kirchliche, Akteure zu Produzenten von *Governance*-Strukturen werden können, die nicht in den klassischen Formen politischen Handelns aufgehen. Unter *Governance*-Strukturen verstehe ich dabei mit Renate Mayntz „das Gesamt aller nebeneinander bestehenden Formen der kollektiven Regelung gesellschaftlicher Sachverhalte [...] von der institutionalisierten zivilgesellschaftlichen Selbstregelung über verschiedene Formen des Zusammenwirkens staatlicher und privater Akteure bis hin zum hoheitlichen Handeln staatlicher Akteure" (Mayntz 2006, S. 14). Politisch sind solche Regelungsregime schon allein deswegen, weil sie stets von kollektiven Interessen der Beteiligten durchsetzt sind. Für eine realistische Ekklesiologie heißt dies, dort, wo sie sich das ethisch-politische Ziel des gerechten Friedens zu eigen macht, muss sie dies auch als ihr kollektives Interesse in politischer Hinsicht transparent machen, indem sie es nach innen wie nach außen kommuniziert. Zugleich muss sie sich kritisch fragen, welche inhaltlichen Gesichtspunkte ein solches Interesse mit der eigenen Identitätsbeschreibung verbindet, und inwiefern nicht-religiöse Interessenlagen dabei eine Rolle spielen, die gleichwohl legitim oder nicht legitim sein können. Schließlich gilt es, das eigene Handeln wie die eigenen *Governance*-Strukturen daraufhin auszurichten, dass die geistliche Grundlage stets sichtbar bleibt.

Was bislang vor allem in der Spannung zu politischen Interessen und Werten skizziert wurde, wird dadurch noch komplexer, dass religiöse Gruppen stets marktkonform agieren können oder sogar müssen. Ihr jeweiliges Agieren kann nicht nur auf seine Machtorientierung hin befragt werden, sondern zudem auf die Ausweitung des eigenen Einflussbereiches sowie des Statuserhaltes. Was unter diesen Gesichtspunkten dann als *friedensgerecht* begriffen wird, kann sehr wohl in Spannung zu den theologischen beziehungsweise ethischen Leitideen einer religiösen Gruppe stehen. In diesem Sinne sind Kirchen politische Akteure sui generis, obgleich sie selbst – im politikwissenschaftlichen Sinne – religiöse Regime in der Gestalt von „institutionellen Arrangements mit aufgabenbezogenen prozeduralen und organisatorischen Prinzipien sowie Normen und Regeln, die von ihren Mitgliedern als gültig betrachtet werden" (Schuppert 2012, S. 28f.), darstellen. Beides ist von den jeweiligen Funktionsträgern in der Wahrnehmung ihrer öffentlichen Rollen in Anschlag zu bringen. Aber gerade deswegen ist bei der Ausgestaltung einer dem Anliegen des gerechten Friedens verpflichteten Politik im engeren wie im weiteren Sinne darauf zu achten, dass die unterschiedlichen Handlungskompetenzen und Funktionszuteilungen – zwischen staatlichen und nicht-staatlichen, nationalen und transnationalen Instanzen – nicht verwischt, sondern bestmöglich aufeinander abgestimmt werden. So wäre genauerhin zu fragen, in welchen Kontexten lokale und nationale, ökumenische und internationale Akteurskollektive für die Wahrnehmung ihrer Aufgaben und die Effektivität ihres Einsatzes in Anschlag zu bringen wären.

Je nach situativer Lage und den anzugehenden Herausforderungen können hier neue Wert- und Interessenkonflikte entstehen. Das unter der These 1 angeschnittene Spannungsverhältnis zwischen Friede und Gerechtigkeit lässt sich nicht stillstellen oder vorschnell harmonisieren. Deswegen lässt sich das, was unter der Leitperspektive des gerechten Friedens konkret zu verstehen ist und welche Schritte ihm in einer bestimmten Situation am dienlichsten sind, nur in der Kommunikation zwischen den betroffenen Akteuren und Kollektiven ausloten, aber gewiss nicht ein für alle Mal feststellen. Wo Kirchen als gleichermaßen lokal, wie national und transnational verankerte Religionsgemeinschaften bei der primär politischen Lösung von Konflikten ihr lebensweltliches Wisssen um die (ethischen) Ambivalenzen von Konfliktlagen mit in die öffentliche Diskussion einbringen, da verhelfen sie zu einer realistischen Sicht von gerechtem Frieden, kontextbezogen und mit einem sensiblen Blick für das ambigue Konkrete. Weil ihre religiöse Identität es ihnen darüber hinaus ermöglicht, ihr kollektives Handeln „für eine […] Vielfalt unvorhersehbarer Anliegen und Ziele mobilisierbar" (Hans Geser; zit. nach: Schuppert 2017, S. 134) zu machen, dienen sie als Konfliktindikatoren oder auch als *Problemindikatoren* wie *Problempromulgatoren*. Mit ihrem eingeübten Repertoire an symbolischen Zeichenhandlungen, welche die Gestalt von exemplarischen Lösungsversuchen darstellen und kreative Suchbewegungen zu gerechteren, weil friedlicheren Konfliktlösungsmechanismen anstoßen können, reihen sie sich ein in eine vielfältige institutionelle, informelle, (zivil-)religiöse, aber auch den Sport und andere kulturelle Bereiche einbeziehende Gestaltung eines zu bildenden Versöhnungsprozesses. Das Beispiel des Post-Apartheid-Südafrikas wäre hier einer genaueren Untersuchung wert.

Bei alledem bleibt aber aus protestantischer Sicht daran festzuhalten: Kirchen, christliche Gemeinschaften und Gruppen dürfen selbst da, wo sie unmittelbar die staatlichen Instanzen und gesellschaftliche Gruppen unterstützen, sich deren Rollen niemals (gänzlich) anheischig machen. Was im Fall des Staates neben kirchlicher Amtsanmaßung die nachträgliche Legitimierung staatlicher Verantwortungslosigkeit zur Folge hätte, würde die Zivilgesellschaft in die Gefahr einer kirchlichen Hegemonie bringen. Beides stünde im Widerspruch zur Unterscheidung – nicht Trennung – von Staat und Religion einerseits, von Religion und der Zivilgesellschaft als Ganzer andererseits. Deswegen ist in friedensethischer Hinsicht genauso am staatlichen Gewaltmonopol festzuhalten, wie der gesellschaftliche, auch religiöse Pluralismus entschieden verteidigt werden muss. Zwischen diesen Spannungspolen bewegt sich ein *ethisch legitimes* und *theologisch fundiertes*, aber eben *eminent politisches Agieren* von Kirchen für die Sache eines gerechten Friedens, das zu unterschätzen auch empirisch fahrlässig wäre.

Literatur

Bedford-Strohm, Heinrich. 2012. *Position beziehen. Perspektiven einer öffentlichen Theologie*. München: Claudius.
Die Bekenntnisschriften der evangelisch-lutherischen Kirche in Deutschland. 1998. 12. Aufl. Göttingen: Vandenhoeck und Ruprecht.
Esser, Hartmut. 2003. Die Rationalität der Werte. Die Typen des Handelns und das Modell der soziologischen Erklärung. In *Das Weber-Paradigma. Studien zur Weiterentwicklung von Max Webers Forschungsprogramm*, hrsg. von Gert Albert, Agathe Bienfait und Steffen Sigmund, 153–187. Tübingen: Mohr-Siebeck.
Evangelische Kirche in Deutschland (EKD). 2007. *Aus Gottes Frieden leben – für gerechten Frieden sorgen. Eine Denkschrift des Rates der EKD*. Gütersloh: Gütersloher Verlagshaus.

Fraenkel, Ernst. 1991. *Deutschland und die westlichen Demokratien.* Frankfurt a. M.: Suhrkamp.

Huber, Wolfgang. 1998. *Kirche in der Zeitenwende. Gesellschaftlicher Wandel und Erneuerung der Kirche.* Gütersloh: Bertelsmann Stiftung.

James, William. 2010. The Moral Equivalent of War. In *The Heart of William James,* hrsg. von Robert D. Richardson, 302–313. Cambridge, MA: Harvard University Press.

Jüngel, Eberhard. 2000. Mit Frieden Staat zu machen. Politische Existenz nach Barmen V. In *Indikative der Gnade – Imperative der Freiheit,* hrsg. von Eberhard Jüngel, 161–204. Tübingen: Mohr Siebeck.

Jüngel, Eberhard. 2003. Zum Wesen des Friedens. Frieden als Kategorie theologischer Anthropologie. In *Ganz werden. Theologische Erörterungen V,* hrsg. von Eberhard Jüngel, 1–39. Tübingen: Mohr Siebeck.

Kaufmann, Franz-Xaver. 1973. *Sicherheit als soziologisches und sozialpolitisches Problem. Untersuchungen zu einer Wertidee hochdifferenzierter Gesellschaften.* Münster: Lit.

Kippenberg, Hans Georg. 2008. *Gewalt als Gottesdienst. Religionskriege im Zeitalter der Globalisierung.* München: C.H. Beck.

Lienemann-Perrin, Christine und Wolfgang Lienemann. 2006. *Kirche und Öffentlichkeit in Transformationsgesellschaften.* Stuttgart: Kohlhammer.

Luther, Martin. 1884 [1519]. Resolutiones Lutherianae super propositionibus suis Lipsiae disputatis. In *D. Martin Luthers Werke. Kritische Gesamtausgabe. 2. Band,* 388–435. Weimar: Hermann Böhlau.

Mayntz, Renate. 2006. Governance Theory als fortentwickelte Steuerungstheorie? In *Governance-Forschung,* hrsg. von Gunnar Folke Schuppert, 11–20. Baden-Baden: Nomos.

Polke, Christian. 2009. *Öffentliche Religion in der Demokratie. Eine Untersuchung zur weltanschaulichen Neutralität des Staates.* Leipzig: Evangelische Verlagsanstalt.

Putnam, Robert D. 1999. Demokratie in Amerika am Ende des 20. Jahrhunderts. In *Soziales Kapital in der Bürgergesellschaft,* hrsg. von Friedrich Wilhelm Graf, Andreas Platthaus und Stephan Schleissing, 21–70. Stuttgart: Kohlhammer.

Reuter, Hans-Richard. 2009. *Botschaft und Ordnung. Beiträge zur Kirchentheorie.* Leipzig: Evangelische Verlagsanstalt.

Reuter, Hans-Richard. 2013. *Recht und Frieden. Beiträge zur politischen Ethik.* Leipzig: Evangelische Verlagsanstalt.

Schuppert, Gunnar Folke. 2012. *When Governance meets Religion. Governancestrukturen und Governanceakteure im Bereich des Religiösen*. Baden-Baden: Nomos.

Schuppert, Gunnar Folke. 2017. *Governance of Diversity. Zum Umgang mit kultureller und religiöser Pluralität in säkularen Gesellschaften*. Frankfurt a. M.: Campus Verlag.

Senghaas, Dieter. 2012. *Weltordnung in einer zerklüfteten Welt. Hat Frieden Zukunft?*. Berlin: Suhrkamp.

Sternberger, Dolf. 1990. *Verfassungspatriotismus. Schriften Bd. X*. Frankfurt a. M.: Insel Verlag.

Strub, Daniel. 2010. *Der gerechte Friede. Spannungsfelder eines friedensethischen Leitbegriffs*. Stuttgart: Kohlhammer.

Thiemann, Ronald F. 1996. *Religion in Public Life. A Dilemma for Democracy*. Washington, DC: Georgetown University Press.

Tödt, Heinz Eduard. 1988. *Perspektiven theologischer Ethik*, hrsg. von Wolfgang Huber. Gütersloh: Gütersloher Verlagshaus.

Kirche des Friedens werden

Ein ökumenisches Programm aus römisch-katholischer Sicht

Heinz-Günther Stobbe

1 Einleitung

Das Zweite Vatikanische Konzil hat ohne Zweifel einen ökume-nischen Aufbruch der römisch-katholischen Kirche in die Wege geleitet. Das bedeutet allerdings keineswegs, dass sie vorher eine Gegnerin der Ökumene gewesen sei, sofern man darunter alle Bemühungen versteht, die sichtbare Einheit der Kirche zu verwirk-lichen. Aber das Konzil hat ihre ökumenischen Aktivitäten auf eine neue Grundlage gestellt. Die Bedeutung und Tragweite dieses Vorgangs wird außerhalb der römisch-katholischen Kirche selten zureichend gewichtet, denn oft sind schon die Voraussetzungen nicht nachvollziehbar. Im allgemeinen Sprachgebrauch werden die christlichen Konfessionen gerne als „Kirchen" bezeichnet und sie wenden diesen Begriff auch auf sich selbst an, nicht aber in jedem Fall auf andere Konfessionen. Von daher fällt Licht auf einen Sach-verhalt, der leicht der Aufmerksamkeit entgeht: Vor dem Konzil sprach die römisch-katholische Kirche in ihren Lehrdokumenten konsequent nur von einzelnen, von ihr getrennten Christen, nie von deren Gemeinschaften. Natürlich konnte und wollte sie deren

© Springer Fachmedien Wiesbaden GmbH, ein Teil von Springer Nature 2019
S. Jäger und F. Enns (Hrsg.), *Gerechter Frieden als ekklesiologische Herausforderung*, Gerechter Frieden,
https://doi.org/10.1007/978-3-658-22910-8_6

Existenz als eine empirische Tatsache nicht leugnen, aber theologisch gesehen verneinte sie deren kirchliche Qualität. Anders ausgedrückt: Aus römisch-katholischer Sicht existierten diese Gemeinschaften nicht als Kirchen. Es war wie bei Staaten, denen die völkerrechtliche Anerkennung fehlt. Diese Sicht hatte selbstverständlich ökumenische Konsequenzen. Der Weg, die Einheit der Kirche wiederherzustellen, bestand unter dieser Voraussetzung im jeweils individuell zu vollziehenden (Wieder-)Eintritt der getrennten Christen in die römisch-katholische Kirche. Der ökumenische Umbruch des Konzils beinhaltete im Kern die Preisgabe dieses Konzepts der „Rückkehr-Ökumene". Es hat zunächst die ökumenische Bewegung als eine geistliche und institutionelle Realität anerkannt, der sich die römisch-katholische Kirche anschließt und deshalb darauf verzichtet, einen katholischen Ökumenismus zu entwickeln, sondern in einem Dekret katholische Prinzipien des Ökumenismus dargelegt. Das mag wie Haarspalterei wirken, macht aber einen gravierenden Unterschied. Denn die ökumenische Bewegung war zwar lange vor allem von einzelnen Christen und christlichen Gruppen getragen worden, zum Zeitpunkt des Konzils jedoch handelte es sich wesentlich um eine Bewegung von Kirchen, viele von ihnen organisiert im Weltrat der Kirchen. Aus diesem Grund genügt es nicht mehr, allein das Verhältnis der getrennten Christen zur römisch-katholischen Kirche (und umgekehrt) in den Blick zu nehmen, es kommt jetzt vorrangig darauf an, sie als Zugehörige nicht-katholischer Gemeinschaften wahrzunehmen und darum, die Beziehungen der römisch-katholischen Kirche zu diesen von ihr getrennten Gemeinschaften theologisch zu klären. Im Zentrum ökumenischer Theologie muss folglich die Lehre von der Kirche, die Ekklesiologie, stehen. Es sind vor allem zwei Fragen, die es ekklesiologisch zu beantworten gilt: Unter welchen Bedingungen kann und muss die römisch-katholische Kirche getrennte Gemeinschaften als Kirchen anerkennen? Und:

Wie sind aus römisch-katholischer Sicht jene interkonfessionellen Beziehungen und Institutionen theologisch-ekklesiologisch zu bewerten, die unabhängig von der wechselseitigen Anerkennung als Kirchen entstanden sind oder entstehen?

Im nachfolgenden Beitrag wird insbesondere diese zweite Frage konkretisiert: Welche Art von Gemeinschaft bildet sich im gemeinsamen Einsatz der getrennten Gemeinschaften für Gerechtigkeit und Frieden heraus, und darf man aus römisch-katholischer Sicht diesen Prozess als Weg zu einer ökumenischen Kirche des Friedens interpretieren? Die Antworten werden nicht theoretisch abgeleitet, sondern vorwiegend aus Initiativen der Zusammenarbeit und des Dialogs erschlossen, an denen die römisch-katholische Kirche beteiligt war oder ist und in denen sie sich als Kirche in Beziehung artikuliert. Ausgewählt wurden drei Beispiele (SODE-PAX – Society, Development, Pax -, Konziliarer Prozess und der Dialog mit den Friedenskirchen), die vor dem Hintergrund der ökumenischen Problemgeschichte nacheinander behandelt und in einem Schlusskapitel ausgewertet werden.

2   Die ekklesiologische Kernfrage am Anfang der ökumenischen Bewegung

Das Problem, die Eigenart der interkonfessionellen Beziehungen ekklesiologisch auf den Begriff zu bringen, entspringt nicht nur aus der besonderen römisch-katholischen Perspektive. Es taucht von Anfang an in der ökumenischen Bewegung auf und prägt sie bis in die Gegenwart hinein. Bereits in den Debattenbeiträgen während der Ersten Weltkonferenz für Praktisches Christentum (Stockholm 1925) taucht es immer wieder auf, obgleich es in der Einladung ausdrücklich geheißen hatte, es sollten keine Lehrfragen behandelt, sondern das Schwergewicht auf den Dienst der

Kirchen in der Welt gelegt werden. Lehrfragen seien Gegenstand der Bewegung für Glauben und Kirchenverfassung. Gegen diese pragmatische Betrachtungsweise meldete sich auf der anderen Seite klarer Widerspruch, insbesondere aus dem deutschen Luthertum. Als einer der entschiedensten Kritiker nahm Jahre später der junge Privatdozent Dietrich Bonhoeffer Stellung. Ende Juli 1932 hielt er, damals Jugendsekretär des Weltbundes für Freundschaftsarbeit der Kirchen, auf der Jugendfriedenskonferenz in Ciernohorské Kúpele (damals Tschechoslowakei) einen Vortrag. Darin wandte er sich in unverkennbarer Anspielung auf die Programmatik der Bewegung für Praktisches Christentum entschlossen gegen die in seinen Augen folgenschwere Vernachlässigung der Wahrheitsfrage, gegen die gerne der Vorrang des christlichen Handelns ausgespielt werde (Bonhoeffer 1978, S. 141). Gerade politische Sensibilität verlange, so Bonhoeffer,

> „ein ganz ernstes, den Folgen und dem Erfolg gegenüber ganz rücksichtsloses, streng theologisches Neuerarbeiten des biblischen und reformatorischen Kirchenverständnisses. Wir fordern eine verantwortliche Theologie der ökumenischen Bewegung um der Wahrhaftigkeit und um der Gewißheit unserer Sache willen" (Bonhoeffer 1978, S. 143).

Eine Theologie der ökumenischen Bewegung aber müsse sich als neues Selbstverständnis der Kirche begreifen, da die Ökumene ansonsten lediglich als „reine Zweckorganisation" in den Blick komme (Bonhoeffer 1978, S. 159). In seinem „Bericht zur Theologischen Konferenz der Mittelstelle für ökumenische Jugendarbeit", den Bonhoeffer für „Die Eiche", die deutsche Zeitschrift des Weltbundes verfasste, zitiert er zustimmend Wilhelm Stählin, der geschrieben hatte: „Ökumenische Arbeit ist sinnvoll und möglich nur, wenn wir die Kirchen als Erscheinungsform der ‚Kirche' ernst nehmen" (Bonhoeffer 1978, S. 122).

Von dieser Position aus fällt ein eigenes Licht auf das Anliegen der Stockholmer Konferenz, „die internationalen Probleme überall in ihrem Zusammenhang mit der christlich-ökumenischen Idee sehen und zu beantworten suchen" (Deißmann 1926, S. 75). Mit Blick auf die Gegenwart mutet es fast prophetisch an, in einem Debattenbeitrag von damals die Aussage zu lesen: „Das brennende Problem der Gegenwart ist nicht eigentlich die Frage der Beseitigung des Krieges, sondern die Herstellung eines dauernden und gerechten Friedens" (Deißmann 1926, S. 214). Die Kernfrage lautet daher: Was bedeutet es für die getrennten Kirchen, wenn sie gemeinsam dazu beitragen wollen, einen „dauernden und gerechten Frieden" zu schaffen?

3 „Hinkende" Ökumene in der römisch-katholischen Theologie?

Im Vorwort zum ersten Band seiner „Ökumenischen Schriften" mit dem Titel „Wege zur Einheit der Christen" schreibt Kardinal Walter Kasper, bis 2010 Präsident des Päpstlichen Rates für die Einheit der Christen, rückblickend: „Die ökumenische Bewegung war so etwas wie eine Gegenbewegung zu den blutigen Konflikten und den Christenverfolgungen des 20. Jahrhunderts. Sie war, mit weltlichen Kategorien ausgedrückt, die größte Friedensbewegung des 20. Jahrhunderts" (Kasper 2012, S. 18). Das ist eine starke, durchaus bedenkenswerte These, doch der Kardinal versäumt es leider, sie zu begründen und zu erläutern.

Ein etwas anderes Bild zeigt eine Publikation von Kaspers Nachfolger, Kardinal Kurt Koch, vorher bereits Mitglied im Einheitsrat. 1991 trat er erstmals mit einer umfangreicheren Schrift zur ökumenischen Problematik an die Öffentlichkeit, die als beachtenswerter Vorstoß gelten darf. Sie gliedert sich in einen

Dreischritt: Ökumenische Diagnostik – Ökumenische Anamnese – Ökumenische Therapeutik, mit dem sich der Autor durch Geschichte, Gegenwart und Zukunft des Ökumenismus bewegt. Als besonders anregend erweist sich der Grundgedanke, gerade der Auseinandersetzung der Konfessionen über die Wahrheit des Glaubens, die üblicherweise der Bewegung für Glauben und Kirchenverfassung zugeordnet wird, selbst schon der Friedensaufgabe der Ökumene zuzuweisen:

> „Denn nur wenn es gelingt, daß Christen verschiedener konfessioneller Traditionen den Streit um die Wahrheit in ökumenischer Freundschaft so austragen, daß Friede möglich wird, besteht Hoffnung, daß auch ihre Fähigkeit zum Frieden und zur Friedensstiftung in der heutigen, von Spannungen, Feindschaft und unversöhnten Interessensgegensätzen so sehr zerrissenen Welt wächst und daß sie glaubwürdig für die Erhaltung und Förderung des Friedens in der heutigen Welt zu wirken vermögen" (Koch 1991, S. 49f.).

Koch erinnert aber auch an den historischen Anknüpfungspunkt für die praktische Ökumene im Vorfeld des Ersten Weltkrieges, in dem „vor allem die Herausforderungen durch bedrohlich nahe kriegerische Verwicklungen" im Blickfeld waren. Die Bewegung für Praktisches Christentum habe sich deshalb vorrangig „zum Ziel gesetzt, eine intensive Zusammenarbeit der Christen und Kirchen in Gang zu bringen. Im Vordergrund stand dabei das Bemühen um Verständigung und Frieden zwischen den Völkern" (Koch 1991, S. 53). Der Seitenblick auf die Bewegung für Glauben und Kirchenverfassung lehrt aber, dass die ökumenische Bewegung in ihrer Geschichte „stets gleichsam auf zwei Füßen vorangeschritten ist: Während sich ,Life and Work' der weltlichen Herausforderungen der Ökumene annahm, beschäftigte sich ,Faith and Order' mit den spezifisch ökumenisch-theologischen Glaubensfragen" (Koch 1991, S. 53). Daraus zieht Koch den Schluss: „Sollen christliche Ökumene

und christliches Leben im ökumenischen Zeitalter überhaupt auch
heute glaubwürdig sein können, sind sie gut beraten, wenn sie auch
weiterhin auf diesen beiden Füßen in die Zukunft voranschreiten"
(Koch 1991, S. 53). Der Kardinal hat die Metapher von den beiden
Füßen in einer späteren Publikation erneut aufgegriffen und zu
einer warnenden Kritik umformuliert:

> „Gefährlich wird es für die Ökumene dort, wo das eine Bein ge-
> lähmt ist. Diese Gefahr droht der Ökumene auch heute, insofern
> im allgemeinen ein Vorrang der Traktanden von ‚Life and Work'
> vor denjenigen von ‚Faith and Order' festzustellen ist. Nicht sel-
> ten haben die sozialethischen Traktanden einen derart großen
> Vorsprung vor den spirituell-theologischen Fragen, dass man den
> Eindruck gewinnen kann, daß die letzteren eher ins Hintertreffen
> zu geraten drohen" (Koch 2006, 29f.).

Ein Überblick über katholische Einführungen in die ökumenische
Theologie zeigt jedoch das genaue Gegenteil: Die katholische Ökumene hinkt auf Grund eines verkürzten praktischen Beines, und das
schon seit dem Ökumenismus-Dekret des Zweiten Vatikanischen
Konzils. Bereits in diesem offiziellen Grundlagendokument herrscht
ein starkes Übergewicht der dogmatischen Perspektive: Nur ein
einziger Abschnitt des umfangreichen Textes ist der Programmatik praktischer Ökumene und ihrer theologischen Begründung
gewidmet. Und es ist bezeichnend, dass das Konzil darin doch
wieder nur von der Zusammenarbeit der *Christenheit* spricht,
nicht von einer Zusammenarbeit der *Kirchen* oder, vorsichtiger
ausgedrückt, der christlichen Gemeinschaften. Entsprechend fällt
auch kein Wort über die inzwischen Jahrzehnte während Kooperation der verschiedenen Konfessionen inner- und außerhalb des
Ökumenischen Rates der Kirchen. Das ist weder ein Versäumnis
noch ein Zufall, sondern Ausdruck des Bemühens, die Frage nach
den ekklesiologischen Grundlagen der praktischen Ökumene zu

umgehen. Dieses beredte Schweigen unterstreicht den Unterschied
zwischen der Christenheit, in der die Christen durch ihren Glauben
an Jesus Christus bereits vereint sind, und der Einheit der Kirchen,
die noch aussteht. Die Gemeinschaft im Glauben ermöglicht und
fordert die Zusammenarbeit der Christen in der Welt und für
die Welt, sie erleichtert den Weg zur Einheit der Kirche, schafft
sie aber nicht. Dafür ist eine Übereinstimmung hinsichtlich der
theologischen Gründe, die einst zur Trennung der Kirchen geführt
haben, unverzichtbar. In dieser Hinsicht legt nicht das Ökumenismus-Dekret, sondern die dogmatische Konstitution über die Kirche
(Lumen Gentium) das Fundament für den ökumenischen Dialog.

Das Beharren des Konzils auf der Notwendigkeit, die Dienst-
gemeinschaft der Kirchen von ihrer Einheit zu unterscheiden,
entspricht genau jener Auffassung, die bereits 1937 die zweite
Weltkonferenz für Glauben und Kirchenverfassung in Edinburgh
als Resultat ihrer Debatten festgehalten hatte. Im Abschlussbe-
richt der Konferenz wird im Abschnitt über die „verschiedenen
Auffassungen von kirchlicher Einheit" zum Problem praktischer
Zusammenarbeit ausgeführt:

> „Die von uns erstrebte Einheit kann als ein loserer oder engerer
> Bund (confederation or alliance) von Kirchen zum Zwecke prak-
> tischer Zusammenarbeit aufgefaßt werden. *Wir sind uns darin
> einig, daß unser letztes Ziel nicht bloße praktische Zusammenarbeit
> zwischen Kirchen ist,* die nicht imstande sind, zur Abendmahls-
> gemeinschaft zu gelangen oder auf körperschaftliche Vereinigung
> hinzuarbeiten, und die sich um des Gewissens willen gezwungen
> fühlen, selbständige Körperschaften mit getrennten Gemein-
> schaftsbindungen ihrer Glieder zu bleiben. *Denn praktische Zusam-
> menarbeit allein kann der Welt das wahre Wesen der Kirche noch
> nicht wirklich zeigen; denn diese ist nicht nur eine Gemeinschaft
> des Dienstes, sondern auch des Glaubens und des Gottesdienstes"*
> (Hodgson 1940, S. 321f.; Hervorh. d. Verf.).

Die sachliche Übereinstimmung zwischen der Edinburgher Weltkonferenz und dem Vatikanum II liegt auf der Hand. Mit Rücksicht
darauf lässt sich gut nachvollziehen, weshalb die römisch-katholische Kirche Vollmitglied in der ÖRK-Kommission für Glauben und
Kirchenverfassung ist, obgleich sie nicht zu den Mitgliedskirchen
des Ökumenischen Weltrates zählt. Diese strukturelle Ausnahme-
situation besitzt allerdings eine Kehrseite, die allgemein wenig
beachtet wird. Mit anderen Worten: Das Selbstverständnis der
römisch-katholischen Kirche richtet strukturelle Hürden auch
im Bereich der praktischen Kooperation mit anderen christlichen
Kirchen auf. An drei Beispielen soll diese Konsequenz herausge-
arbeitet werden.

4   SODEPAX als gescheitertes „Experiment"
der Sozialökumene

4.1   SODEPAX – eine fast vergessene Institution

Es ist bezeichnend für die Schräglage, die das Verhältnis von römisch-katholischer Kirche und ÖRK kennzeichnet, dass kaum noch
jemand den Namen, die Existenz und das Schicksal von SODEPAX
kennt. Aus Anlass seines fünfzigjährigen Bestehens organisierte
das Tübinger Institut für Ökumene und Religionsdialog eine
Vortragsreihe, in deren Verlauf Annemarie C. Mayer, Professorin
an der Katholischen Universität Leuven, über „Brücken zwischen
Rom und Genf" sprach. Damals noch Mitarbeiterin des Tübinger
Instituts erhielt sie 2010 das Angebot, als Konsultatorin für den
päpstlichen Rat für die Einheit der Christen beim Ökumenischen
Rat der Kirchen in Genf tätig zu sein und übte diese Tätigkeit drei
Jahre lang aus. Bei der Beantwortung der Frage, seit wann die rö-
misch-katholische Kirche mit dem Weltrat zusammenarbeitet und

wie diese Kooperation institutionalisiert wurde, rief die Referentin mit Recht zuerst die Gründung der Gemeinsamen Arbeitsgruppe (GA) noch während des Konzils ins Gedächtnis: „Sie wurde im Mai 1965 in Bossey, dem ökumenischen Institut des ÖRK, 17 km außerhalb von Genf, ins Leben gerufen. Sie ist somit die älteste Dialoggruppe, mit der die katholische Kirche aufwarten kann" (Mayer 2015, S. 143). Sie beschreibt dann kurz Struktur und Arbeitsweise dieses Gremiums, um danach zur Mitgliedschaft der katholischen Kirche in der Kommission für Glauben und Kirchenverfassung überzugehen, die seit 1968 besteht. Ausgelassen wird ausgerechnet SODEPAX, „von 1968 bis 1980 die einzige gemeinsame und dauernde Verbindungsstelle zwischen dem Hl. Stuhl [...] und dem ÖRK" (Lucal 1983, Sp. 1096). Diese Leerstelle fällt umso mehr ins Auge, als dieser „Ausschuss für Gerechtigkeit, Entwicklung und Frieden" in direktem Zusammenhang mit der GA entstanden war. Zudem wurde er 1975 in einem Dokument des Sekretariats zur Förderung der Einheit der Christen über „Die ökumenische Zusammenarbeit auf regionaler, nationaler und örtlicher Ebene" ausdrücklich erwähnt. In einem eigenen Abschnitt zum Stichwort „SODEPAX-Gruppen" heißt es:

> „SODEPAX, die internationale Organisation der Katholischen Kirche und des Ökumenisches Rates für Gesellschaft, Entwicklung und Friede, hat mehrere Initiativen auf der Ortsebene entwickelt, die unter der Leitung von örtlichen ökumenischen Organismen stehen. Da die Zusammenarbeit auf dem Gebiet der Entwicklung ein bedeutender Aspekt der örtlichen ökumenischen Beziehungen ist, haben die von SODEPAX auf internationaler Ebene ausgehenden Impulse zur Entstehung von örtlichen Gruppen geführt, die sich die Förderung der Bildung in den Fragen der Gerechtigkeit und des Friedens zum Ziel gesetzt haben. Einige von ihnen haben den Namen SODEPAX übernommen, arbeiten aber autonom und im Rahmen ihrer eigenen Situation" (Sekretariat für die Einheit der Christen 1976, S. 103).

4.2   Die Vorgeschichte von SODEPAX

Ursprünglich lautete der Auftrag der GA, Möglichkeiten der
Zusammenarbeit zwischen Rom und Genf auszuloten. Nachdem
die Gruppe in ihrem Zweiten Offiziellen Bericht im Vorfeld der 4.
Vollversammlung des ÖRK in Uppsala (1968) eine Mitgliedschaft
der katholischen Kirche zum damaligen Zeitpunkt als verfrüht
bezeichnet und zugleich empfohlen hatte, die bestehende Form
der beiderseitigen Beziehungen zu überdenken, stand nun eine
Verlängerung und Veränderung ihres Mandats an. Ihre im ersten offiziellen Bericht enthaltene Empfehlung, eine theologische
Kommission des Sekretariats für die Einheit der Christen (Vatikan) und der Kommission für Glauben und Kirchenverfassung
(ÖRK) einzurichten, wurde rasch umgesetzt. Die GA nennt als
weiteres Feld für „Studium und Zusammenarbeit" den Bereich
„Kirche und Gesellschaft (vgl. Meyer 1983, S. 590) sowie den Bereich „internationale Politik": „Es wäre von höchstem Wert für die
in internationalen Angelegenheiten engagierten Christen, wenn
sie auf diesem Gebiet zu gemeinsamen Überzeugungen über die
Grundlagen des Handelns gelangen könnten" (Meyer 1983, S. 591).
Der zweite Bericht der GA hebt dieses Erfordernis noch einmal mit
großem Nachdruck hervor: „Zweifellos haben die Christen eine
Verantwortung für die Förderung von Gerechtigkeit und Frieden
zwischen den Völkern und Staaten. Gemeinsames Handeln kann
diese Bemühungen oft überzeugender und wirksamer gestalten"
(Meyer 1983, S. 602). Im Abschnitt über das „gemeinsame Zeugnis
der Kirchen" schärfen die Autorinnen und Autoren allerdings
auch einen Sachverhalt ein, der in aller Zusammenarbeit nie aus
den Augen verloren werden darf und künftig immer wieder zur
Geltung gebracht werden wird: „Trennung ist ein Hindernis für die
wirksame Verkündigung des Evangeliums" (Meyer 1983, S. 601).
Doch der Bericht notiert zugleich, dass gerade beim Einsatz für

den Frieden die Unterschiede im Selbstverständnis sich störend
bemerkbar machen:

> „Wo der Friede unmittelbar gefährdet ist, müssen die Kirchen
> sprechen. Sowohl die Römisch-Katholische Kirche als auch der ÖRK
> erkennen die Wichtigkeit dieser Aufgabe. Die Zusammenarbeit auf
> diesem Gebiet ist noch recht begrenzt. Die beiden Seiten haben
> ein unterschiedliches Verständnis dieser Aufgabe: die Formen für
> gemeinsames oder paralleles Handeln der Kirchen auf weltweiter
> Ebene müssen erst noch gefunden werden. Aber die Aufgabe ist
> von solcher Wichtigkeit, daß das gemeinsame Zeugnis gerade hier
> nicht weiter hinausgeschoben werden darf" (Meyer 1983, S. 605).

Die praktische Aufgabe stellte sich folglich so dar: Es kam darauf an, in der Spannung zwischen einer Gemeinschaft und der
immer noch bestehenden Spaltung Strukturen zu schaffen, die
beiden Aspekten dieser Situation gerecht wurden. Die GA war
ein erster bedeutsamer Schritt in diese Richtung und sie wurde
sofort nach ihrer Gründung aktiv, um den Prozess der strukturellen Verzahnung der Kirchen durch konstruktive Vorschläge
voranzutreiben. Ihr kam eine Reihe von Ereignissen zugute, die
sich in den 1960er-Jahren zutrugen, besonders die bahnbrechen-
de ÖRK-Konferenz für Kirche und Gesellschaft in Genf (1966),
die Einrichtung des Päpstlichen Rates für Justitia et Pax (1967)
sowie die päpstliche Enzyklika „Populorum progressio" (1967).
Aus dieser Entwicklung erwuchs während des Treffens der GA
1967 der Impuls, im folgenden Jahr in Beirut eine von Justitia et
Pax und ÖRK organisierte Konferenz über Entwicklungsfragen
zu veranstalten. Die Botschaft der Beiruter Konferenz endet mit
einer erfolgreichen Anregung:

> „Als ein Mittel für den Zweck, die Christen zur vollen Beteiligung an
> dieser dringenden Aufgabe zu gewinnen, empfiehlt die Konferenz,
> den ökumenischen Ausschuß für Gesellschaft, Entwicklung und

Frieden zu einer ständigen Einrichtung und zu einem wirksamen
Instrument christlicher Erziehung und christlichen Handelns zu
machen" (Krüger 1970, S. 385).

4.3   Das allmähliche Ende von SODEPAX

In der Tat, ein „Ergebnis der Beirutkonferenz war der gemeinsame
Ausschuß SODEPAX des ÖRK und der Päpstlichen Studienkom-
mission Justitia et Pax" (Meeking 1983, Sp. 434). Aber gerade
diese Zwischenstellung stellte sich mehr und mehr als Problem
heraus. Die Entwicklung wurde im dritten offiziellen Bericht des
GA skizziert (vgl. Krüger 1975a, S. 147f.). Die Arbeit von SODE-
PAX wurde zunächst auf drei Jahre projektiert, der Stab in Genf
personell aufgestockt durch einen beigeordneten Sekretär (Roy
Gilbert Neehall) sowie drei Referenten, der Ausschuss selbst um-
fasste von nun an sechzig Sachverständige und Kirchenvertreter.
Er organisierte in der Folgezeit eine Reihe von Konsultationen
und Studienseminaren, besonders aber regte er die Entstehung
zahlreicher SODEPAX-Gruppen in Afrika und Asien an. Dennoch
galt der Ausschuss unverändert als „Experiment", dessen Ertrag
kritisch überprüft werden sollte. Im Mai 1970 stand diese Bilanz
auf der Tagesordnung der Jahresversammlung von SODEPAX,
man gelangte zwar überwiegend zu der Auffassung, das Ziel der
Einrichtung sei eigentlich erreicht und die Zeit gekommen, eine
umfassendere Struktur zu etablieren. Trotzdem wurde den Trägerinstitutionen empfohlen, das Mandat um weitere drei Jahre zu
verlängern (vgl. dazu insgesamt das SODEPAX-Kapitel im dritten
GA-Bericht von 1971, Meyer 1983, S. 622f.). Lukas Vischer hat in
seinem Bericht vor dem Zentralausschuss des ÖRK in Utrecht
ausführlicher über die Einzelheiten der Debatte zwischen Rom
und dem ÖRK und ihren Hintergrund berichtet:

„Die Diskussion über die Zukunft von SODEPAX bereitete größere
Schwierigkeiten, und es bedurfte einiger Zeit, bis eine Lösung
gefunden wurde, die beide Seiten zufriedenstellte. Das Problem
war offensichtlich. Soll SODEPAX selbst die Initiative und die
Verantwortung für sein Programm tragen? Oder soll seine Aufgabe in erster Linie darin bestehen, die Verbindung zwischen
den zuständigen Stellen in der römisch-katholischen Kirche und
dem Ökumenischen Rat herzustellen? Die Entscheidung ging
schließlich in Richtung der zweiten Formel. SODEPAX soll nicht
zu einer selbständigen Größe zwischen der römisch-katholischen
Kirche und dem Ökumenischen Rat mit eigenem Programm und
eigenen Strukturen werden. Es soll vielmehr darin wirken, daß
die römisch-katholische Kirche und der Ökumenische Rat der
Kirchen in möglichst großem Umfang direkt zusammenarbeiten"
(Krüger 1975a, S. 151).

Man beschloss daher, die Stäbe in Rom (bei Justitia et Pax) und
Genf (bei der Kommission für Entwicklungsfragen) zu verstärken,
SODEPAX dagegen personell und strukturell herunterzustufen.
   Diese Entscheidung veranlasste Lukas Vischer vom ÖRK in
einem Kommentar zu unverhohlener Skepsis bezüglich ihrer Konsequenzen. Die gefundene Lösung, so fuhr er in seinem Bericht
fort, könne sich „in mancher Hinsicht als wirksamer erweisen. Sie
trägt allerdings auch das Risiko einer gewissen Schwerfälligkeit
in sich, und wenn sie die Zusammenarbeit wirklich vertiefen soll,
wird darum viel von der Bereitschaft und der Ausdauer aller Beteiligten abhängen" (Krüger 1975a, S. 151). Im vierten Bericht der
GA aus dem Jahr 1975 wird kurz umrissen, was der verkleinerte
Arbeitsstab leisten sollte:

„Es herrscht Übereinstimmung, daß der Hauptauftrag der Kommission für Gesellschaft, Entwicklung, Frieden in Erziehung und
Motivierung der Christen in diesen Bereichen besteht; sie soll
ebenfalls die Aufmerksamkeit der Trägerinstitutionen auf wichtige
Aspekte der gemeinsamen Forschung lenken und Schritte vor-

schlagen, die entweder getrennt oder zusammen oder auch durch SODEPAX unternommen werden sollen" (Meyer 1983, S. 672).

Die Arbeit des Ausschusses wurde damit thematisch eng begrenzt und entpolitisiert und durch eine Berichtspflicht sowohl gegenüber den Trägerinstitutionen als auch gegenüber der GA stärker kontrolliert. Als nächstes Projekt wurde eine Studie über „Christliche Gemeinschaft und die Suche nach einer neuen Weltordnung" mit einer abschließenden internationalen Konferenz in Auftrag gegeben. Die Trägerinstitutionen sicherten ihrerseits zu, „die notwendigen finanziellen Mittel für das Verwaltungs- und Programmbudget von SODEPAX zu beschaffen" (Meyer 1983, S. 673). Das ermöglichte die Weiterarbeit für weitere sechs Jahre, doch die eingezogenen Schranken waren unübersehbar und spürbar. Immer deutlicher zeichnete sich ab, dass der Ausschuss sich auf abschüssiger Bahn befand.

Am 31. Dezember 1980 endete SODEPAX offiziell, obgleich der Ausschuss „sich in kompetenten und aktuellen wissenschaftlichen Beiträgen zum Entwicklungskonflikt über Jahre zu Wort meldete" (Dejung 2015, S. 244). Die Verdienste der Kommission wurden gewürdigt und betont, dass sie vor allem örtlichen Initiativen Studien- und Informationsmaterialien für gemeinsames Engagement zur Verfügung gestellt habe. Dann wird erläutert, weshalb SODEPAX trotzdem aufgelöst wurde:

„Als gemeinsames Unternehmen sah sich SODEPAX jedoch ständig Problemen im Blick auf seine eigene Struktur und Funktion wie auch die Grenzen der gesamten Beziehung zwischen der Römisch-katholischen Kirche und dem ÖRK gegenüber. Und das machte seine Wirksamkeit zeitweilig unangemessen schwierig. […] Daher wurde 1980 beschlossen, SODEPAX nicht weiterzuführen" (Meyer 1992, S. 689).

5   Der konziliare Prozess für Gerechtigkeit, Frieden und Bewahrung der Schöpfung als Exempel für die anhaltende Virulenz der ekklesiologischen Problematik

5.1   Evangelikale Kritik am Kirchenverständnis des konziliaren Prozesses

„Eine eigentliche Geschichte von SODEPAX bleibt noch zu schreiben", urteilte ihr zeitweiliger Generalsekretär John Lucal SJ (Lucal 1983, Sp.1098). Das trifft zu. Dennoch hat Karl-Heinz Dejung für die Auflösung von SODEPAX die „Kontrollmechanismen einer hierarchisch kontrollierten Weltkirche" verantwortlich gemacht (Dejung 2015, S. 244) und überdies behauptet, die Tatsache, dass es nicht gelang, „die römisch-katholische Kirche ins Boot eines weltweiten ‚Konziliaren Prozesses' zu holen und zur offiziellen Mitarbeit an der Weltversammlung von Seoul (1990) zu gewinnen, hat auch etwas mit dem früheren Scheitern von SODEPAX zu tun" (Dejung 2015, S. 245).

Im Lichte der verlautbarten Gründe für das Ende von SODEPAX greift die erste dieser beiden Thesen mindestens zu kurz, die zweite aber ist mit Sicherheit falsch. Denn die hierarchische Struktur der römisch-katholischen Kirche hat sie ja nicht daran gehindert, den konziliaren Prozess unterhalb der Weltebene vollverantwortlich mitzutragen, wie etwa im Fall der drei Europäischen Ökumenischen Versammlungen oder der Ökumenischen Versammlungen in der DDR und der BRD. Die Bedenken des Vatikans waren eindeutig ekklesiologischer Natur und er stand damit keineswegs allein.

Die Entstehung und den Verlauf des konziliaren Prozesses im Einzelnen nachzuerzählen, ist für das Thema dieser Untersuchung nicht nötig und würde eine eigene Monographie erfordern. Hier genügen einige Hinweise. Den Auftakt der weltweiten, aber auf

Europa konzentrierten Bewegung, die unter dem Begriff des konziliaren Prozesses bekannt und einflussreich wurde, bildete ein Aufruf der DDR-Delegation bei der 6. Vollversammlung des ÖRK in Vancouver (1986), in dem auf Bonhoeffers Predigt auf Fanö (1934) Bezug genommen wurde. Er sprach dort unzweifelhaft von einem „Konzil des Friedens", doch was er damit genau gemeint hatte, wurde bald zu einem Streitpunkt im konziliaren Prozess. Das war keineswegs vorherzusehen, da die Vollversammlung den Rekurs auf Bonhoeffer zunächst gar nicht beachtete und aufnahm. Breitenwirksamkeit erlangte die Forderung eines Friedenskonzils erst durch Carl Friedrich von Weizsäckers Votum beim Evangelischen Kirchentag in Düsseldorf im Jahr 1985. Die prominente Rolle, die das Stichwort Konzil auf diese Weise erhielt, provozierte direkt gravierende Einwände von Seiten der orthodoxen und der römisch-katholischen Kirche, stieß aber noch mehr auf Widerstand durch eine geschlossene Front bibeltreuer Christen, der in der kirchlichen Öffentlichkeit weitgehend ignoriert wurde. Um deren Kritik in ihrer Grundsätzlichkeit, Schärfe und ekklesiologischen Spitze vor Augen zu führen, soll aus einer Stellungnahme ausführlich zitiert werden:

> „Ein Konzil ist eine auf höchster Ebene einberufene Versammlung von ranghohen kirchlichen Delegierten, die aufgrund eines rechtlichen Mandats dazu autorisiert sind, ihre Kirchen zu vertreten und in deren Namen verbindliche Beschlüsse zu fassen. Der ,konziliare Prozeß' – wie er sich bisher dargestellt hat und sich auch ganz bewußt versteht – ist dagegen eine Bewegung, die sich gleichzeitig auf allen Ebenen der kirchlichen Struktur vollzieht. Gewiß trachtet man danach, die Kirchen auf ihren rechtlichen Entscheidungsebenen zu gewinnen, das heißt durch ihre Amtsträger und kollegialen bzw. synodalen Gremien. Aber ebenso großen Wert legt man darauf, eine Basisbewegung unter den Laien zu sein; deswegen regt man spontane örtliche Initiativen an. [...] Durch eine Vernetzung dieser lokalen Aktivitäten und ihrer Trägergruppen entsteht eine andere

Form von ökumenischer Bewegung, eine ‚Ökumene von unten‘,
die in elitärem Bewußtsein den Anspruch erhebt, in Wahrheit
die heutige Bekennende Kirche zu sein. Durch Koordination und
Vernetzung etabliert sie de facto eine neue Hierarchie, die ihre Autorität zunächst an den offiziellen Leitungsorganen vorbei ausübt,
schließlich durch moralischen Druck auch auf diese selbst und
durch sie wiederum auf die Gemeinden" (Beyerhaus 1990, S. 19f.).

Das waren im Prinzip keine neuen Vorhaltungen, sondern eine
ausführlichere Variante jener Vorwürfe, die bereits beim „Internationalen Kongreß für Weltevangelisation" (1974) in der so genannten
Lausanner Verpflichtung gegen die ökumenische Bewegung und
den ÖRK erhoben worden waren. Sie proklamierte, der Weltkir-
chenrat befinde sich „an einem schicksalhaften Wendepunkt", unter
anderem, weil er immer stärker „Einheitlichkeit der Organisation
[…] mit dem Ziel der Aktionsgemeinschaft" anstrebe. Dagegen
wurde bekräftigt:

„Äußere Kircheneinheit und -einigung sind dem Herrn nur dann
wohlgefällig, wenn sie Ausdruck geistlicher Gemeinschaft in
Christus ist. Zeichen solcher Einheit ist die Übereinstimmung in
der Lehre des Evangeliums, der rechten Verwaltung von Taufe und
Abendmahl gemäß dem Willen ihres Stifters und die Bewahrung
biblisch-apostolischer Ordnungen. Wo dies mißachtet wird, entsteht eine Schein- und Zwangseinheit, die das christliche Gewissen
vergewaltigt. Ihr zu widersprechen ist den Jüngern Jesu nicht nur
erlaubt, sondern sogar aufgetragen" (Krüger 1975b, S. 139).

5.2   Formen der römisch-katholischen Teilnahme am konziliaren Prozess

Diese Polemik, die an Verschwörungstheorien erinnerte, signali-
sierte dennoch ein ernstes und vor allem altbekanntes Problem:
Handelt es sich beim gemeinsamen Einsatz der Kirchen für Ge-

rechtigkeit, Frieden und Bewahrung der Schöpfung um mehr als eine äußere Organisationseinheit? Haben die ökumenischen Strukturen, die er hervorbrachte, etwas mit der Einheit der Kirche zu tun? Der konziliare Prozess wirft demnach die schon bei den Weltversammlungen von Stockholm und Edinburgh laut gewordenen Fragen auf, und diese Kontinuität beweist, dass nicht die hierarchische Struktur der römisch-katholischen Kirche allein der Grund für die Schwierigkeiten der praktischen Zusammenarbeit sein konnte, wie das Dejung erklärt hatte. Die getrennten Kirchen können nicht durch ihre gemeinsame Friedensarbeit zu einer Kirche des Friedens zusammenwachsen, solange keine Verständigung darüber erzielt ist, was eine Kirche zur Kirche macht.

Der Vatikan verfolgte in dieser Hinsicht einen Kurs, der auf den ersten Blick widersprüchlich anmutete. Während die römisch-katholische Kirche auf regionaler, nationaler und örtlicher Ebene bei einer ganzen Serie von ökumenischen Versammlungen, die wohl als historisch bezeichnet werden dürfen, als vollverantwortliche Mitträgerin auftrat – so bei den drei Europäischen Versammlungen Basel, Graz und Sibiu, sowie den Ökumenischen Versammlungen in der DDR (Dresden/Magdeburg/Dresden) und der BRD (Königstein/Stuttgart) –, vermied sie es, gemeinsam mit dem ÖRK zur Weltversammlung der Christen in Seoul (1990) einzuladen. Hinter dieser scheinbaren Widersprüchlichkeit verbarg sich jedoch ein in sich stimmiger Standpunkt, der sich konsequent aus ihrem Selbstverständnis ergab. Die einzelnen Entscheidungen waren dennoch nicht von vornherein klar, sondern erfolgten mit Rücksicht auf die Entwicklungen im konziliaren Prozess auf der Grundlage einer innerkatholischen Klärung.

Einmal mehr war es die GA, die den Anstoß für eine offizielle Befassung mit dem konziliaren Prozess gab. 1985, also zwei Jahre nach der Initiative der Vollversammlung des ÖRK, bat sie den Päpstlichen Rat für die Einheit der Christen, die Möglichkeiten zu prüfen, sich an dem Unternehmen zu beteiligen. Im Januar 1987 fragte der Zentralausschuss des ÖRK in Rom offiziell an, ob die römisch-katholische Kirche bereit sei, gemeinsam mit einigen anderen christlichen Organisationen zur Teilnahme an der Weltversammlung in Seoul einzuladen. Ende des Jahres teilte Kardinal Willebrands Emilio Castro, dem Generalsekretär des ÖRK, mit, dazu sehe sich der Vatikan unter anderem wegen der „unterschiedlichen Natur der beiden Körperschaften" nicht in der Lage. Vorausgegangen war ein Brief an den Zentralausschuss mit einer Liste unterschiedlicher Fragen, darunter der Frage nach der ekklesialen Bedeutung des Bundesbegriffs und der für Seoul geplanten Bundesschlüsse. Die Antworten aus Genf fielen aus römischer Sicht einigermaßen vage und unbefriedigend aus. Das erklärt vielleicht nicht ganz den abschlägigen Bescheid, hat ihn aber ganz sicher beeinflusst. Jedenfalls sicherte Willebrands dem Generalsekretär zu, die römisch-katholische Kirche werde trotz der vorhandenen Schwierigkeiten an dem Vorhaben mitarbeiten, „da Gerechtigkeit, Frieden und Bewahrung der Schöpfung Themen seien, die alle Christen (!) angingen" (Meyer 1992, S. 716, Hervorh. d. Verf.).

Man stellte einen Mitarbeiter für das JPIC-Referat in Genf ab, schickte Teilnehmer zu den verschiedenen Vorbereitungstreffen und schließlich fünf offizielle Vertreter in die Genfer Vorbereitungsgruppe. Doch als der Generalsekretär des ÖRK Rom einlud, fünfzig Delegierte zur Weltversammlung zu entsenden, antworteten Kardinal Willebrands für den Einheitsrat und Kardinal Etchegaray für den Päpstlichen Rat für Frieden und Gerechtigkeit, es würden zwanzig Experten als *Beobachter* nach Seoul kommen. Zusätzlich beteilige sich Rom an den Kosten für die Versammlung.

5.3 Konziliarität in römisch-katholischer Sicht

Die unterschiedlichen Formen römisch-katholischer Teilnahme am konziliaren Prozess gründen in einem bestimmten Verständnis des Prinzips der Konziliarität als einem wesentlichen Element kirchlichen Lebens. Dem von der GA angeregten, von einer theologischen Kommission vorgelegten und 1972 angenommenen „Studiendokument über Katholizität und Apostolizität" sind einige „Exkurse" beigefügt, von denen einer Erwägungen zu einem möglichen Arbeitsprojekt zum Thema „Konziliarität und Primat" (Exkurs V) beinhaltet. Mit Blick auf das Neue Testament und die Geschichte der Kirche(n) werden dabei wichtige Feststellungen getroffen:

> „Die Kirche ist eine lokale, zugleich aber auch universale Gemeinschaft. Sie muß als solche auch in Erscheinung treten. Sie bewährt ihre Katholizität zunächst, indem sie im Hören des Wortes und der Feier der Eucharistie immer wieder konkrete Gemeinschaft an jedem Orte bildet. Sie bewährt sie aber zugleich, indem sie sich als ein Volk an allen Orten weiß, als solches die Wahrheit des Evangeliums erfaßt und verkündigt und immer wieder die Gegensätze überwindet, die sie zu trennen drohen. […] Konziliarität ist hier verstanden als der Ausdruck der Gemeinschaft, in der die verschiedenen lokalen Kirchen verbunden sind" (Meyer 1983, S. 654).

Konziliare Versammlungen sind demnach aus römisch-katholischer Sicht nicht einfach Versammlungen der Christen an einem Ort oder einer Region, sondern die Versammlung von Mitgliedern von Gemeinden, die kraft der Wortverkündigung und der Eucharistie Kirchen sind. Dieser einschränkende Vorbehalt betrifft auch feste ökumenische Strukturen wie vor allem Christen- oder Kirchenräte. In ihnen verwirklicht sich eine geschwisterliche Gemeinschaft, die nicht nur auf gefühlsmäßigen Verbindungen oder auf gemeinsamen Vorhaben aufbaut, sondern zumindest auf dem

gemeinsamen Glauben an Christus als den Herrn und Erlöser und
der gemeinsamen Hochschätzung der Heiligen Schrift.

5.4 Hierarchische Struktur und Friedensaufgabe der römisch-katholischen Kirche

Die Autoritäten der römisch-katholischen Kirche haben nie einen
Hehl aus den Grenzen gemacht, die aus ihrem Selbstverständnis
für die Art des ökumenischen Miteinanders resultieren. In der
ersten Enzyklika „Ecclesiam Suam" nach seinem Amtsantritt und
während der zweiten Sitzungsperiode des Vatikanums II (August
1964) hat Papst Paul VI. das Modell der „konzentrischen Kreise"
dargelegt, das nach seiner Ansicht den dialogischen Beziehungen
der römisch-katholischen Kirche zugrunde liegt. Das gemeinsame
Anliegen, dem Frieden in der Welt zu dienen, ändert nichts an
ihrem Selbstverständnis und ihrer hierarchischen Struktur. Mit
bewegenden Worten schildert der Papst, wie intensiv er es als seine
persönliche und amtliche Pflicht empfindet, dem Frieden der Welt
und dem Frieden zwischen den Konfessionen zu dienen:

> „Was das große und umfassende Problem des Friedens in der Welt
> angeht, so möchten Wir hier dazu bemerken, daß Wir uns nicht
> nur verpflichtet fühlen, es wachsam und aufmerksam zu verfolgen,
> sondern ihm auch Unsere ständige und wirksame Sorge zuzuwen-
> den. Dieses Bemühen wird durch unser Amt begrenzt. Es wird sich
> deshalb nie auf ausschließlich zeitliche Belange richten oder sich
> in eigentlich politischen Formen äußern. Es geht Uns vielmehr
> darum, mitzuhelfen, die Menschen zu einer Art des Fühlens und
> Handelns anzuleiten, das jeden gewaltsamen und kriegerischen
> Konflikt ablehnt, und sie für jede rechtlich mögliche und fried-
> fertige Regelung internationaler Beziehungen bereitzumachen"
> (Paul VI. 1964, Nr. 15).

Weder die Lehrverkündigung über die Grundlagen des Friedens noch diplomatische Friedensaktivitäten vermögen aus der Sicht des Papstes etwas an der hierarchischen Struktur der Kirche und der Stellung des päpstlichen Amtes in dieser Struktur zu ändern. Auch der ökumenische Dialog und das Bemühen um die Einheit der Kirche lassen beides unberührt, wie Paul VI. eindringlich hervorhebt:

> „Gerne machen wir Uns den Grundsatz zu eigen: Stellen wir zunächst das heraus, was uns gemeinsam ist, bevor wir auf das eingehen, was uns trennt. […] Wir gehen noch weiter: Wir sind bereit, viele Meinungsverschiedenheiten, die Tradition, Frömmigkeitsformen, Kirchenrecht, Gottesdienst betreffen, einem eingehenden Studium zu unterwerfen, um den berechtigten Wünschen der noch immer von uns getrennten christlichen Brüder entgegenzukommen" (Paul VI. 1964, Nr. 101).

Doch gerade jetzt, im Rahmen ihres Einsatzes für die Einheit der Kirche, werde die römisch-katholische Kirche nicht nachlassen, darauf hinzuweisen, dass sich ihre besonderen Ansprüche aus dem Willen Christi herleiten und deshalb, „richtig verstanden, eine Wohltat für alle sind" (Paul VI. 1964, Nr. 101).

Es bestätigt sich, dass die römisch-katholische Kirche sich unwiderruflich in der ökumenischen Pflicht weiß, aber keine Abstriche von ihren dogmatischen Überzeugungen akzeptieren zu können meint. Kirche des Friedens werden, das bedeutet nach römisch-katholischer Auffassung für die Kirche selbst, auf dem Weg innerer Reform und ökumenischer Verständigung wirklich das zu werden, was sie schon ist, nämlich Kirche Jesu Christi. Es geht um ihre Heiligung und Vervollkommnung, nicht um eine substantielle Neuerung. Was folgt aus dieser Position, wenn die römisch-katholische Kirche in einen Dialog eintritt mit jenen Kirchen, die sich selbst ausdrücklich „Friedenskirchen" nennen? Zumindest dies:

Es ist, wie die Mennonitin Marlis E. Miller zutreffend festgestellt hat, mitnichten klar, sondern höchst klärungsbedürftig, was genau der Satz beinhaltet, die Kirche solle eine Kirche des Friedens sein (vgl. Miller 1981, S. 17).

6 Kirche als Friedenskirche im Dialog zwischen „Friedenskirchen"

6.1 Übereinstimmung: Kirche als Friedenskirche

In der kaum noch überschaubaren Mannigfaltigkeit von ökumenischen Dialogen darf das Gespräch zwischen dem Mennonitischen Weltbund und dem römischen Sekretariat für die Einheit der Christen gewiss als ein außergewöhnliches Ereignis gewürdigt werden. Es war die erste Begegnung dieser Art seit dem 16. Jahrhundert und sie dauerte fünf Jahre, von 1998 bis 2003. Die Dialoggruppe traf sich fünf Mal und legte am Ende einen umfänglichen Bericht vor, in dem, wie meist bei solchen Gesprächen, „Konvergenzen und Divergenzen" dargelegt werden. Eigentümlich ist dem Dokument ein langer historischer Teil zu Beginn sowie ein abschließender Teil unter der Überschrift „Auf dem Weg zur Heilung der Erinnerungen", der den Faden des geschichtlichen Rückblicks wieder aufnimmt.

Wie bei solchen ökumenischen Gesprächen üblich, richtete sich die Aufmerksamkeit stärker auf die Gemeinsamkeiten zwischen den Herkunftskirchen, ohne die Unterschiede völlig auszublenden. In diesem Sinne wird als eine der fundamentalen Übereinstimmungen hinsichtlich des Verhältnisses von Frieden und Ekklesiologie folgendes festgestellt:

> „Die Kirche ist berufen, eine Friedenskirche zu sein, eine Frieden stiftende Kirche zu sein. Davon sind wir gemeinsam überzeugt. Alle

Formen von Hass und Gewalt zwischen Religionen und Völkern sind mit dem Evangelium unvereinbar, und die Kirche hat einen speziellen Auftrag bei der Überwindung ethnischer und religiöser Meinungsverschiedenheiten und beim Aufbau eines internationalen Friedens" (Oeldemann 2012, S. 744).

Diese einvernehmliche Feststellung richtet sich gegen jede Tendenz, das Friedenszeugnis der Kirche gegenüber ihrer „eigentlichen" Sendung als bloß randständig herabzusetzen. Gehört also das Friedenszeugnis wesentlich zur Kirche in Erfüllung ihrer Sendung, so entfällt nach mennonitischem Verständnis jeder Unterschied zwischen Kirche und Friedenskirche: „Eine Friedenskirche ist nichts anderes als die Kirche, der Leib Christi. Jede Kirche ist berufen, eine Friedenskirche zu sein" (Oeldemann 2012, S. 741).

6.2 Römisch-katholische Selbstdeutung als Friedenskirche

Konvergenzen herauszuarbeiten deckt sich nicht damit, Übereinstimmung zu entdecken. Gleich in der ersten Anmerkung des Berichts wird kurz und bündig festgestellt: „Mennoniten und Katholiken haben kein gemeinsames Kirchenverständnis" (Oeldemann 2012, S. 681). Trotzdem scheint es zunächst, als steuerten die katholischen Mitglieder der Gruppe von ihrer Tradition her direkt auf einen gemeinsamen Punkt zu, indem sie mit dem Vatikanum II von der sozialen Vision der Kirche als Sakrament der Vereinigung von Gott und Mensch ausgehen und von da her „die Förderung der Einheit und entsprechend des Friedens als zum innersten Wesen der Kirche gehörend" begreifen (Oeldemann 2012, S. 735). Die daraus für alle Christen und Christinnen folgende Aufgabe ordnen sie ihrer gemeinsamen „Berufung zur Heiligkeit" zu, innerhalb derer die Haltung der Gewaltfreiheit sowohl als „eine christliche als auch eine menschliche Tugend" zum Tragen kommt. Sie sollte folglich „sowohl in der staatlichen Politik und durch staatliche Institutionen als auch im persönlichen und kirchlichen Handeln verwirklicht werden" (Oeldemann 2012, S. 737).

Die Frage ist nun, wie die römisch-katholische Kirche diese Tugend in ihrem Handeln konkretisiert. Dazu verweisen die katholischen Mitglieder der Gruppe zuerst auf das nach dem Vatikanum II entstandene „Netzwerk von nationalen und diözesanen Kommissionen für Gerechtigkeit und Frieden sowie den Päpstlichen Rat für Gerechtigkeit und Frieden" (Oeldemann 2012, S. 738), um dann fortzufahren:

> „Der Heilige Stuhl übt durch das Vatikanische Diplomatische Corps und andere spezielle Vertreter ‚eine Diplomatie des Gewissens' aus. Diese diplomatische Tätigkeit besteht darin, für Frieden, Menschenrechte, Entwicklung und humanitäre Angelegenheiten einzutreten. Sie trägt auch indirekt zur internationalen Friedensstiftung bei durch Initiativen katholischer Gruppen wie der Gemeinschaft des heiligen Ägidius und verschiedener Bischofskonferenzen. Vor allem leistet der Papst einen einzigartigen Dienst für den Frieden durch seine Lehre und seine Ansprachen, bei seinen Treffen mit hochrangigen Persönlichkeiten, durch seine Pilgerreisen in alle Welt und besondere Veranstaltungen wie das Friedensgebet von Assisi und das Heilige Jahr 2000" (Oeldemann 2012, S. 738).

Diese Aufzählung orientiert sich unverkennbar an der hierarchischen Struktur der römisch-katholischen Kirche, und dieser Aspekt muss stets mitgedacht werden, wenn es umfassender heißt:

> „In der Katholischen Kirche entstehen Friedensinitiativen in vielfacher Form: aus den Pfarreien, den geistlichen Gemeinschaften und den religiösen Bewegungen, den Kommissionen für Gerechtigkeit und Frieden oder für die Menschenrechte, von einzelnen Bischöfen und Bischofskonferenzen, vom Heiligen Vater und verschiedenen Dienststellen des Heiligen Stuhls" (Oeldemann 2012, S. 746).

Die Pointe dieser Beschreibung liegt auf der Hand: Nach Auffassung des katholischen Teils der Dialoggruppe ist es die ganze
römisch-katholische Kirche in all ihren Gliederungen, zu deren
Auftrag es gehört, sich für Frieden und Gerechtigkeit einzusetzen.
Aber es wäre falsch, diesen in erster Linie als ethische und politische Aufgabe zu deuten, ohne ihre Verankerung in der Liturgie zu
bedenken, die ihrerseits das Friedenszeugnis der Kirche innerlich
mit dem Leben Gottes selbst verbindet:

> „Ganz wie die Dreifaltigkeit in der Verschiedenheit der Personen
> eine ist, so ist auch die Kirche eine, obwohl es viele Glieder gibt.
> Für Katholiken kommt diese Einheit vor allem im Sakrament der
> Eucharistie zum Ausdruck (1 Kor 10, 17), wo die Erkenntnis der
> Einheit des Geistes durch das Band des Friedens verwirklicht wird"
> (Oeldemann 2012, S. 709).

Die Kirche bezeugt ihr Sein als Friedenskirche vor jedem politischen
Handeln, indem sie als eucharistische Gemeinschaft in der Kraft
des Heiligen Geistes im vergegenwärtigenden Gedenken an das
Versöhnungswerk Jesu Christi Gott lobt und dankt. Alles, was die
Kirche für den Frieden in der Welt tut und tun kann, leitet sich aus
diesem Selbstvollzug als Friedenskirche ab, und nur dann, wenn
und soweit das geschieht, handelt sie als Kirche, die etwas anderes
ist als eine politische Zweckorganisation.

Das vielleicht wichtigste Ergebnis des mehrjährigen Dialogs hat
eine mennonitische Teilnehmerin, die Pfarrerin Andrea Lange,
für sich selbst in der Erkenntnis ausgesprochen: „Wir können
miteinander beten, miteinander reden und miteinander etwas
tun, uns beispielsweise einsetzen in gemeinsamen Projekten der
Friedensarbeit" (Lange 2008, S. 7). Das mag banal klingen, aber in
Anbetracht einer Jahrhunderte während den, zeitweise heillosen und
leidvollen Konflikt- und Gewaltgeschichte, ist dieses Urteil alles
andere als selbstverständlich. Es unterschlägt aber auch nicht die

zahlreichen, manchmal unlösbar erscheinenden Kontroversen, die
nach wie vor existieren. Die Einigkeit in Bezug auf den Charakter
der Kirche als Friedenskirche bringt vor allem den ekklesiologischen
Dissens nicht zum Verschwinden, sie begründet aber – in lehramt-
licher Terminologie gesprochen – eine „brüderliche", besser: eine
geschwisterliche Gemeinschaft, die den Frieden Christi bezeugen
und für den Frieden in der Welt arbeiten kann.

7   Schlussüberlegungen:
Die Wirklichkeit der Ökumene
als Vorstufe kirchlicher Einheit

In ihrem freimütigen Bericht über ihre Stimmungslage als Mennonitin vor dem Dialog mit der vatikanischen Dialoggruppe hat
Andrea Lange erklärt, sie habe sich gefragt, „ob Gespräche auf
Augenhöhe, also von gleich zu gleich, möglich wären" und die
Befürchtung gehegt, die ökumenischen Beziehungen des Vatikans
seien „letztlich doch ein Versuch der Einladung zur Heimkehr
in die römisch-katholische Kirche" (Lange 2008, S. 13f.). Diese
Bedenken sind nachvollziehbar und so lange nicht ausgeräumt,
als von römischer Seite nicht präzise Auskunft darüber gegeben
wird, welche Form die Einheit von Gemeinschaften haben soll,
die sich wechselseitig als Erscheinungsformen der Kirche Jesu
Christi anerkennen. Allerdings verfügt auch die nicht-katholische
Ökumene über keine gemeinsam überzeugende Antwort auf diese
Schlüsselfrage. Allgemein wird die Notwendigkeit kirchlicher
Autorität zugestanden, doch jenseits dieser Übereinstimmung
gehen die Vorstellungen weit auseinander. Diese konfessionelle
Verschiedenheit betrifft auch die Autorität der Kirche in Bezug
auf die für ihren Weltdienst besonders bedeutsamen ethischen
Probleme. Im Anhang B des siebten Berichts der Gemeinsamen

Arbeitsgruppe wird diese Seite des Dialogs über „ethisch-moralische Fragen" in einem eigenen Abschnitt zu den verschiedenen
kirchlichen „Autoritätsstrukturen für ethisch-moralische Urteils-
bildung" wie immer sorgfältig beschrieben:

> „Alle Traditionen haben ihren eigenen Weg, um den Prozess ihrer
> ethisch-moralischen Urteilsbildung in Gang zu setzen, durchzu-
> führen und abzuschließen und anschließend entsprechend zu
> handeln. [...] In der Römisch-Katholischen Kirche sind die Bischöfe
> kraft der vom Heiligen Geist empfangenen Gabe und Lenkung in
> ihrem Aufsichtsamt (episkopé) die bevollmächtigten Hüter und
> Interpreten des ganzen Moralgesetzes, d. h. sowohl des Gebotes
> des Evangeliums als auch des Naturgesetzes" (Meyer 2003, S. 690f.).

Bis zu einem gewissen Grade beruht die nicht-katholische Ökumene auf dem Konsens, sich in dieser Hinsicht jeder Entscheidung
zu enthalten. Kein Sachverhalt illustriert das treffender als das
Selbstverständnis des Ökumenisches Rates der Kirchen in Genf,
wie es in seiner Verfassung niedergelegt ist. Dennoch hielt es der
Zentralausschuss für notwendig, in der so genannten Toron-
to-Erklärung durch „eine der umfassendsten Beschreibungen des
Wesens des Rates" (Visser't Hooft 1966, S. 198) zu klären, „was
der Ökumenische Rat ist und was er nicht ist" (Visser't Hooft
1966, S. 198). Die Warnungen mancher Redner in Stockholm vor
der römisch-katholischen Kirche im Ohr, wird es niemanden
überraschen, wenn gleich die erste Verneinung lautet: „Der Ökumenische Rat der Kirche ist keine ‚Über-Kirche' und darf niemals
eine werden". Erläuternd wird ergänzt: „Er ist keine Über-Kirche.
Er ist nicht die ‚Weltkirche'. Er ist nicht die Una Sancta, von der
in den Glaubensbekenntnissen die Rede ist" (ÖRK 1954, S. 129).
Diese entschiedene Abwehr einer offenbar gravierenden Fehlein-
schätzung hat eine einschneidende Konsequenz:

„Mitgliedschaft im Rat bedeutet aber auf keinen Fall, dass die
Kirchen einer Körperschaft angehören, die Entscheidungen für sie
fällen kann. Jede Kirche behält sich verfassungsmässig das Recht
vor, Äusserungen oder Handlungen des Rates zu ratifizieren oder
zu verwerfen. Die ‚Autorität‘ besteht nur ‚in dem Gewicht, das
er durch seine eigene Weisheit bei den Kirchen erhält‘ (William
Temple)" (ÖRK 1954, S. 129).

So gewiss die so eingeschärfte ekklesiologische Neutralität des
Ökumenischen Rates die Absicht verfolgt, anti-römische Befürch-
tungen zu beruhigen, so sicher beinhaltet sie keine dogmatische
Vorentscheidung, die das römisch-katholische Kirchenverständnis ausschließt. Die großen Überlebensfragen der Menschheit
verlangen von den Kirchen nicht nur gemeinsame, sondern auch
verbindliche Antworten. Diese Einsicht sollte als das bleibende Erbe
des konziliaren Prozesses anerkannt werden. Ob und inwieweit
das römisch-katholische Modell dem Erfordernis zeitgemäßer
Leitungs- und Entscheidungsstrukturen in der Ökumene gerecht
wird, kann hier dahingestellt bleiben. Aber es verdient insofern
Beachtung, als es einen Umstand ernstnimmt, den Willem Visser't
Hooft (1966, S. 201) einmal kurz und bündig so ausgedrückt hat:
„Die ökumenische Begegnung ist sinnlos und ohne Substanz,
wenn die Kirchen in der gleichen Weise wie säkulare Organisationen miteinander verkehren". Auf diesem Grundsatz beharrt die
römisch-katholische Kirche auch im ökumenischen Gespräch
darüber, wie die getrennten Kirchen zu Kirchen des Friedens
werden können.

Literatur

Beyerhaus, Peter. 1990. Christenheit im Sog des „konziliaren Prozesses. In *Der konziliare Prozess. Utopie und Realität. Eine Herausforderung an die bekennende Gemeinde*, hrsg. von Peter Beyerhaus und Lutz Padberg, 15–38. Aslar: Schulte & Gerth.

Bonhoeffer, Dietrich. 1978. *Ökumene. Briefe, Aufsätze, Dokumente 1928 bis 1942*. München: Kaiser.

Deißmann, Adolf. 1926. *Die Stockholmer Weltkirchenkonferenz. Vorgeschichte, Dienst und Arbeit der Weltkonferenz für Praktisches Christentum, 19.-30. August 1925. Amtlicher Deutscher Bericht*. Berlin: Furche.

Dejung, Karl-Heinz. 2015. *Ökumene leben. Predigten und Aufsätze*. Leipzig: Evangelische Verlagsanstalt.

Hodgson, Leonhard. 1940. *Das Glaubensgespräch der Kirchen. Die zweite Weltkonferenz für Glauben und Kirchenverfassung, abgehalten in Edinburg vom 3.-18. August 1937*. Zürich: Theologischer Verlag.

Kasper, Walter. 2012. *Wege zur Einheit der Christen. Schriften zur Ökumene I*. Freiburg i.Br.: Herder.

Koch, Kurt. 1991. *Gelähmte Ökumene. Was jetzt noch zu tun ist*. Freiburg i.Br.: Herder.

Koch, Kurt. 2006. *Dass alle eins seien. Ökumenische Perspektiven*. Augsburg: Sankt-Ulrich-Verlag.

Krüger, Hanfried. 1970. *Ökumenische Bewegung 1965–1968*. Stuttgart: Evangelischer Missionsverlag.

Krüger, Hanfried. 1975a. *Ökumenische Bewegung 1969–1972*. Stuttgart: Evangelischer Missionsverlag.

Krüger, Hanfried. 1975b. *Ökumenische Bewegung 1973–1974*. Korntal bei Stuttgart: Evangelischer Missionsverlag.

Lange, Andrea. 2008. Ökumenische Verständigung lohnt sich. Erfahrungen und Bewertung. In *Gemeinsam berufen Frieden zu stiften. Zum Dialog zwischen Katholiken und Mennoniten*, hrsg. von Fernando Enns und Hans-Jochen Jaschke, 13–19. Neufeld: Neufeld Verlag.

Lucal, John A. 1983. Sodepax. In *Ökumene-Lexikon. Kirchen – Religionen – Bewegungen*, hrsg. von Hanfried Krüger, Werner Löser und Walter Müller-Römheld, Sp. 1095–1098. Frankfurt a.M.: Lembeck.

Mayer, Annemarie C. 2015. Die vielen Seiten weltweiter Ökumene. Brücken zwischen Genf und Rom. In *Damit sie alle eins seien. Programmatik*

und Zukunft der Ökumene, hrsg. von Bernd Jochen Hilberath, 135–153.
Ostfildern: Matthias Grünewald Verlag.

Meeking, Basil. 1983. Gemeinsame Arbeitsgruppe zwischen römisch-ka-
tholischer Kirche und ÖRK. In *Ökumene-Lexikon. Kirchen – Religionen
– Bewegungen*, hrsg. von Hanfried Krüger, Werner Löser und Walter
Müller-Römheld, Sp. 431–438. Frankfurt a. M.: Lembeck.

Meyer, Harding, Hans J. Urban und Damaskinos Papandreou. 1983.
*Dokumente wachsender Übereinstimmung. Sämtliche Berichte und
Konsenstexte interkonfessioneller Gespräche auf Weltebene. Bd. I
1931–1982*. Paderborn: Bonifatius.

Meyer, Harding, Hans J. Urban und Damaskinos Papandreou. 1992.
*Dokumente wachsender Übereinstimmung. Sämtliche Berichte und
Konsenstexte interkonfessioneller Gespräche auf Weltebene. Bd. II
1982–1990*. Paderborn: Bonifatius.

Meyer, Harding, Hans J. Urban und Damaskinos Papandreou. 2003.
*Dokumente wachsender Übereinstimmung. Sämtliche Berichte und
Konsenstexte interkonfessioneller Gespräche auf Weltebene. Bd. III
1990–2001*. Paderborn: Bonifatius.

Miller, Marlis E. 1981. Die Gestalt der Friedenskirche – die Friedensgestalt
der Kirche. *Arnoldshainer Protokolle* 8 (1981): 13–38.

Oeldemann, Johannes, Friederike Nüssel und Uwe Swarat. 2012. *Dokumente wachsender Übereinstimmung. Sämtliche Berichte und Konsenstexte interkonfessioneller Gespräche auf Weltebene, Bd. IV 2001–2010*.
Paderborn: Bonifatius.

Ökumenischer Rat der Kirchen (ÖRK). 1954. *Die ersten sechs Jahre 1948–
1954. Tätigkeitsbericht des Zentralausschusses sowie der Abteilungen
und Sekretariate des Ökumenischen Rates der Kirchen*. Genf: ÖRK.

Paul VI. 1964. *Enzyklika Ecclesiam Suam. Über die Kirche, ihre Erneuerung
und ihre Sendung in der Welt*. Rom: Vatikan.

Sekretariat für die Einheit der Christen. 1976. *Die ökumenische Zusammenarbeit auf regionaler, nationaler und örtlicher Ebene*. Trier:
Paulinus-Verlag.

Visser't Hooft, Willem A. 1966. *Ökumenische Bilanz. Reden und Aufsätze
aus zwei Jahrzehnten*. Stuttgart: Evangelischer Missionsverlag.

Die Historischen Friedenskirchen
Ekklesiologische Aspekte
des gerechten Friedens

Fernando Enns

1   Einleitung

Die historischen Friedenskirchen haben seit ihren Anfängen in
der Täuferbewegung der Reformation im 16. Jahrhundert Gewaltfreiheit als ein Merkmal des christlichen Glaubens angenommen.
Dies hat nicht nur zu eigenen Ansätzen in der Friedensethik und in
ihrem Verständnis von Gerechtigkeit geführt, sondern ist zu einem
regulativen Prinzip ihrer Theologie und ihres Selbstverständnisses
(Ekklesiologie) geworden.

Im Folgenden soll zunächst konfessionskundlich gezeigt werden,
inwiefern diese, von den Mainstream-Traditionen abweichende
Position, jeweils in den geschichtlichen Ursprüngen dieser Friedenskirchen bereits vorhanden war. Erst im Laufe des 20. Jahrhunderts haben die Friedenskirchen ihre Einsichten und Erfahrungen
dann verstärkt in die internationale Ökumene eingetragen und so
die Diskussionen hin zu einem ökumenischen Verständnis des
gerechten Friedens entscheidend mit beeinflusst (Enns 2012). Soll
dieses Verständnis in seiner theologischen Begründung erfasst
werden, dann ist die Verankerung im trinitarischen Gottesbild zu

© Springer Fachmedien Wiesbaden GmbH, ein Teil von Springer Nature 2019
S. Jäger und F. Enns (Hrsg.), *Gerechter Frieden als
ekklesiologische Herausforderung*, Gerechter Frieden,
https://doi.org/10.1007/978-3-658-22910-8_7

erläutern. Auf diesem Gedankenweg erschließt sich schließlich die enge Verzahnung von Theologie und Ethik im Selbstverständnis der Friedenskirchen (Ekklesiologie). Die Zentralität der Gewaltfreiheit wird erst im Kontext eines Kirchenverständnisses plausibel, das von der Kirche auch als einer „ethischen Gemeinschaft" ausgeht, die sich selbst – *sola gratia* – als Teilhabende an der göttlichen Gemeinschaft begreift und darum glaubt, zu einem Leben in der Christuswirklichkeit (Nachfolge) befreit zu sein.

2   Historische Friedenskirchen

Aus der Sicht des christlichen Glaubens gilt einerseits das Tötungs-verbot (Ex 20,13) auch gegenüber „Feinden" (Mt 5,44), andererseits freilich ebenso das unbedingte Schutzgebot für die Nächsten, auch die Entferntesten (Mt 25,31–46). Die historischen Friedenskirchen tendieren – wenn auch in ihrer geschichtlichen Entwicklung nicht ungebrochen – zu folgender Haltung: Für Christinnen und Christen ist Gewaltanwendung als politische Handlungsoption kategorisch ausgeschlossen. Tödliche Gewalt kann niemals als Mittel zum Zweck gerechtfertigt werden, auch nicht zum Schutz anderen Lebens. Es steht nicht in der Entscheidung des Menschen – als Teil der Schöpfung sowie als Christinnen und Christen in der Nachfolge Jesu –, unter welchen Umständen anderes menschliches Leben mit Gewalt legitimerweise zu zerstören wäre.[1] Alle Energie und Kreativität zur Entwicklung von zivilen, gewaltfreien Kon-

---

1   Deshalb haben die Friedenskirchen auch keinen relevanten Unterschied in den Übersetzungen von „morden" und „töten" erkennen können, da sie – aus der Sicht des Evangeliums, wie es in der Bergpredigt Jesu (Mt 5–7) gerade in seiner Radikalisierung der Torah-Gebote zum Ausdruck kommt – weder zum Morden noch zum Töten eine moralische oder ethische Legitimierung erkennen konnten.

fliktlösungen, bei denen die Nächsten wie die Feinde gewaltfrei zu schützen sind, werden erst dann freigesetzt, wenn (vor allem militärische) Gewaltanwendung gar nicht erst in Betracht gezogen wird, auch nicht als Ultima Ratio. So wurde denn auch die klassische „Lehre vom gerechten Krieg", die suggeriert, es könnte einen gerechtfertigten und gerechten Krieg aus christlicher Perspektive geben, abgelehnt.[2] Oft genug wurde diese gewaltfreie Haltung von Christinnen und Christen mit der Hingabe des eigenen Lebens bezahlt, bei weitem nicht nur in den Friedenskirchen (Van Bright 1950 [1660]).

Während einer Konferenz in den USA 1935 suchten Vertreter der *Mennoniten,* der *Church of the Brethren* und der *Quäker* (Gesellschaft der Freunde) erstmals gemeinsam zu formulieren, was die „Principles of Christian Peace and Patriotism" seien. Auf der Grundlage dreier gemeinsamer Merkmale fühlten sie sich verbunden (Enns 2003):

1. Im diakonischen wie ökumenischen Handeln: Jede der Konfessionen engagiert sich weltweit in der Hilfe für Kriegsopfer und in der Förderung internationaler Verständigung.
2. Als wahrhaft „katholische" Kirchen: Jede der Konfessionen betont die Qualität der christlichen Gemeinschaft, die nationale Grenzen überschreitet.
3. In der Kriegsdienstverweigerung, notfalls im Leisten zivilen Ungehorsams als Ausdruck eines verantwortlichen politischen Handelns: Jede dieser Erfahrungen hat in ihrer Geschichte ge-

---

2   Ganz abgesehen von der Tatsache, dass diese Lehre, die ursprünglich zur Eindämmung und Einhegung von Kriegen erdacht war, in den gegebenen politischen Realitäten eben gerade diese Funktionen nicht erfüllt hat, weil sie niemals zur konsequenten Anwendung gelangte, indem man alle Kriterien – des *ius ad bellum* wie des *ius in bello* – ernsthaft in Erwägung gezogen hätte.

lehrt, dass Christen nicht dazu berufen sind, sich an Kriegen zu beteiligen, selbst wenn dies von ihren jeweiligen Regierungen verlangt wurde.

In der Verwendung des Begriffs „historische Friedenskirchen" als Selbstbezeichnung deutete sich gleichsam eine Distanzierung zu einem Pazifismusbegriff an, der starke Konnotationen einer liberalen Theologie trägt oder ganz dem säkularen Bereich zuzuordnen ist (Yoder 1992). Nach Wolfgang Lienemann sind historische Friedenskirchen jene Kirchen,

> „die in ihren Anfängen von den politisch verfassten Gesellschaften, in denen sie lebten, ausgegrenzt und verfolgt wurden, und die später ihrerseits überwiegend auf einer mehr oder weniger klaren Trennung von Kirche und Staat bestanden haben und deren Mitglieder bis heute die Wehrlosigkeit und Gewaltfreiheit als wichtige Merkmale der Nachfolge Christi verstehen und deshalb in der Regel den Militärdienst verweigern" (Lienemann 2000, S. 123f.).

Historische Friedenskirchen sind also evangelische Frei-Kirchen (unabhängig vom Staat und freiwillige Mitgliedschaft durch die Bekenntnis-Taufe), die Gewaltfreiheit als ein Merkmal ihrer christlichen Identität nennen. „Historisch", weil es sich hierbei um kirchliche Traditionen handelt, deren Wurzeln weit in die Kirchengeschichte zurückreichen und die sich selbst in direkter Traditionslinie zur urchristlichen Forderung des Gewaltverzichtes verorten.

2.1   Mennoniten

Mennoniten sehen ihren Ursprung in der Bewegung der Täufer des 16. Jahrhunderts. Je nach kulturellen und gesellschaftlichen Gegebenheiten konnte die konsequente Gewaltfreiheit einmal stärker in den Vordergrund treten, einmal nahezu ganz verschüttet sein. „Wehrlosigkeit" war zunächst nur von Teilen der Täuferbewegung zu einem festen Bestandteil der eigenen Glaubensinterpretationen erhoben worden, wie in den Artikeln des Schleitheimer Bekenntnisses von 1527 (Streubing 1985, S. 261ff.) festgehalten. Diese Artikel beschreiben unter anderem

- die *Glaubenstaufe* als Taufe von „Mündigen", die sich bewusst für den Weg der Nachfolge Christi entscheiden;
- die *Eidesverweigerung*, um nicht politische Bindungen einzugehen, die in Konkurrenz zum Christus-Bekenntnis geraten könnten sowie zum Zeichen der Wahrhaftigkeit in jeder Situation;
- den *Gewaltverzicht* und die *Weigerung der Übernahme politischer Ämter*, da diese notwendig zur Legitimierung von Gewaltanwendungen führten;
- einen strengen *Dualismus von Kirche und „Welt"*, der nach *Absonderung* derer verlangt, die der Nachfolge Christi oberste Priorität in ihrer Lebensführung einräumen wollten.

Bei der Interpretation dieser Aussagen ist zu beachten, dass der schweizerische Teil der Täuferbewegung zum Zeitpunkt der Abfassung der Artikel bereits unter starkem Verfolgungsdruck durch die staatlichen Autoritäten stand und das Treffen in Schleitheim unter Inkaufnahme höchster Risiken zustande kam.[3]

Hinsichtlich der Legitimität und der Aufgaben des Staates wird gesagt (6. Artikel):

---

3 Michael Sattler, ehemaliger Benediktiner-Prior, der als Verfasser der Artikel gilt, musste bald danach – gemeinsam mit seiner Frau Margaretha, einer ehemaligen Begine – das Martyrium erleiden.

„Das Schwert ist eine Gottesordnung außerhalb der Vollkommenheit Christi. Es straft und tötet den Bösen und schützt und schirmt den Guten [...]. Es zu gebrauchen, sind die weltlichen Obrigkeiten eingesetzt. In der Vollkommenheit Christi aber wird der Bann gebraucht allein zur Mahnung und Ausschließung dessen, der gesündigt hat, nicht durch Tötung des Fleisches, sondern allein durch die Mahnung und den Befehl, nicht mehr zu sündigen. Nun wird von vielen, die den Willen Christi uns gegenüber nicht erkennen, gefragt, ob auch ein Christ das Schwert gegen den Bösen zum Schutz und Schirm des Guten und um der Liebe willen führen könne und solle. Die Antwort ist einmütig folgendermaßen geoffenbart. Christus lehrt und befiehlt uns (Mt 11,29), daß wir von ihm lernen sollen; denn er sei milde und von Herzen demütig, und so würden wir Ruhe finden für unsere Seelen [...]. Drittens wird des Schwertes halber gefragt, ob der Christ Obrigkeit sein soll, wenn er dazu gewählt wird. Dem wird so geantwortet: Christus sollte zum König gemacht werden, ist aber geflohen und hat die Ordnung seines Vaters nicht berücksichtigt. So sollen wir es auch tun und ihm nachlaufen [...]. Denn er sagt selbst: ‚Wer mir nachfolgen will, der verleugne sich selbst und nehme sein Kreuz auf sich und folge mir nach' (Mt 16,24). [...] Weiter sagt Paulus: ‚Welche Gott zuvor ersehen hat, die hat er auch verordnet, daß sie gleichförmig sein sollen dem Ebenbild seines Sohnes' usw. (Röm 8,29). Auch sagt Petrus: ‚Christus hat gelitten, nicht geherrscht und hat uns ein Vorbild gelassen, daß ihr seinen Fußstapfen nachfolgen soll' (1Petr 2,21)" (Streubing 1985, S. 261ff., Hervorh. im Original).

Diese Forderungen der „radikalen Reformation" führten bald überall zu strengen Verfolgungen und Martyrien der Täuferinnen und Täufer durch staatliche Autoritäten, theologisch gerechtfertigt durch die mittelalterliche Kirche wie durch die anderen Reformatoren, etwa Martin Luther oder Philipp Melanchton (vgl. Lutherischer Weltbund und Mennonitische Weltkonferenz 2017). Und sie sind gleichsam auch ein Ergebnis eben dieser Verfolgungen! All ihre theologischen Aussagen in Bezug auf die Staatsordnung sollten in diesem Kontext bewertet werden, in dem der Staat wie auch die kirchlichen Autoritäten als Verfolger der „wahren Kirche" erlebt wurden, die die Glaubens- und Gewissensfreiheit verweigerten.

Diese sich allmählich durchsetzenden Inhalte (so auch bei dem ehemals katholischen Priester und niederländischen Täufer und Namensgeber Menno Simons, 1496–1561) führten die Mennoniten zunächst in eine von der Gesellschaft abgewandte Gemeindefrömmigkeit (die sogenannten „Stillen im Lande"). Die teils erzwungene, teils selbst gewählte politische Zurückgezogenheit (es gab immer auch Ausnahmen) brachte ihnen bald zumindest Duldung an bestimmten Orten ein. Die Erwachsenentaufe und die Kriegsdienstverweigerung, die sichtbarsten und öffentlichen Zeichen ihrer „wehrlosen" Haltung, wurden ihnen bald von einzelnen Regierungen als Privileg zugestanden oder boten den entscheidenden Grund zur Auswanderung (Jecker und Hoekema 2014). Im 19. Jahrhundert wurde die pazifistische Grundhaltung von Teilen der Mennoniten – vor allem in Europa – allerdings selbst aufgegeben, als Ergebnis allmählicher gesellschaftlicher Assimilation, Emanzipationsbestrebungen und vermehrter Übernahme politischer Ämter: „Der Wunsch, in den Genuss der allgemeinen Bürgerrechte zu kommen, kollidierte mit dem alten Täuferprinzip der Gewaltlosigkeit" (Goertz 1992, S. 452). In der Zeit des Nationalsozialismus ist eine unkritische Übernahme jener Interpretation von Römer 13,1 („Jedermann sei untertan der Obrigkeit, die Gewalt über ihn hat. Denn es ist keine Obrigkeit außer von Gott; wo aber Obrigkeit ist, die ist von Gott angeordnet.") zu erkennen, die gegebene Regierung sei als Teil der „Schöpfungsordnung" Gottes anzusehen (vgl. Kobelt-Groch und von Schlachta 2017). – Wer damit nicht einverstanden war, suchte meist Zuflucht in der „Neuen Welt" in

Nord- oder Südamerika. In der Sowjetunion mussten viele die Deportation oder Verbannung erleiden.[4]

Seit der zweiten Hälfte des 20. Jahrhunderts verstärkte sich in allen Teilen das Bewusstsein als Friedenskirche wieder. Das frühere Friedenszeugnis wurde jetzt neu, entsprechend den veränderten gesellschaftlichen Verhältnissen, differenzierter und auch (selbst-) kritischer reflektiert. Beispielsweise wurden die Aussagen in Römer 13 fortan in ihrem direkten ekklesiologischen Bezug zu Römer 12 kontextualisiert und gerade nach den Erfahrungen der nationalen Unrechts-Regime nicht mehr ohne korrespondierenden Bezug auf Offenbarung 13 gelesen („Und ich sah ein Tier aus dem Meer steigen, das hatte zehn Hörner und sieben Häupter und auf seinen Hörnern zehn Kronen und auf seinen Häuptern lästerliche Namen [...]"). Die Legitimität eines „polizeilichen Zwanges" wird heute weitgehend anerkannt (vgl. Schlabach 2011).

2.2   Quäker[5]

Quäker glauben an ein „inneres Licht" in jedem Menschen, durch das alle mit der Quelle des Lebendigen, mit Gott, verbunden sind. Gott hat sich im Leben Jesu Christi manifestiert (Joh 1,14), in dessen

---

4   Heute sind Mennoniten in der ganzen Welt vertreten und in der „Mennonitischen Weltkonferenz" lose zusammengefasst, mit mehr als 1,8 Mio. Mitgliedern.

5   Der Begriff „Quäker" („Beber") wurde ihnen von jenen gegeben, die behaupteten, sie würden im religiösen Eifer zittern, „beben". Ihre Anfänge liegen im 17. Jahrhundert, dem Dissentertum in England. George Fox (1624–1691) gilt als treibende Kraft (vgl. Punshon 1984; Scott 1974). Bald nannten sich seine Anhänger „Freunde der Wahrheit" (nach Joh 15,15). Heute sind dem 1937 gegründeten „Friends World Committee for Consultation" mehr als 300.000 Freunde in aller Welt angeschlossen.

Nachfolge es jedem Menschen möglich ist, das Böse – also auch die Gewalt – zu überwinden. Dies bringt die Einheit *aller* Menschen ins Bewusstsein, weshalb Quäkern die gewaltfreie Wahrung der Menschenwürde für alle, unabhängig von Geschlecht, Glaube, Weltanschauung, Rasse, Nationalität, Bildungsstand, ökonomischem und gesellschaftlichem Status, immer schon wichtig war, lange bevor die neuzeitlichen universalen Menschenrechte in den Blick kamen. Zu den grundsätzlichen „Zeugnissen" der Quäker gehören *Wahrheit* (Eidesverweigerung), *Gleichwertigkeit* (Verwerfung der Sklaverei und der Todesstrafe), *Frieden* (aktive Versöhnungsbemühungen), ein *einfacher Lebensstil* (Respekt vor der Umwelt als Schöpfung Gottes; als Ablenkung vom Wesentlichen werden das Streben nach Reichtum, Macht oder Vergnügen, Übertreibungen in Sprache, Mode oder übermäßige Geschäftigkeit betrachtet) sowie *Gemeinschaft*.

Auch hier trieben die schweren Verfolgungen der Anfangszeit viele zur Auswanderung. Zu ihnen gehörte William Penn (1644–1718), der in Amerika den nach ihm benannten Quäkerstaat *Pennsylvania* gründete. Hier wurden die ethischen Grundsätze in Politik und Wirtschaft umgesetzt, das sogenannte „heilige Experiment". Es basierte auf der Grundidee der Brüderlichkeit und der persönlichen Freiheit aller Siedler *mit* den indigenen Völkern, der garantierten Religionsfreiheit (in den amerikanischen Kolonien damals noch eine Seltenheit) und einem liberalen Wahlrecht. Auf diese Weise blieb Pennsylvania weitgehend von Gewalt verschont und lockte viele, in Europa verfolgte, religiöse Minderheiten an.[6]

---

6   Nach 70 Jahren wurde Pennsylvania dann in die Nordamerikanische Union einbezogen.

2.3 Kirche der Brüder (*Church of the Brethren*)

Auch die Geschichte der Kirche der Brüder, die im Pietismus des 18. Jahrhunderts in Süddeutschland beginnt, ist in ihren Anfängen von Verfolgung und Auswanderung gekennzeichnet.[7] Nachdem es zu erheblichen Konflikten mit dem Staat gekommen war (vgl. Weinland 1996), wanderte dieser Teil der historischen Friedenskirchen geschlossen nach Nordamerika aus. Auch sie verstanden die Erwachsenentaufe als äußeres Zeichen der Bereitschaft, Christi Nachfolge *gewaltfrei* in der neuen Gemeinschaft zu leben. Ein differenter Lebensstil nach den Zeugnissen des Neuen Testaments sollte kennzeichnend werden: Wahrheit suchend, friedfertig, bescheiden, mitfühlend.

Heute leben die meisten der weltweit rund 300.000 Mitglieder in der wachsenden *Church of the Brethren* in Nigeria, die gegenwärtig so stark von der Gewalt der sogenannten Terrorgruppe „Boko Haram" betroffen ist.[8] Die Herausforderung, in einem solchen Gewalt-Kontext als Friedenskirche zu leben, schlägt sich in vielen internationalen Solidarisierungsbemühungen unter den Friedenskirchen weltweit nieder, aber auch in interreligiösen Friedensprojekten vor Ort. Nach wie vor wird nicht zur Gewalt gegen die sogenannten „Terroristen" aufgerufen, aber es wird vehement beklagt, dass der Staat die betroffenen Gemeinden alleine lässt (Miller et al. 2007, 2011). – Demnach wird eine schützende Präsenz

---

7   Der von der Täuferbewegung wie vom radikalen Pietismus gleichermaßen beeinflusste Alexander Mack sammelte 1708 eine Gruppe in Schwarzenau zur Erwachsenentaufe – und damit zum Bruch mit den etablierten Kirchen (Meier 2008; Durnbaugh 1971, 1997).

8   Inzwischen sind über 10.000 Mitglieder der Church of the Brethren Nigeria getötet und ca. 1.700 Kirchen in Brand gesetzt worden oder mussten aufgegeben werden.

des Staates nicht abgelehnt, allerdings führt dies keineswegs dazu, ein militärisches (!) Eingreifen zu fordern.

2.4   Friedenskirchen im 20. Jahrhundert – als Teil der weltweiten Ökumene

Nach dem Zweiten Weltkrieg wurden die Friedenskirchen zunächst durch ihre umfangreiche Hilfstätigkeit an den Opfern des Krieges bekannt. Als die anderen kirchlichen Traditionen der ökumenischen Bewegung ihr Versagen in Bezug auf die Weltkriege erkannt hatten, bekannte der neu gegründete ökumenische Weltrat der Kirchen (ÖRK) nun, dass „Krieg nach Gottes Willen nicht sein solle" und erklärte – ganz im Sinne der Friedenskirchen:

> „Krieg als eine Methode, Konflikte zu lösen, ist mit der Lehre und dem Vorbild unseres Herrn Jesus Christus unvereinbar. Die Rolle, die der Krieg im heutigen internationalen Leben spielt, ist Sünde wider Gott und eine Entwürdigung des Menschen" (Lüpsen 1948, S. 57).

Jetzt richtete sich das Augenmerk erstmals verstärkt auf die Friedenskirchen (Enns 2003, S. 201ff.). Gemeinsam mit dem – bereits 1914, am Vorabend des Ersten Weltkrieges – gegründeten Internationalen Versöhnungsbund formulierten die Friedenskirchen Erklärungen zur Gewaltfreiheit. Diese waren zum einen christologisch begründet, zum anderen ekklesiologisch aufgreifend, was die frühere ökumenische *Weltkonferenz für Praktisches Christentum* (Oxford 1937) bereits festgestellt hatte: Die universale Kirche müsse die Verdammung des Krieges verkünden, bedingungslos und uneingeschränkt, da die christliche Gemeinschaft jedwede soziale Trennung transzendiere. Krieg – auch wenn er in den besten Absichten geführt werde – zerstöre, so die Friedenskirchen, nicht

nur menschliches Leben, sondern immer auch die geistigen und
moralischen Werte, die er eigentlich verteidigen wolle. Die Kirche
solle daher gegen jeden Versuch der Legitimierung von Gewalt
zeugnis- und zeichenhaft eine andere Qualität der gewaltfreien
Beziehungen *leben.* Darin liege die eigentliche Verantwortung der
Kirche *in* der Welt und *für* die Welt. Die augustinisch-thomistische
Lehre vom gerechten Krieg vertraue letztlich der menschlichen
Vernunft mehr als der offenbarten Wahrheit in Christus. Und
die reformatorische Erkenntnis von der Rechtfertigung *sola fide*
dürfe nicht dazu führen, ethische Normen zu relativieren. Sie sei
vielmehr als „Tür" zur Nachfolge Jesu zu begreifen, die auch die
eigene Leidensbereitschaft miteinschließe. Eine lange Reihe von
ökumenischen Dialogen und Konferenzen schloss sich an (Pui-
doux-Konferenzen 1955–1973, vgl. Enns 2003).[9]

Der Konziliare Prozess für Gerechtigkeit, Frieden und Bewahrung der Schöpfung (1983–1990) bot Gelegenheit, die traditionellen
Positionen in der Kriegs- und Gewaltfrage im größeren Zusammenhang des Strebens nach Gerechtigkeit sowie der Bewahrung
der Natur zu stellen. Während seiner 8. Vollversammlung in Harare
(Simbabwe, 1998) beschloss der ÖRK auf Antrag der Friedenskirchen eine „Dekade zur Überwindung von Gewalt: Kirchen für
Frieden und Versöhnung 2001–2010" (vgl. Enns 2012, S. 167ff.), an
deren Ende das Konzept des *gerechten Friedens* breite ökumeni-

---

9   Immer wieder sind wichtige Impulse von den Friedenskirchen in
    die internationale Ökumene erfolgt, die sich dann in ökumenischen
    Stellungnahmen oder Konferenzen niederschlugen: 1955 „Kirche
    und nukleare Bedrohung", die „Prager Christlichen Friedenskonfe-
    renzen" in der Zeit der scharfen Blockkonfrontation, 1973 „Violence,
    Nonviolence and the Struggle for Social Justice" oder 1975 „Program
    to Combat Militarism". 1991 wandten sich die nordamerikanischen
    Friedenskirchen (wieder gemeinsam mit dem Internationalen Versöh-
    nungsbund) erneut an die anderen Kirchen mit der grundlegenden
    Erklärung „In God's People the World's Renewal Has Begun".

sche Zustimmung und Verankerung erfuhr (vgl. ÖRK 2012). Dies wiederum mündete während der letzten Vollversammlung des Weltkirchenrates (Busan, Südkorea 2013) zu einem gesamt-programmatischen Ansatz: ein „Pilgerweg der Gerechtigkeit und des Friedens", zu dem sich die Kirchen der Ökumene nun verpflichten (Enns 2015).

3 Gerechter Frieden

Im Blick auf ihre gemeinsamen Wurzeln mit ihren jüdischen Glaubensgeschwistern haben die Kirchen der ökumenischen Gemeinschaft im Laufe der zurückliegenden Jahrzehnte gelernt, Frieden nicht auf die Abwesenheit von Krieg zu reduzieren. Das wäre zu eng gefasst, in der aktuellen Friedensforschung als „negativer Friedensbegriff" bezeichnet.[10] Der alttestamentliche Begriff

---

10 „Eine so ausgerichtete Friedensforschung beschäftigt sich schwerpunktmäßig mit den internationalen Beziehungen und damit mit Nationalstaaten und Staatenbündnissen als Akteuren. Die Konzentration auf die Entstehung, Entwicklung bzw. Verhinderung von militärischen Auseinandersetzungen lässt außer Betracht, dass es in Zeiten ohne Krieg keinesfalls friedvoll zugehen muss" (Zentrum für Konfliktforschung: Philipps-Universität Marburg 2018). Die Beschreibung des Forschungsfeldes muss weiter gefasst werden, denn neben „der militärischen Gewalt existieren noch vielfältige Gewaltformen, die aus anderer Perspektive wenigstens die gleiche Aufmerksamkeit erfordern, z. B. Folter oder Vertreibung. Mit der Einführung des Gewaltbegriffs erfolgte eine Ausweitung der Diskussion, die auch heute noch andauert und als besonders strittig gilt. Neben den direkten Gewaltformen rücken gesellschaftliche Verhältnisse in den Blickpunkt, die durch Unterdrückung oder Ausbeutung der verschiedensten Art gekennzeichnet sind, ohne dass direkte physische Gewalt ausgeübt wird" (Zentrum für Konfliktforschung: Philipps-Universität Marburg 2018).

Schalom meint mehr, „Ganzsein", „Heilsein", „Wohlsein", das der Gerechtigkeit entspringt: Befreiung von Unterdrückung und Recht für die Rechtlosen, die Armen und Fremden. *Schalom* meint gelingendes Leben in lebensfördernden Beziehungen zwischen Gott und Mensch, zwischen Menschen und innerhalb der gesamten Schöpfung. *Schalom* ist der verheißene, der gerechte Friede Gottes (Illmann 1994, S. 94ff.). Im Neuen Testament ist das Reich Gottes verheißen, das in Jesus Christus zur Welt gekommen ist:

> „Der Geist des Herrn ist auf mir, weil er mich gesalbt hat, zu verkündigen das Evangelium den Armen; er hat mich gesandt, zu predigen den Gefangenen, dass sie frei sein sollen, und den Blinden, dass sie sehen sollen, und den Zerschlagenen, dass sie frei und ledig sein sollen, zu verkündigen das Gnadenjahr des Herrn" (Lk 4,18 zitiert Jesaja 61,1–2).

Friedensbildung, Gerechtigkeit und Freiheit sind die Merkmale der Verwirklichung dieses Reiches, Bedingung der Möglichkeit zum sichtbaren und konkreten Ausdruck christlicher Nachfolge in jedem Kontext kirchlichen Lebens und Handelns. Die Befreiung von Gewalt – Gewaltfreiheit – ist der christlichen Identität inhärent.

3.1   „Gewalt" – Versuch einer theologischen Definition

Zunächst ist hier das zugrunde liegende Verständnis von „Gewalt" zu klären. Es gibt viele hilfreiche Definitionen, aus den Sozialwissenschaften, der Jurisprudenz oder von den Vereinten Nationen (Enns 2012, S. 169ff.). Gewalt verhindert, verletzt oder zerstört gerechte Beziehungen. In der ökumenischen „Dekade zur Überwindung von Gewalt" haben die Kirchen gemeinsam gelernt, Gewalt – als Gegenbegriff zu *Schalom* – in ähnlicher Weite zu verstehen. Diese

Weite ist wiederholt kritisiert worden (Dietrich und Lienemann 2004, S. 7ff.). Doch die Komplexität der real existierenden Gewaltkontexte, in denen sich die Kirchen wiederfinden und denen sie sich stellen müssen, erlaubt meines Erachtens gerade nicht jene eng gefasste Definition zugunsten einer leichteren Eingrenzung und damit Bewältigung der gegebenen theologisch-ethischen wie politischen Herausforderungen. Durch eine künstliche Komplexitätsreduzierung wäre nichts gewonnen. Wird eine zu enge Definition von Gewalt gewählt, um möglichst eindeutig und „realistisch" zu bleiben hinsichtlich der Versuche Gewalt zu überwinden, dann entsteht die Gefahr, die latent vorhandene, weithin unsichtbare *psychische*, *strukturelle* und die *kulturelle* Gewalt auszuklammern, die in manchen Fällen mindestens ebenso wirkmächtig ist, wie die akute *direkte* Gewalt. Der Erkenntnisgewinn in der Ausdehnung der Definition lag und liegt hingegen gerade darin, diese Dimensionen von Gewalt endlich ebenso in den Blick zu bekommen. Wird also für eine weitere Definition von Gewalt optiert, um der Komplexität der Herausforderung durch Gewalt in einer ambivalenten Wirklichkeit gerecht zu werden, dann wird freilich riskiert, mit einer Definition zu operieren, die so vage und allgemein ist, dass sie letztlich ohne klare Aussagekraft bleibt. Aus der Sicht der Friedenskirche wird hier vor allem zu unterscheiden sein zwischen legitimen Formen des Zwanges (*coactus*) und illegitimen Formen der Gewalt (*violentia*). Diese *violentia* ist im Folgenden im Blick.

Da unsere Überlegungen theologischer Natur sind, stelle ich hier eine *theologische* Definition von Gewalt zur Diskussion, von der ich meine, sie vor den vielfältigen Zeugnissen der Hebräischen Bibel und des Neuen Testaments verantworten zu können. Auch soll sie der Zentralität der Thematik innerhalb der Botschaft des Evangeliums wie des christlichen (ökumenischen) Bekenntnisses zu dem dreieinigen Gott Rechnung tragen.

Gewalt ist demnach mindestens auf drei Ebenen zu definieren: der relational-individuellen, der relational-interpersonalen sowie der relational-interkreatürlichen *violentia* (engl. *violence*, nicht *force, coercion* oder *power*). Sie umfasst:

- physische oder psychische Akte der Verleugnung oder Verletzung der Personhaftigkeit eines Menschen – seines freien Willens, seiner Integrität, seiner Würde – also seiner Gott-Ebenbildlichkeit wie seiner Rechtfertigung aus Gnade;
- die Verleugnung der Gemeinschaft, die Gott durch Schöpfung, Versöhnung und Vollendung schafft, durch die gerechte Beziehungen zwischen Menschen möglich werden;
- die Verletzung oder Zerstörung der Natur, die Leugnung, sie als Gabe Gottes zu respektieren und die Weigerung, sie als „Gottes Haushalt" zu verwalten.

Solche Gewalt kann sich in *direkten* Handlungen äußern, aber auch in *ungerechten Strukturen* wie der ökonomischen Diskriminierung oder in *kulturellen Prägungen,* wie einem patriarchalen oder kolonialen Paradigma. Gewalt ist eine bewusste oder unbewusste menschliche Handlungsweise, latent oder akut auftretend, die stets einen starken Widerspruch gegen Gottes Willen zum gerechten Frieden selbst zum Ausdruck bringt.

Diese Gewalt-Definition liefert bereits den ersten Hinweis darauf, welche Grundaxiome für den gerechten Frieden unabdingbar sind: der Schutz und der Respekt vor der individuellen Würde der Einzelnen ebenso wie die Förderung von gerechten Beziehungen in Gemeinschaften sowie die Verantwortung für und in der Natur. Jeder Mensch, unabhängig von Alter, ethnischer Zugehörigkeit oder Hautfarbe, Religionszugehörigkeit oder sexueller Orientierung, ist nach dem Bilde Gottes geschaffen (Gen 1). Hierin liegt seine/ihre Würde begründet, die unverfügbar bleibt. Christen glauben, dass

Gott in Christus die Beziehung zwischen sich und den Menschen
erneuert und zu Recht gebracht hat, ein für allemal und unzer-
störbar. Wir sind – *coram Deo* – gerechtfertigt und also befreit zu
einem Leben in gerechten Beziehungen. Kein Mensch kann demnach auf seine Taten reduziert werden, sondern bleibt – auch wenn
seine Gewalt-Taten zu verurteilen sind – vor Gott gerechtfertigt.
So sieht der christliche Glaube das Leben selbst als „geheiligt" an,
oft noch gebrochen, aber in der Antizipation, dass Gottes Geist
diese Heilung und Heiligung vollenden wird. Deshalb gründet für
Christinnen und Christen der unbedingte Einsatz für den Schutz
der Menschenrechte (und das schließt immer den Schutz seines
Lebens mit ein) nicht in einer humanistischen Idee individueller
Freiheit, sondern in eben diesen Glaubensüberzeugungen, die
die gesamte ökumenische Gemeinschaft teilt. Christinnen und
Christen sind „berufen", ihr Leben entsprechend dieser Heiligkeit
zu gestalten (vgl. 1Petr 1,15–16).

   In dieser weiten Definition wird deutlich, dass der Gebrauch
von *violentia* – auch aus den scheinbar ehrenwertesten Gründen
– für die Bekennenden zu diesem Gott keine Option sein kann.
Vielmehr sind die Menschen dieses Gottes aufgerufen, Gewalt stets
mit „Gutem" zu überwinden zu suchen (vgl. Röm 12,21) – durch
ein Leben *des* gerechten Friedens.

3.2   Das entsprechende Gottesbild: ein trinitätstheologischer Ansatz

Das Verständnis des gerechten Friedens reicht bis in die Grund-
festen christlicher Theologie hinein. Diese Erkenntnis war für
das Redaktionsteam eines ersten Entwurfs einer ökumenischen
„Erklärung zum Gerechten Frieden" leitend (Arbeitsgemeinschaft
Christlicher Kirchen in Deutschland 2009). Deshalb greift jene

Erklärung zurück auf das Gottesbild selbst und folgt einem trini-
tätstheologischen Ansatz, der auch in den ökumenischen Diskursen
zur Ekklesiologie orientierend wirkt.

Der trinitätstheologische Ansatz trägt dazu bei, Schöpfung,
Versöhnung (beziehungsweise Erlösung) und Vollendung zu-
sammenzudenken und nicht voneinander zu isolieren. Wird die
Trinitätslehre als „Rahmentheorie" des christlichen Glaubens
verstanden (Schwöbel 1999), dann wird damit in Erinnerung gehalten, dass der Gott der Hebräischen Bibel (der „Gott Abrahams
und Sarahs", der Gott, der „Israel aus dem Sklavenhaus befreit")
identisch ist mit dem des Neuen Testaments, der in Jesus Christus
Mensch geworden ist, und der fortan in seinem Heiligen Geist in
dieser gewaltvollen Welt präsent bleibt, ihr „ein-wohnt", um sie
von Gewalt zu befreien und so zu vollenden. Somit ist hier einem
dynamischen Gottesbild Rechnung getragen, das von der großen
Liebes-Bewegung der trinitarisch gedachten göttlichen Gemeinschaft geprägt ist (Moltmann 1994).

Die elementare Glaubenserkenntnis ist hier, dass die Glaubenden – in Christus – bereits *teilhaben* an dieser Gottesgemein-
schaft. Christen und Christinnen sowie Kirchen errichten nicht
das Reich Gottes durch ihre Anstrengungen für einen gerechten
Frieden. Vielmehr leben und handeln sie in der Gewissheit, dass
sie bereits an diesem Reich Gottes partizipieren – das mit dem
Kommen Gottes zur Welt in Christus Wirklichkeit geworden ist
– und daher von Gewalt befreit handeln *können*, entsprechend
dieser neuen Christuswirklichkeit. Von hier aus ergeben sich
sowohl das Selbstverständnis als (Friedens-)Kirche sowie eine
angemessen „realistische", weil Christus-gemäße Perspektive auf
die Gewalt-Realitäten dieser Welt sowie entsprechende Handlungsoptionen, beziehungsweise der Ausschluss von Handlungsoptionen
(*violentia*). Dies will freilich nicht behaupten, dass es dann keine
ethischen Dilemmata mehr gäbe, vor die auch die Christen in ihrer

Verantwortung für und in der Welt gestellt sind, und in denen die Güter abzuwägen sind. Entscheidend bleibt die Frage, *welche* „Güter" zur Disposition gestellt werden können. Das geschaffene, in Christus versöhnte und so an der trinitarischen Gemeinschaft teilhabende Leben gehört nicht dazu.

4   Das kirchliche Selbstverständnis der Friedenskirchen

In dieser trinitarischen Entfaltung der Gotteslehre findet die Friedenskirchen-Ekklesiologie eine angemessene theologische Begründung für die Gestaltung eines Lebens im Gerechten Frieden: ein Gemeinschaftsmodell, das nicht exklusivistisch ist, aber identitätsstiftend; nicht durch moralisches Handeln konstituiert, sondern zur Verantwortung befreit; nicht legalistisch in die Separation führen muss, sondern stets von der Gnade der (wieder-) hergestellten Beziehung Gottes zu seiner *gesamten* Schöpfung ausgeht. Personalität und Sozialität, Unabhängigkeit und Relationalität, Abgrenzung und Offenheit, Identität und Kommunikation können so in ihrer Komplementarität beschrieben werden.

Eine solche Qualität von Gemeinschaft (griechisch *koinonia*) kann niemals exklusiv verstanden werden. Wenn Gott als Schöpfer gefeiert wird, in Christus der Zaun zwischen Juden und „Heiden" niedergerissen ist und das Werk des Heiligen Geistes Personen auch von institutionellen Grenzen befreit, dann kann die Kirche nicht auf sich selbst bezogen leben. Sie weist stets über sich selbst hinaus auf das Reich Gottes, die innere christologische Konzentration der Gemeinschaft der Glaubenden bewahrend, wie auch die bleibende Erwählung des Volkes Israel betonend (alle Substitutionstheorien ausschließend) sowie zu Menschen anderen Glaubens oder ohne Glauben gewaltfreie (!) Beziehungen suchend und aufbauend. In

diesem theologischen Denkhorizont findet die Friedenskirche ihre
Verantwortung in der gegebenen Gesellschaft und für diese. Diese
„Mission" trägt den gerechten Frieden im Zentrum und lässt sich
von ihm ausrichten.

Es ergibt sich aus der Sache selbst, dass Friedenskirche-Sein dann
niemals getrennt von der weiteren ökumenischen Gemeinschaft
gedacht oder überzeugend entfaltet werden kann. Die Berufung
der Kirchen (!) ist es, ihre Beziehungen auch untereinander als
eine Gemeinschaft des gerechten Friedens zu gestalten und diese
Wahrheit zu bezeugen, weil Kirche selbst Abbild der Trinität
(*imago trinitatis)* ist – in all ihrer Gebrochenheit, Vorläufigkeit
und Verwundbarkeit.

4.1   Die „bekennende Kirche" als ethische
Gemeinschaft

Aus friedenskirchlicher Perspektive wird demnach dieser gerechte
Frieden erst in einem ekklesiologischen Kontext plausibel, der die
lokale Gemeinde wie die Kirche als universale Größe immer *auch*
als eine ethische Gemeinschaft begreift. Kirche wird in dieser Tradition stets verstanden als eine *bekennende* Kirche, der *sichtbare*
„Leib Christi", der sich in der Nachfolge Jesu in *allen* Aspekten des
Lebens an seine Verheißungen und Gebote gebunden weiß, ganz
im Sinne der Barmer Theologischen Erklärung von 1934, Art. 2:

> „Wir verwerfen die falsche Lehre, als gebe es Bereiche unseres Le-
> bens, in denen wir nicht Jesus Christus, sondern anderen Herren zu
> eigen wären, Bereiche, in denen wir nicht der Rechtfertigung und
> Heiligung durch ihn bedürften" (Burgsmüller und Weth 1993, S. 35).

Kirche ist unterschieden von der „Welt" aber mitten in der „Welt".
Auch in dieser Überzeugung entspricht die Haltung ganz jener
von Barmen, Art. 3:

> „Die christliche Kirche ist die Gemeinde von Brüdern (sic. Ge-
> schwistern, Anm. d. Verf.), in der Jesus Christus in Wort und
> Sakrament durch den Heiligen Geist als der Herr gegenwärtig
> handelt. Sie hat mit ihrem Glauben wie mit ihrem Gehorsam,
> mit ihrer Botschaft wie mit ihrer Ordnung mitten in der Welt der
> Sünde als die Kirche der begnadigten Sünder zu bezeugen, dass
> sie allein sein Eigentum ist, allein von seinem Trost und von seiner
> Weisung in Erwartung seiner Erscheinung lebt und leben möchte"
> (Burgsmüller und Weth 1993, S. 36).

Die Verantwortung der Kirche in und für die Gesellschaft kommt
gerade darin zum Ausdruck, dass sie eine Gemeinschaft des gerechten Friedens exemplarisch lebt, die dem Wort glaubt, dass
das Reich Gottes „mitten unter euch" ist (vgl. Lk 17,21), inmitten
aller Ambivalenzen *dieser* Welt. Die Berufung, *das Amt* dieser
Gemeinschaft der Glaubenden ist es, dem versöhnenden Leben Jesu
von Nazareth zu folgen („Amt der Versöhnung", vgl. 2 Kor 5), was
grundsätzlich auch die primäre Option zum Erleiden von *violentia*
enthält, gegenüber der Anwendung von *violentia*. Freilich ist hier
zu betonen: Das Martyrium – um des Friedens Gottes Willen –
kann nicht eingefordert oder empfohlen werden, es kann allein als
die persönliche Entscheidung der oder des Einzelnen respektiert
werden, den „Weg des Kreuzes", als Ultima Ratio, zu gehen. (Damit
korrespondiert die Forderung nach einer bewussten, persönlichen
Entscheidung zur Taufe, weil sie von einer „teuren Gnade" im
Sinne Dietrich Bonhoeffers ausgeht.) Die (Friedens-)Kirche ist
berufen, als Zeichen der Hoffnung inmitten von *violentia* zu leben
und im gemeinschaftlichen Leben zum Ausdruck zu bringen, was
Gottes Wille für die gesamte Schöpfung ist: der gerechte Friede.
Es ist eine „Exils-Existenz", auch als das „Jeremianische Modell"

bezeichnet (entsprechend Jer 29,7 „Suchet der Stadt Bestes", vgl. auch Yoder 1997, S. 51ff.).

4.2 Die ethische Gemeinschaft als eucharistische Gemeinschaft

In den Jahren 1992 bis 1996 unternahm der ÖRK das wichtige Studienprojekt „Ekklesiologie und Ethik", das meines Erachtens bis heute nicht in seiner weitreichenden Bedeutung rezipiert worden ist (vgl. Best und Robra 1997):[11] „Alle Ekklesiologien verstehen die Kirche als eine ihrem Wesen und ihrer Berufung nach ‚ethischen Gemeinschaft' (*moral community*)", so wurde hier bereits ein *ökumenischer Konsens festgehalten*. Vorsichtiger wird an anderer Stelle formuliert: „In the church's own struggles for Justice, Peace and Integrity of Creation, the esse of the church is at stake" (Best und Robra 1997, S. 71).

Diese ethische Gemeinschaft gründe in der Gottesdienst-Erfahrung, in der die Geschichte Gottes mit seiner Schöpfung je neu vergegenwärtigt (*re-enacted*) wird durch Gebet, Verkündigung und Sakrament (Best und Robra 1997, S. 56). Der Gottesdienst (Versammlung im Namen Jesu Christi, Liturgie, Eucharistie) bewahrt die Kirche vor purem Aktionismus und Moralismus. In der Folge aber manifestiert sich die eucharistische Gemeinschaft eben auch als eine ethische, sonst würde sie zu reinem Spiritualismus verkommen. In diesem Sinne können die Spiritualität, die Liturgie, vor allem die Sakramente, als „Brücken" zwischen Ekklesiologie und Ethik interpretiert werden. Auch die Taufe ist

---

11 Dieser Band enthält die drei Dokumente dieses Studienprozesses: Costly Unity, Costly Commitment, Costly Obedience, vgl. dazu auch Forrester 1997 und Mudge 1998.

in ihren impliziten ethischen Dimensionen zu verstehen und das Abendmahl als Sakrament der Aufrichtung und Stärkung dieser *versöhnten* Gemeinschaft, der Heilung zerbrochener Beziehungen untereinander. Die gemeinsame Partizipation an der Eucharistie ist eine ebenso wichtige Dimension des gerechten Friedens wie es die gemeinsame ethische Aktion ist. Beides ist *anamnesis*, aktive Erinnerung (Best und Robra 1997, S. 71). Beides ist Ausdruck der Antizipation des Reiches Gottes und somit voneinander abhängig. Insofern stellt das Abendmahl eine fortwährende Impulsgebung dar in der Suche nach angemessenen, korrelativen Ausprägungen sozialen, ökonomischen und politischen Lebens (vgl. Mt 5,23f.; 1Kor 10,16f.; 1Kor 1,20–22; Gal 3,28). Die eschatologische Dimension, als Bewusstsein der Teilhabe an der Vollendung des Reiches Gottes durch Gottes (!) Handeln, bleibt nicht ohne Folgen für die Gestaltung des gerechten Friedens.

Erkennbar wird eine Konvergenz unterschiedlichster Elemente: Friedenstiften, Leidensbereitschaft und eschatologische Hoffnung konvergieren zu der einen „Antwort" auf diese alternative Christus-Wirklichkeit. Diese Gemeinschaft muss nicht als eine lehrende Autorität hinsichtlich der Ethik verstanden werden, sondern vielmehr als Ort, an dem ethische Implikationen der Doxologie (und der korrespondierenden Theologie) gemeinsam erkannt werden und deren Ergebnisse folglich vielfältig und unterschiedlich ausfallen können. Gleichzeitig ist diese Gemeinschaft der Ort fortwährender spiritueller (und ethischer) Erneuerung und des Trostes.

Das Verständnis der gegenseitigen Teilhabe und Teilgabe innerhalb dieser Gemeinschaft entspricht jener Vorstellung von *koinonia* im Neuen Testament (Reumann 1994). *Koinonia* wird in der ökumenischen Diskussion als das Schlüsselkonzept vorgeschlagen, welches die beiden unterschiedlichen Perspektiven christlicher Existenz zusammenhält: Glaube *und* Nachfolge. In *beiden Fällen geht es um das* Sein (*esse*) der Kirche. Kirche hat nicht

nur eine bestimmte und distinkte Ethik, sondern sie verkörpert
sie auch. Dieser Ansatz folgt Stanley Hauerwas, der in seiner
gesamten theologischen Ethik wiederum auf friedenskirchliche
Quellen zurückgreift:

> "In fact it is exactly this thesis that I want to challenge, that Christian
> ethics primarily represents the attempt to make a more peaceful
> and just world. Rather, the first task of a social ethic of the church
> is to be the church – as servant community. This claim may sound
> self-centred, as long as we don't remind ourselves that what makes
> church to be church is the faithful visible embodiment of God's
> reign of peace in the world. As such, the church does not have a
> social ethic; the church 'is' a social ethic" (Hauerwas 1986. S. 99).

Diese Aussage fasst das ekklesiologische Selbstverständnis der
Friedenskirchen treffend zusammen.

5   Schluss

Die Kirche ist Friedenskirche, weil sie in einer alternativen Qualität
der göttlichen Gemeinschaft gründet. Die ethische Verantwortung
für den gerechten Frieden erwächst aus der von Gott geschenkten
und daher unverfügbaren Würde eines jeden Menschen, der immer
Teil der weiteren *koinonia* ist und bleibt, die Gott aufgerichtet hat
und an der jeder Mensch – als Teil der gesamten Schöpfung – Teil
geben kann. Jede Form von *violentia* gegen Andere wäre ein Akt
der Verleugnung oder Verletzung dieser Personenwürde der Einzelnen *und* der gerechten (in Christus versöhnten) Beziehungen
zwischen Menschen sowie in Beziehung zur Natur, letztlich eine
Infragestellung (Blasphemie) jener Gemeinschaft des gerechten
Friedens, die Gott durch Schöpfung, Versöhnung und Vollendung
schafft und ermöglicht.

Literatur

Arbeitsgemeinschaft Christlicher Kirchen in Deutschland (Hrsg.). 2009. *Internationale Ökumenische Erklärung zum Gerechten Frieden, Erster Entwurf*. Frankfurt a. M. https://www.oekumene-ack.de/fileadmin/user_upload/Texte_und_Publikationen/Gerechter_Friede_Erklaerung.pdf. Zugegriffen: 01. April 2018.

Best, Thomas F. und Martin Robra (Hrsg.). 1997. *Ecclesiology and Ethics. Ecumenical Ethical Engagement, Moral Formation and the Nature of the Church*. Genf: World Council of Churches.

Burgsmüller, Alfred und Rudolf Weth (Hrsg.). 1993. *Barmer Theologische Erklärung. Einführung und Dokumentation*. 5. Aufl. Neukirchen-Vluyn: Neukirchener Verlag.

Dietrich, Walter und Wolfgang Lienemann (Hrsg.). 2004. *Gewalt wahrnehmen – von Gewalt heilen. Theologische und religionswissenschaftliche Perspektiven*. Stuttgart: Kohlhammer.

Durnbaugh, Donald F. 1971. *Die Kirche der Brüder. Vergangenheit und Gegenwart*. Stuttgart: Evangelisches Verlagswerk.

Durnbaugh, Donald F. 1997. *Fruit of the Vine. A History of the Brethren*. Elgin, IL: Brethren Press.

Enns, Fernando. 2003. *Friedenskirche in der Ökumene. Mennonitische Wurzeln einer Ethik der Gewaltfreiheit*. Göttingen: Vandenhoeck & Ruprecht.

Enns, Fernando. 2012. *Ökumene und Frieden. Bewährungsfelder Ökumenischer Theologie*. Neukirchen-Vluyn: Neukirchener Verlag.

Enns, Fernando. 2015. „Behutsam mitgehen mit deinem Gott". Der Ökumenische Pilgerweg der Gerechtigkeit und des Friedens – als Neuausrichtung der Ökumenischen Bewegung. *Ökumenische Rundschau* 63 (1): 16–30.

Forrester, Duncan. 1997. *The True Church and Morality. Reflections on Ecclesiology and Ethics*. Genf: World Council of Churches.

Goertz, Hans-Jürgen. 1992. Menno Simons/Mennoniten. In *Theologische Realenzyklopädie*. Bd. XXII, hrsg. von Gerhard Müller, 444–457. Berlin: de Gruyter.

Hauerwas, Stanley. 1986. *The Peaceable Kingdom. A Primer in Christian Ethics*. Notre Dame, IN: University of Notre Dame Press.

Illmann, Karl-Johan. 1994. Salem. In *Theologisches Wörterbuch zum Alten Testament*. Bd. 8, hrsg. von G. Johannes Botterweck, Helmer Ringgren und Heinz-Josef Fabry, 93–101. Stuttgart: Kohlhammer.

Jecker, Hanspeter und Alle Hoekema (Hrsg.). 2014. *Glaube und Tradition in der Bewährungsprobe. Weltweite täuferisch-mennonitische Geschichte: Europa*. Schwarzenfeld: Edition Wortschatz.

Kobelt-Groch, Marion und Astrid von Schlachta (Hrsg.). 2017. *Mennoniten in der NS-Zeit. Stimmen, Lebenssituationen, Erfahrungen*. Bolanden-Weierhof: Mennonitischer Geschichtsverein.

Lienemann, Wolfgang. 2000. *Frieden*. Göttingen: Vandenhoeck & Ruprecht.

Lüpsen, Focko (Hrsg.). 1948. *Amsterdamer Dokumente 1948. Berichte und Reden auf der Weltkirchenkonferenz in Amsterdam 1948*. Bielefeld: Evangelischer Presseverband.

Lutherischer Weltbund und Mennonitische Weltkonferenz (Hrsg.). 2017. *Heilung der Erinnerungen. Die Bedeutung der lutherisch-mennonitischen Versöhnung*. Leipzig: Evangelische Verlagsanstalt.

Meier, Marcus. 2008. *Die Schwarzenauer Neutäufer. Genese einer Gemeindebildung zwischen Pietismus und Täufertum*. Göttingen: Vandenhoeck & Ruprecht.

Miller, Donald E., Scott Holland, Lon Fendall und Dean Johnson (Hrsg.). 2007. *Seeking Peace in Africa. Stories from African Peacemakers*. Genf: World Council of Churches.

Miller, Donald E., Gerard Guiton und Paulus S. Widjaja (Hrsg.). 2011. *Overcoming Violence in Asia: The Role of the Church in Seeking Cultures of Peace*. Telford, PA: Cascadia.

Moltmann, Jürgen. 1994. *Trinität und Reich Gottes. Zur Gotteslehre*. 3. Aufl. München: Kaiser.

Mudge, Lewis S. 1998. *The Church as Moral Community. Ecclesiology and Ethics in Ecumenical Debate*. New York: Continuum.

Ökumenischer Rat der Kirchen (ÖRK). 2012. Ein Ökumenischer Aufruf zum Gerechten Frieden. In *Gerechter Friede*, hrsg. von Konrad Raiser und Ulrich Schmitthenner, 5–19. Münster: LIT.

Punshon, John. 1984. *Portrait in Grey. A Short History of the Quakers*. London: Quaker Home Service.

Reumann, John. 1994. *Koinonia in der Bibel. Ein Überblick*. In *Santiago de Compostela 1993. Fünfte Weltkonferenz für Glauben und Kirchen-*

verfassung, hrsg. von Günther Gaßmann und Dagmar Heller, 37–69. Frankfurt a. M.: Lembeck.

Schlabach, Gerald. 2011. „Just Policing" – Die Frage nach (De-)Legitimierung des Krieges muss nicht kirchentrennend bleiben. Lernerfahrungen aus dem mennonitisch-katholischen Dialog. *Ökumenische Rundschau* 60 (1): 66–79.

Schwöbel, Christoph. 1999. *Trinitätslehre als Rahmentheorie des christlichen Glaubens. Vier Thesen zur Bedeutung der Trinität in der christlichen Dogmatik*. In *Trinität*, hrsg. von Wilfried Härle und Reiner Preul, 129–154. Marburg: N. G. Elwert.

Scott, Richenda C. (Hrsg.). 1974. *Die Quäker*. Stuttgart: Evangelisches Verlagswerk.

Streubing, Hans (Hrsg.). 1985. *Bekenntnisse der Kirche. Bekenntnistexte aus zwanzig Jahrhunderten*. Wuppertal: Brockhaus.

Van Braght, Thieleman J. 1950 [1660]. *Der blutige Schauplatz oder Märtyrer-Spiegel der Taufgesinnten oder Wehrlosen Christen, die um des Zeugnisses Jesu, ihres Seligmachers, willen gelitten haben und getötet worden sind, von Christi Zeit an bis auf das Jahr 1600*. Berne, IN: Licht und Hoffnung.

Volf, Miroslav. 1996. *Trinität und Gemeinschaft. Eine ökumenische Ekklesiologie*. Neukirchen-Vluyn: Neukirchener Verlag.

Weinland, Markus. 1996. *Das Friedensethos der Kirche der Brüder im Spannungsfeld von Gewaltlosigkeit und Weltverantwortung*. Stuttgart: Kohlhammer.

Yoder, John H. 1992. *Nevertheless. The Varieties and Shortcomings of Religious Pacifism*. Scottdale, PA: Herald Press.

Yoder, John H. 1997. *For the Nations. Essays Evangelical and Public*. Grand Rapids, MI: Eerdmans.

Zentrum für Konfliktforschung: Philipps-Universität Marburg. 2018. Über die Schwierigkeiten, ein Fach zu beschreiben. http://www.uni-marburg.de/konfliktforschung/studium/fachbeschreibung. Zugriffen: 1. April 2018.

Friedensethik der Kirchen im Resonanzraum des eigenen Selbstverständnisses und der Staat-Kirche-Beziehung

Sarah Jäger und Gisa Bauer

1   Einleitung

> „Sie [die christliche Kirche, Anm. d. Verf.] hat mit ihrem Glauben
> wie mit ihrem Gehorsam wie mit ihrer Ordnung mitten in der Welt
> der Sünde als die Kirche der begnadigten Sünder zu bezeugen,
> dass sie allein sein Eigentum ist, allein von seinem Trost und von
> seiner Weisung in Erwartung seiner Erscheinung lebt und leben
> möchte. Wir verwerfen die falsche Lehre, als dürfe die Kirche die
> Gestalt ihrer Botschaft und ihrer Ordnung ihrem Belieben oder
> dem Wechsel der jeweils herrschenden weltanschaulichen und
> politischen Überzeugungen überlassen" (Bekenntnissynode von
> Barmen 1994 [1934], Ziff. 3).

Mit diesen Worten bestimmt die Theologische Erklärung der
Bekenntnissynode von Barmen der Bekennenden Kirche aus dem
Mai 1934 die Situation und Aufgabe der (evangelischen) Kirche im
Staat und damit verbunden ihre Gestaltungsmöglichkeiten. Auch
wenn die Barmer Theologische Erklärung in die Ausnahmesitua-
tion eines totalitären Staates hineinformuliert ist, spiegelt sie doch
wichtige Aspekte für die zu untersuchende Fragestellung: Die inner-

© Springer Fachmedien Wiesbaden GmbH, ein Teil von Springer Nature 2019
S. Jäger und F. Enns (Hrsg.), *Gerechter Frieden als
ekklesiologische Herausforderung,* Gerechter Frieden,
https://doi.org/10.1007/978-3-658-22910-8_8

kirchliche Selbstbestimmung und ihre essenzielle Rückbindung
an die Macht Gottes, bezeugt in der biblischen Überlieferung,
werden ebenso zur Sprache gebracht wie die kirchliche Situation
in ihrem jeweiligen staatlichen Kontext. Jede Kirche und Denomination steht im Spannungsverhältnis zu der sie umgebenden
Gesellschaft sowie zu der jeweiligen verfassten Staatlichkeit und ist
dadurch herausgefordert, ihr Verhältnis zu dieser zu bestimmen.
Es stellt sich unter anderem die Frage nach der gesellschaftlichen
kirchlichen Rolle und Aufgabe, auch in friedensethischen Fragen.
Was leisten Kirchen für die Orientierung des Handelns eines
Individuums oder eines Staates? Dafür bietet sich der Begriff der
Resonanz an. Die kirchliche Friedensethik erlebt sich dabei in
Beziehungen der Resonanz, im Betroffensein, dem Mitschwingen
in den Dynamiken des kirchlichen Selbstverständnisses und dem
Staat-Kirche-Verhältnis gleichermaßen.

Es dürfte kein Zufall sein, dass es aufgrund der selbstbewussten
und starken ekklesiologischen Überzeugungen des Katholizismus
gerade ein römisch-katholischer Theologe, Heinz-Günther Stobbe,
war, der auf den Zusammenhang von Ekklesiologie und Friedensethik hingewiesen hat:

> „Nicht der jeweilige Kontext schreibt der Kirche ihre gesellschafts-
> relevanten Entscheidungen vor", so Stobbe, sondern „der Beitrag
> der Kirche zu Frieden und Gerechtigkeit kommt […] aus ihrer
> ekklesialen Existenz" (Planer-Friedrich 1988, S. 290f.).[1]

Inwieweit dieser Ansatz tragfähig ist, wird exemplarisch zu skizzieren sein. Es gilt im Folgenden, das Dreiecksverhältnis zwischen

---

1   Das genannte Zitat von Heinz-Günther Stobbe ist seinem Referat bei
     der Konsultation des Lutherischen Weltbundes 1987 in Bad Boll ent-
     nommen, die Götz Planer-Friedrich für die Lutherischen Monatshefte
     dokumentiert hat.

der Staat-Kirche-Beziehung, der Ekklesiologie im Sinne eines kirchlichen Selbstverständnisses und der konkreten Positionierung in Friedensfragen zu untersuchen. Nach einer Begriffsbestimmung zum Staat-Kirche-Verhältnis im ersten und zu Ekklesiologie im zweiten Teil werden im dritten Part Thesen zu Kirchen zwischen dem Staat-Kirche-Verhältnis, ekklesiologischer Selbstbestimmung und Friedensethik diskutiert.

2 Begriffsbestimmungen

2.1 Staat-Kirche-Verhältnisse

Grundsätzlich beschreibt das Staat-Kirche-Verhältnis die Rechte und Pflichten von Religionsgemeinschaften in einem verfassten Staat, wie sie in seiner Verfassung oder seiner faktischen Ordnung zum Ausdruck kommen. Das Verhältnis zwischen Staat und Kirche lässt sich auf unterschiedliche Weisen beschreiben. In der neueren Literatur wird zwischen institutionellen, konfessionellen und religionssoziologischen Kriterien differenziert. Gerhard Robbers (2005) unterscheidet drei Typologien des Staat-Kirche-Verhältnisses: Trennungsländer (z. B. USA, Frankreich), Kooperationsländer (z. B. Deutschland, Russland) sowie Staatskirchenländer (z. B. England). Daneben sind auch andere Skalierungen und Kategorisierungen der Beziehung zwischen Staat und Kirche anzutreffen (vgl. etwa Minkenberg 2003). Der israelische Politikwissenschaftler Jonathan Fox beispielsweise untersucht den Grad staatlicher Beteiligung an Religionen mit quantitativen und qualitativen Methoden und fragt in seiner Einteilung besonders danach, ob es im Staat eine Staatsreligion gebe, ob einzelne Religionen bevorzugt würden oder ob der Staat religiöse Diskriminierung anderer Religionsgemeinschaften zulasse (vgl. Fox 2008).

Aufgrund ihrer historischen Entwicklung (König Henry VIII., Königin Elisabeth I.) ist die *Church of England* Staatskirche. Hier übt die Königin die oberste Gewalt aus. Für alle anderen Kirchen in England gilt das allgemeine Gemeinnützigkeitsrecht und vor allem dasjenige der gemeinnützigen Stiftungen (vgl. McClean 2005, S.609). Die Kirche von England nun ist eng mit den Staatsgeschäften verbunden. Bis Anfang des 20. Jahrhunderts regelte der Staat die Angelegenheiten der Kirche auf dem Weg der Gesetzgebung, auch rein kirchliche Gesetze. Durch den „Church of England Assembly Act" von 1919 und die „Synodical Government Measure" von 1969 wurde die Gesetzgebungskompetenz für das „Ecclesiastical Law" auf die Generalsynode der Church of England übertragen (vgl. McClean 2005, S.611). Das Parlament hat zwar einige Kontrollmöglichkeiten behalten, doch es ist mittlerweile Verfassungsgewohnheitsrecht, dass Gesetze, die die Kirche betreffen, in die Generalsynode eingebracht werden. Bis heute ist der König beziehungsweise die Königin offiziell das Oberhaupt der Kirche und ernennt Erzbischöfe und Bischöfe, die wiederum Mitglieder im House of Lords[2] sind. Als einzige Religionsgemeinschaft ist die *Church of England* staatlicherseits vor Blasphemie geschützt.

Die strikte Trennung von Staat und Kirche, wie sie sich im *US-amerikanischen* Staat-Kirche-Verhältnis manifestiert, zielt darauf ab, dass der Kongress kein Gesetz erlassen darf, das die Einführung einer Staatsreligion zum Gegenstand hat oder die freie Religionsausübung behindert. Infolge des Trennungsgrundsatzes gibt es keinen Religionsunterricht in staatlichen Schulen, keine staatlichen finanziellen Unterstützungen für Kirchen und

---

2 Das House of Lords ist das Oberhaus des britischen Parlaments. Es besteht aus zwei Mitgliedsklassen, den geistlichen und weltlichen Lords. Ihre Befugnisse wurden im 20. Jahrhundert zunehmend verringert, gegenwärtig verfügen sie vor allem über ein aufschiebendes Votum in der Gesetzgebung.

Religionsgemeinschaften und keinen Steuereinzug im Auftrag der Kirchen. Dieser Trennung de jure steht ein vitales religiöses Leben in der Gesellschaft gegenüber. In den USA haben sich seit dem 18. Jahrhundert zahlreiche Denominationen herausgebildet, deren Gründung von den (verfolgten) Kirchen in Europa ausging. Diese suchten häufig gerade diese freie, nicht staatlich reglementierte Situation. Vor dem Hintergrund der strikten Trennung von Staat und Kirche entwickelten die Denominationen in den USA sowohl andere Kirchenstrukturen als auch andere Mentalitäten als ihre Mutterkirchen in Europa. In den USA dient die Trennung von Kirche und Staat also primär dem Schutz der Kirchen vor staatlicher Einflussnahme und geht mit einem starken gesellschaftlichen Einfluss der Kirchen einher. Demgegenüber verfolgt die französische Ausprägung der Laizität primär das Ziel, den Staat vor dem als schädlich angesehenen Einfluss der katholischen Kirche zu schützen.

Die konfessionelle Situation der *Bundesrepublik Deutschland* ist nicht ohne ein Verständnis der Reformation seit 1517 zu begreifen. Im Rahmen des Augsburger Religionsfriedens von 1555 wurden die lutherische und reformierte Konfession als im Wesentlichen gleichberechtigt anerkannt (vgl. Robbers 2005, S. 84). Die lutherische Reformation und die Unabhängigkeitsbestrebungen einzelner Landesfürsten führten zur Existenz von Landeskirchen, an deren Spitze häufig der Landesherr selbst als Bischof stand. Bis 1919 dauerte diese enge Verbindung von Thron und Altar. Die römisch-katholische Kirche hatte seit dem Mittelalter auch unmittelbare weltliche Herrschaftsbefugnisse, die erst mit dem Reichdeputationshauptschluss von 1803 endeten, „in dem die größeren rechtsrheinischen Territorialherren des Reiches für Verluste aus dem Frieden von Lunéville von 1801 entschädigt wurden, die sie durch Gebietsabtrennungen auf linksrheinischer Seite an Frankreich erlitten hatten" (Robbers 2005, S. 84). Auch das Band zwischen evangelischer Kirche und Staat lockerte sich im Laufe

des 19. Jahrhunderts. So führte die Weimarer Verfassung eine
grundsätzliche Trennung von Staat und Kirche ein, erkannte aber
gemeinsame Angelegenheiten wie Religionsunterricht an öffentlichen Schulen oder die Kirchensteuer an (vgl. Robbers 2005, S. 84.).

Das Grundgesetz sichert in Artikel 4 Religionsfreiheit zu. Zudem
haben die Bundesrepublik und die Bundesländer mit den Kirchen
zahlreiche Konkordate und Staatskirchenverträge abgeschlossen.
Das heute in Deutschland gültige System des Verhältnisses zwischen
dem Staat und den Religionsgemeinschaften ist geprägt durch die
Neutralität des Staates in Fragen der Religion und Weltanschauung,
durch die Ablehnung einer Staatskirche sowie durch die Prinzipien
der Pluralität und der weltanschaulichen und religiösen Toleranz.
Die in Artikel 140 des Grundgesetzes der Bundesrepublik Deutsch-
land aufgenommenen Regelungen der Weimarer Verfassung aus
Artikel 135 bis 139 sowie 141 umfassen in den wesentlichsten
Punkten die uneingeschränkte Glaubens- und Gewissensfreiheit, die
Garantie der Sonntags- und Feiertagsruhe und das Recht auf freie
Religionsausübung im Heer, in Krankenhäusern und in Gefäng-
nissen. Tragende Säulen dieses Systems bilden die Gewährleistung
des Selbstbestimmungsrechts der Religionsgemeinschaften in den
Schranken des für alle geltenden Gesetzes durch Art. 140 in Verbindung mit Art. 137 Abs. 3 der Weimarer Reichsverfassung (vgl.
Campenhausen und Wall 2006, S. 99) und die Anerkennung ihrer
öffentlichen Bedeutung durch die Möglichkeit, sich als Körperschaft
des öffentlichen Rechts zu organisieren (Art. 140 GG in Verbindung
mit Art. 137 Abs. 5 der Weimarer Reichsverfassung, vgl. dazu auch
Campenhausen und Wall 2006, S. 251). Das Verhältnis von Staat
und Kirche ist in Deutschland ein „partnerschaftliches Verhältnis",
von Kritikern als „hinkende Trennung" (so bereits Scheuner 1959,
Sp. 1333f.) bezeichnet.

Auch die Situation des Staat-Kirche-Verhältnisses in *Russland*
lässt sich mit den beiden Stichworten Trennung und Kooperation

beschreiben. Die Trennung von Staat und Kirche, die Gleichheit aller Religionsgemeinschaften und die Religionsfreiheit sind in der Verfassung der Russischen Föderation (Art. 14, 28) festgelegt. Zusätzlich sind die religiösen Belange und das Staat-Kirche-Verhältnis in dem 1990 verabschiedeten und 1997 überarbeiteten Gesetz „Über die Freiheit des Gewissens und religiöse Organisationen" festgehalten. Bemerkenswert ist an diesem Punkt, dass Russland über ein spezielles Religionsgesetz verfügt, das die Verfassungsbestimmungen detailliert ausführt. Hier wird in der Präambel eine Stufung von Religionsgemeinschaften erkennbar, die der Gleichheit aller Religionsgemeinschaften, wie sie in der Verfassung festgelegt ist, nuanciert widerspricht: Zum Ersten wird die bedeutende Rolle der Orthodoxie anerkannt. Zum Zweiten werden Religionen, die „einen integralen Bestandteil des historischen Erbes der Völker Russlands bilden", wertgeschätzt – dazu zählt etwa „das Christentum". Unter drittens fallen dann die Religionsgemeinschaften, die nicht genannt werden (zu den Implikationen dieser Stufung vgl. Willems 2012, S. 27). Unabhängig vom juristischen Staat-Kirche-Verhältnis ist in Russland die Bedeutung der Russisch-Orthodoxen Kirche (ROK) als tragendes Element des russischen Nationalgefühls kaum zu überschätzen. Russisch zu sein bedeutet orthodox zu sein – beide Elemente gehören aufgrund der speziellen zeithistorischen Entwicklung zu einer nationalen Identität (vgl. dazu Anderson 2007; Bremer 2008).

2.2   Ekklesiologie als Kirchen(selbst)verständnis

Ausgangspunkt der folgenden Überlegungen ist die erfahrene Kirche als empirisch wahrnehmbarer Gegenstand und soziales Faktum. Außerdem begegnet die Kirche den Gläubigen als Gegenstand des Glaubens, wie es der dritte Artikel des Apostolischen

Glaubensbekenntnis: „Ich glaube [...] an die Kirche" fasst. Weiter beschäftigt sich die Ekklesiologie als Teildisziplin der Dogmatik mit der theologischen Reflexion über die Gemeinde (*Ekklesia*), über ihr Wesen, ihre Bedeutung in der Heilsgeschichte im Kontext von Gottes Wirken und ihre Entwicklung zur Institution Kirche. Zu allen Zeiten setzte sich die Kirche mit ekklesiologischen Fragestellungen auseinander, doch erst im Zusammenhang mit Reformation und Gegenreformation wurde die Ekklesiologie als eigenständiges systematisch-theologisches Thema ausgearbeitet (vgl. Beintker 1999, Sp. 1183).

Wenn im Folgenden nach dem kirchlichen Selbstverständnis einer Konfession gefragt wird, geht es weniger um die theologischen Leitbeschreibungen der Dogmatik der Kirche (vgl. Beintker 1999, Sp. 1183) als Leib Christ mit ihren Wesensattributen Einheit, Heiligkeit, Katholizität und Apostolizität und den damit verbundenen Kennzeichen der Kirche, auch wenn diese immer wieder als Grundlage des weiteren Nachdenkens in den Blick genommen werden. Vielmehr stehen Aussagen zum Verhältnis dieser so verfassten Kirche und zur Gestalt der Kirche und ihren Gestaltungsmöglichkeiten in dieser Welt im Mittelpunkt der Analyse.

Im Gegensatz zu dem rechtlich umrissenen Kirchenverständnis in den Staats-Kirche-Verhältnissen haben ekklesiologische Konzepte, also Festlegungen von Kirchen über ihr eigenes Wesen, immer sowohl eine metaphysische Ebene, auf der Kirche konstant und unveränderlich gesehen wird, als auch eine historisch-soziale Dimension, die die jeweiligen spirituellen, intellektuellen, sozialen, politischen, ökonomischen und die anderen historischen Einflüsse des Zeitkontextes widerspiegelt (vgl. Hovorun 2015, S. 3). Alle christlichen Kirchen haben einen gemeinsamen Wesenskern, sie begreifen sich als von Gott gestiftete Gemeinschaft der Gläubigen auf Erden. Zudem verstehen sie Jesus Christus nicht nur als historische Gestalt in der Weltgeschichte, „sondern er ist heute gegenwärtig

als die Größe, die die Beziehung zu Gott entscheidend qualifiziert"
(Hausschildt und Pohl-Patalong 2013, S. 222). Dabei lassen sich
grundlegend zwei Formen der Vergegenwärtigung unterscheiden,
im Sakrament wie in der katholischen oder den orthodoxen Kirchen
sowie im Wort wie in den Kirchen der Reformation.

Für die Kirchen der Gegenwart ist eine Abkehr vom „subs-
tantial-realistischen Paradigma" kennzeichnend, wie es etwa die
lutherische Theologie in die Formel der *creatura verbi* (Geschöpf
des Wortes Gottes) gefasst hat, und damit von der unmittelbaren
Behauptung einer göttlichen Stiftung der Kirche als Verständnis-
grundlage ihrer gegenwärtigen Gestalt. Alle theologischen Entwürfe
der Neuzeit eint ihr gemeinsamer Bezugspunkt:

> „Ihnen geht es nicht mehr darum, einen vorausgesetzten dog-
> matischen Wesensbegriff der Kirche mit dem Faktum ihrer ge-
> schichtlichen Wirklichkeit in Ausgleich zu bringen. Stattdessen
> sehen sie sich vor die gegenläufige Aufgabe gestellt, im Ausgang
> von der geschichtlichen Wirklichkeit der Kirche diese in ihrem
> theologischen Surplus durchsichtig zu machen" (Laube 2011, S. 148).

2.3 Friedensethik

Friedensethik kann als eine Form der politischen Ethik verstanden
werden. Sie hat die Aufgabe,

> „das Zusammenleben der Menschen hinsichtlich der Austragung
> von Konflikten und der Anwendung von Gewalt zwischen Gruppen
> zu reflektieren und insbesondere Grenzen von Gewaltanwendung
> zu thematisieren. Dabei tritt zunehmend die Einsicht in den Vorder-
> grund, dass Frieden eine conditio sine qua non für das Überleben
> der Menschheit ist" (Haspel 2010, S. 513).

Friedensethik ist dabei immer auch auf historische Analyse angewiesen, sie ist selbst historisch gewachsen und abhängig von den
sozialen und historischen Umständen, in denen auch die Konfliktlagen stehen, auf die sie blickt. Sie geht zwar von den Erfahrungen
von Gewalt aus und bietet zugleich Orientierungswissen für die
normative Setzung eines Verhaltens zur Verringerung der Gewalt.
Obwohl sich Friedensethik zunächst an den oder die Einzelne
richtet, bleibt sie doch eingebunden in die Sozialethik, da sie stets
über die individualen Entscheidungsmöglichkeiten hinausgeht
(vgl. Haspel 2010, S. 513).

   Die vorliegende Analyse konzentriert sich bei der Untersuchung
auf die Frage nach der Legitimierung des militärischen Gewalt-
einsatzes. Wie kann mit den Fällen umgegangen werden, in denen
zivile Konfliktbearbeitung an ihre Grenzen zu kommen scheint,
und militärische Gewalt als Ultima Ratio als letzte beziehungsweise
äußerste Möglichkeit in Erwägung zu ziehen ist?

3   Kirchen zwischen Staat-Kirche-Verhältnis, ekklesiologischer Selbstbestimmung und Friedensethik – drei Thesen

Die drei Größen Staat-Kirche-Verhältnis, ekklesiologische Selbstbestimmung und Friedensethik stehen in einem komplexen Dreiecksverhältnis mit wechselseitigen Beziehungen und Abhängigkeiten.
Diese sollen in der folgenden Grafik veranschaulicht und in drei
Thesen näher erläutert werden.

▸ These 1

Die einzelnen Konfessionen und Denominationen sind allesamt historisch gewachsene Gebilde und setzen sich als solche in ihrem kirchlichen Selbstverständnis und ihrer politischen Ethik mit dem vorfindlichen Staat-Kirche-Verhältnis auseinander und loten ihre politischen und gesellschaftlichen Gestaltungsmöglichkeiten aus.

Anglikanische Theologinnen und Theologen etwa thematisieren in ihren Überlegungen zum kirchlichen Selbstverständnis durchaus die Rahmenordnung ihrer Kirche als Staatskirche: Der Kirchenvertreter Charles Reed bezeichnet diese besondere Aufgabe als „advisory role" (Reed 2003, S. 40) und führt aus, dass sich hier die Situation der anglikanischen Kirche von anderen Kirchen in der Ökumene unterscheide. Während des zweiten Golfkrieges beispielsweise hätten andere Kirchen versucht, ihre Mitglieder zu Massendemonstrationen oder für Lobbyarbeit gegen kriegerische Auseinandersetzungen zu mobilisieren.

> „In contrast the Church of England used its position as part of the establishment to good effect by making contributions to debates in the House of Lords, meeting with Government ministers and Civil Servants to raise ethical concerns at the direction of Government policy" (Reed 2003, S. 41).

Die anglikanische Kirche sieht aufgrund ihrer institutionellen Einbindung in die britische Regierungsgewalt ihre Aufgabe vor allem im Dialog und weniger in Kampagnen jeglicher Art. Hier lässt sich deutlich die Nähe zwischen Staat und Kirche am Beispiel der friedensethischen Positionierungen erkennen, die von der Position der Kirche im Staat geprägt und bedingt ist.

Davon differiert deutlich das Selbstverständnis der US-amerikanischen Kirchen[3]. Diese begreifen sich als Akteurinnen innerhalb der Gesellschaft. Das Mitgestalten der Welt ist für sie alle selbstverständlich, wenn auch die inhaltliche Füllung dieser Aufgabe je nach Denomination differiert. Die Überlegungen zur eigenen kirchlichen Rolle in der Öffentlichkeit verbinden sich mit der Frage einer Gesellschaftseinschätzung und Gesellschaftsdeutung. Die Denominationen verstehen sich als Kirche in der Welt, aufgerufen, diese als Christinnen und Christen mitzugestalten. Zwei Momente erscheinen hier zentral: Als wichtige kirchliche Inhalte werden Kreuzestod und Auferstehung Jesu Christi verstanden, von hier aus lassen sich kirchliche Aufgaben in Fragen um Krieg und Frieden bestimmen. Außerdem betonen die amerikanischen Denominationen die Bedeutung der einzelnen Christinnen und Christen über die institutionell verfasste Kirche hinaus. Sie weisen eine hohe Pluralität kirchlicher Rollenbeschreibungen auf. Für die *Southern Baptist Convention* (SBC), die größte protestantische und die größte baptistische Denomination in den USA, beispielsweise ist kennzeichnend, dass sie ihre Ansätze ausschließlich biblisch begründen. Sie ist theologisch und politisch konservativ. So hält sie etwa zur Kirche fest:

---

3   Für die plurale konfessionelle Situation in den USA sollen beispielhaft drei Denominationen stehen: die *Southern Baptist Convention* (SBC) und die *American Baptist Churches* (ABC) aus baptistischer Tradition sowie die *United Church of Christ* (UCC) als reformierte Kirche. Hier lassen sich ganz unterschiedliche kirchliche Selbstverständnisse feststellen.

> „A New Testament church of the Lord Jesus Christ is an autonomous local congregation of baptized believers, associated by covenant in the faith and fellowship of the gospel; observing the two ordinances of Christ, governed by His laws, exercising the gifts, rights, and privileges invested in them by His Word, and seeking to extend the gospel to the ends of the earth. Each congregation operates under the Lordship of Christ through democratic processes" (SBC 2000, Abschn. VI).

Die Kirche ist ein direktes Geschenk des Heiligen Geistes, durch die Gott dem Menschen dient. Die SBC greift in ihren Überlegungen auf Römer 13 zurück und macht es vor allem zur Aufgabe der staatlichen Macht, das Böse zu bekämpfen. Christinnen und Christen seien verpflichtet, für die Obrigkeit zu beten, damit ein Leben in Frieden möglich sei (vgl. SBC 2003).

Ein Beispiel für die kirchlichen Gestaltungsmöglichkeiten in den USA, die gerade durch eine Trennung von Staat und Kirche ermöglicht wird, ist der sogenannte „Land Letter" von Richard D. Land, Vorsitzender der Kommission für Ethik und Religionsfreiheit ERLC (dem öffentlich-politischen Zweig der SBC) und Präsident des *Southern Evangelical Seminary* in Charlotte, North Carolina, aus dem Jahr 2002. In diesem öffentlichen Brief an den amerikanischen Präsidenten George W. Bush begrüßten die Verfasser den Krieg gegen den Irak als einen richtigen und gerechten Krieg (vgl. Land 2002). Sie ordnen ihn damit bewusst in die Tradition von Augustin und Thomas von Aquin ein und versuchen nachzuweisen, inwiefern der Irakkrieg alle relevanten Kriterien wie das Vorliegen eines zulässigen Kriegsgrundes (*causa iusta*) oder einer gerechten Absicht der Kriegführenden (*recta intentio*) erfülle. Hier haben sich einzelne Christen deutlich positioniert und dazu den Weg der direkten Adressierung an den Präsidenten gewählt.

Die *American Baptist Churches* (ABC) dagegen beschreibt die gegenwärtige globale Situation als gewalttätig und fragmentiert. Die

212 Sarah Jäger und Gisa Bauer

Kirche sei deshalb folgerichtig aufgerufen, „to recognize Christ's work of peacemaking, which includes tearing down walls of separation (Ephesians 2:14ff.) and building from the rubble upon the foundation of the apostles and prophets, with Christus Jesus Himself as the cornerstone (Ephesians 2: 20)" (ABC 2007, S. 3). Die besondere Chance kirchlichen Engagements liege in Anbetung und Gottesdienst. Zudem sei die Kirche Trägerin des Wissens um die eschatologische Hoffnung, die Gott bereithalte. Hier fällt die Fokussierung auf originär kirchliche Inhalte auf, aus diesen werden politische Implikationen abgeleitet.

Die in der reformierten Tradition stehende *United Church of Christ* (UCC) wiederum bezeichnet sich seit 1985 selbst als „Kirche des gerechten Friedens" (UCC 1985). Die Verbindung der UCC zur ökumenischen Bewegung und zur Arbeit des ÖRK ist dabei ausgesprochen eng. Das eigene kirchliche Selbstverständnis ist untrennbar mit dem gerechten Frieden verbunden. Die UCC hält dazu fest: „As a Just Peace Church, we embody a Christ fully engaged in human events" (UCC 1985).

An dieser Stelle wird die Resonanz der Staats-Kirchen-Situation sichtbar: Religiöses Leben kann sich in großer Freiheit entwickeln, entsprechend plural sind dann auch die friedensethischen Positionierungen.

Ganz anders gestaltet sich die Staat-Kirche-Beziehung in Russland. Kennzeichnend für die Verhältnisbestimmung zum Staat in der russischen Orthodoxie ist das Prinzip der *Symphonia*: „Sein Zusammenwirken mit der Kirche ist auf eine bestimmte Anzahl von Bereichen beschränkt und gründet sich auf die gegenseitige Nichteinmischung in die inneren Angelegenheiten des anderen" (ROK 2000, III.3). Der Staat wiederum arbeitet mit der Kirche zusammen und das Verhältnis zwischen beiden unterliegt historischen Gegebenheiten. Christen dürften die Staatsgewalt nicht verabsolutieren und der Staat dürfe sich nicht in die Angelegenheiten der Kirche einmischen. Die Kirche dürfe keine Funktionen an sich ziehen, die zum Zuständigkeitsbereich des Staates gehörten (vgl. ROK 2000, III.2 und 3).

Für die Russisch-Orthodoxe Kirche gilt in besonderem Maße, dass orthodoxe Theologie und Praxis mit dem russischen Nationalbewusstsein verknüpft sind. Trotz der Trennung von Staat und Kirche auf der Ebene der Verfassung sind beide auf vielfältige Weise miteinander verwoben. Die ROK gab mit der 2000 vom Bischofskonzil verabschiedeten Sozialdoktrin „Grundlagen der Sozialkonzeption der Russischen Orthodoxen Kirche" eine Verlautbarung heraus, welche die orthodoxe Ekklesiologie in die zeitgenössische russische Situation einbindet. Eine der wichtigsten Formen der Zusammenarbeit von Staat und Kirche besteht gemäß der Sozialdoktrin in der „Friedensschaffung auf internationaler, interethnischer sowie bürgerlicher Ebene; Förderung der Verständigung und Zusammenarbeit zwischen den Menschen, Völkern und Staaten" (ROK 2000, III.8). Ganz deutlich ist in der russischen Sozialdoktrin die Zuordnung der Kirche zur Sphäre des Heiligen zu erkennen, die in Spannung zu der Welt stehen kann. Obgleich die Kirche „nicht von dieser Welt" sei, richte sich ihr Wirken doch auf diese Welt, auf „Heil und die Wiedererrichtung der Welt selbst" (vgl. ROK 2000, I.1). Damit fordert die Kirche „ihre treuen Kinder auch zur Beteiligung am öffentlichen Leben auf" (ROK 2000, I.1), allerdings gemäß den Prinzipien der christlichen Moral. Trotz dieses universalen Charakter der Kirche gelte auch das nationale Prinzip für die irdische Heimat (ROK 2000, II.2). Weiter heißt es:

> „Der Patriotismus des orthodoxen Christen soll tätig sein. Er äußert sich in der Verteidigung des Vaterlands gegen den Feind, in der Arbeit zum Wohle der Heimat, im Einsatz für das öffentliche Leben, einschließlich der Teilnahme an den Angelegenheiten der Staatsverwaltung" (ROK 2000, II.3).

▻ These 2

Für den Zusammenhang von Staat-Kirche-Verhältnis und
Friedensethik gilt, dass eine große Nähe zwischen Staat und
Kirche eine Stärkung staatlicher Positionierung zu Krieg und
Frieden seitens der Kirche bedingt. Eine Trennung von Staat und
Kirche führt zu einer größeren Pluralität und Unabhängigkeit
friedensethischer kirchlicher Positionierungen.

Die anglikanische Kirche steht in einer solchen engen Staat-Kirche-Beziehung: 1998 hielt die Lambeth Konferenz der Bischöfe
unter der Überschrift „Eine Antwort des Glaubens auf Aggressi-
onen und Krieg" fest:

> „This Conference: a) abhors the evil of war; b) repudiates and con-
> demns the use of violence for settling religious, economic, cultural
> or political disputes; c) encourages the use of peacekeeping forces
> to prevent or forestall the escalation of conflicts, and to assist in
> their resolution" (Lambeth Conference 1998, Abschn. 1.4).

Es fällt auf, dass zwar die Übel des Krieges verurteilt werden, nicht
jedoch der Krieg als solcher. Dies hängt mit der zentralen Rolle
der Lehre des gerechten Krieges in der anglikanischen Kirche zusammen. Diese Strömung ist in der anglikanischen Tradition bis
heute sehr lebendig und führt zu einer differenzierten Einschätzung
kriegerischer Einsätze. Selbst im Bekenntnis der anglikanischen
Kirche findet sich die Formulierung, dass es Christen erlaubt sei,
auf Befehl der Obrigkeit, Waffen zu tragen und Kriege zu führen.

Die Wurzeln der Rezeption der Lehre vom gerechten Krieg
liegen dabei in der anglikanischen Affinität zur Lehre des Thomas
von Aquin und der sich daraus ergebenden Naturrechtslehre. Der
anglikanische Ethiker Nigel Biggar betont, wie stark die Church
of England von der britischen Kultur geprägt sei und damit auch
von den gesellschaftlichen Diskursen um Krieg und Militarismus

oder den Auseinandersetzungsprozessen mit der amerikanischen
Vormachtsstellung (vgl. Biggar 2003, S. 26). Diese Beziehung lässt
sich wechselseitig beschreiben: Die anglikanische Kirche bemüht
sich, ihre Umgebung zu gestalten und wird zugleich von ihr geprägt
(vgl. Reed 2003, S. 39). Für die friedensethische Debatte innerhalb
des Anglikanismus war deshalb auch die britische Beteiligung am
Irakkrieg besonders bedeutsam. Daraus ergeben sich grundsätzliche
Fragen nach der Rolle der Kirchen in Friedensfragen:

> "This [the Milosevic regime, Anm. d. Verf.] challenge raises the
> general question of when a proper Christian reluctance to sanction
> going to war degenerates into a timorous refusal to face the truth
> about evil. [...] Clearly, there is a need to develop just war doctrine
> in relation to military intervention for humanitarian purposes, in
> relation to counterterrorism, and in relation to 'pre-emptive' war.
> The Church might do well to commission someone to keep abreast
> of work in this area" (Biggar 2003, S. 30).

Die anglikanische Kirche begreift die moderne Gesellschaft mit
Möglichkeiten auch für nicht-staatliche und zivile Akteurinnen,
wie etwa NGOs, als Chance (vgl. Reed 2003, S. 39).

Die Pluralität amerikanischer Denominationen wurde bereits
deutlich. Die Positionierung der SBC auf der Linie des gerechten
Krieges wurde in den obigen Ausführungen im Zusammenhang
des so genannten Land Letters. Wie die SBC steht auch die ABC
in der Tradition des gerechten Krieges, durch den ein wesentlicher
Ausgangspunkt des friedensethischen Nachdenkens dieser Kirche
gegeben ist. Mit dem „American Baptist Policy Statement on Peace"
hat sich die ABC ein klares Profil und Programm gegeben. Dieses
wurde in den Jahren 1996, 2001 und zuletzt 2007 vom *Executive
Committee des General Board* modifiziert und bekräftigt. Es setzt
bei dem biblischen Begriff des Schalom an (etwa Jesaja 4,2; Matthäus
25, 35ff.), der die Begriffe „Gesundheit, Ganz-Sein, Wohlbefinden,

Harmonie und Frieden" in sich trage (ABC 2007, S. 1). Gottes
Ziel für seine Welt und die Menschheit sei Frieden. Gewalt wird
eindeutig als Sünde charakterisiert. „Since, therefore, God called
us to live with God and others in truth and love, any action which
violates that intention of creation is sin" (ABC 2003, S. 1). Das
Statement arbeitet also mit einem weiten Friedensbegriff, der sich
insbesondere in der großen Nähe und der engen Verbindung von
Frieden und Gerechtigkeit im biblischen Zeugnis spiegelt. Auch
wenn der Begriff des gerechten Friedens selbst nicht genannt wird,
sind es doch dessen entscheidende Züge, die hier zum Ausdruck
kommen. So sind folgerichtig als Leidtragende nicht nur Opfer von
Gewalt, sondern auch Menschen, die hungrig, wohnsitzlos oder
unterdrückt sind, im Blick (vgl. ABC 2003, S. 3). Die ABC verortet
sich aber auch als in der Tradition des gerechten Krieges stehend.
Obwohl Krieg grundsätzlich böse sei, könne es Situationen geben,
in denen er unvermeidlich sei, um größeres Leid zu verhindern.
Es wird insbesondere betont, dass die Lehre des gerechten Krieges
vom Versuch getragen war, die Anzahl und Heftigkeit von Kriegen zu begrenzen (vgl. ABC 2007, S. 4). Hierbei könnten gerade
die strengen Kriterien helfen. „Essentially, the burden of proof
for applying the criteria so that a war could be considered a ‚just
war' shifted from those who would seek war to those who sought
to restrain war" (ABC 2007, S. 5). Die Situation in der Welt heute
sei nun so, dass die Existenz der Menschheit existenziell bedroht
sein, wenn nicht der Weg der Gewaltlosigkeit eingeschlagen werde.
    Die UCC bezeichnet sich seit 1985 selbst als „Kirche des ge-
rechten Friedens" (UCC 1985). Das Thema Frieden und vor allem
auch gerechter Frieden wird in zahllosen Deklarationen und
Publikationen der UCC, ihrer verschiedenen Gremien sowie von
Theologinnen und Theologen der UCC erörtert, meist in konkreten
Zusammenhängen, wie aktuellen kriegerischen Auseinandersetzungen. Sie machen deutlich, dass es der UCC darum geht,

über die Kriterien des gerechten Krieges hinaus über Wege zum gerechten Frieden nachzudenken (vgl. UCC 1985). Der Irakkrieg beispielsweise zeitigte eine massive Debatte innerhalb der UCC um ihre Haltung zum Krieg und ihre Definition von Frieden. Das grundlegende Dokument der UCC zum Thema „gerechter Frieden" ist zweifelsohne die von der Generalsynode verabschiedete Erklärung „on affirming the United Church of Christ as a Just Peace Church", in der „Just Peace as the interrelation of friendship, justice, and common security from violence" definiert wird und sich die UCC als „in opposition to the institution of war" positioniert. Die neunseitige Erklärung von 1985 zählt bereits ein ganzes Spektrum von kriegsverhindernden, die internationale Gerechtigkeit fördernden Maßnahmen auf, die die UCC unterstützte bzw. plante zu unterstützen (UCC 1985). In der Resolution zum 30. Jahrestag der Erklärung zur „Kirche des gerechten Friedens" weist die UCC-Generalsynode auf den „Pilgerweg der Gerechtigkeit und des Friedens" des ÖRK hin und legt den Mitgliedern ihrer Kirche nahe, sich an ihm zu beteiligen (UCC 2015).

Die exemplarisch untersuchten kirchlichen Denominationen der USA bilden ein breites Spektrum friedensethischer Position ab, vom gerechten Frieden in unmittelbarer gedanklicher Nähe zu den historischen Friedenskirchen bis zu einer Übernahme der Lehre vom gerechten Krieg. Die Trennung von Staat und Kirche in den USA begünstigt die Entwicklung unterschiedlichster Denominationen, ebenso wie sie erst durch diese Pluralität möglich war. Zugleich fällt auf, wie selbstverständlich sich diese Kirchen als Akteurinnen innerhalb der Gesellschaft begreifen. Das Mitgestalten der Welt ist für sie alle selbstverständlich, wenn auch die inhaltliche Füllung dieser Aufgabe differiert. An dieser Stelle wird die Resonanz der Staats-Kirchen-Situation sichtbar: Religiöses Leben kann sich in großer Freiheit entwickeln, entsprechend plural sind dann auch die friedensethischen Positionierungen. Außerdem scheinen auch hier gesellschaftlich-politische Fraktionen, wenn nicht gar historisch geprägte Mentalitäten, Movens für die Ausrichtung der Friedensethiken zu sein.

► These 3
  Blickt man nun auf den Zusammenhang von Ekklesiologie und Friedensethik so unterscheiden sich die Einschätzungen und die Beurteilung staatlicher militärischer Gewalt und militärischer Interventionen je nach Konfession und dem damit verbundenen kirchlichen Selbstverständnis.

Der Protestantismus in Deutschland etwa zeichnet sich durch eine komplexe konfessionelle Situation aus und ist durch *lutherische und reformierte Traditionen* gleichermaßen geprägt. Ließen sich noch in den 1980er- und 1990er-Jahren sehr deutlich unterschiedliche Positionierungen in Friedensfragen aufgrund der eigenen konfessionellen Zugehörigkeit erkennen (vgl. etwa Werkner 2001), sind diese Grenzen heute deutlich verschwommener.

Bei der Evangelischen Kirche in Deutschland (EKD) handelt es sich um einen Kirchenbund, nicht um eine eigenständige Kirche. In Denkschriften, Orientierungshilfen oder Worten positioniert sich die EKD zu gesellschaftlichen und politischen Fragen und agiert dabei gewissermaßen als Sprachrohr des bundesdeutschen Protestantismus. Die gesellschaftlichen Aufgabenbestimmungen werden in der evangelischen Theologie kontrovers diskutiert (vgl. dazu die Beiträge Duchrow und Kalinna in diesem Band). Im reformierten Denken ist noch tiefer als in der lutherischen Theologie verankert, dass die Erkennbarkeit der Gemeinschaft als die eine Kirche Christi mit ihrer Sozialgestalt zusammenhängt. Ethische Fragestellungen sind hier unmittelbarer mit dem kirchlichen Selbstverständnis verknüpft. Es handelt sich zu einem großen Teil um Auswirkungen der Vorstellung von der lutherischen

Zwei-Reiche-Lehre versus der reformierten Königsherrschaft Christi: Während beim Denkmuster der Zwei-Reiche-Lehre die geistliche Sphäre und die staatliche, gesellschaftliche oder politische Welt mehr oder weniger voneinander getrennt dargestellt werden, ist bei der reformierten Vorstellung der Königsherrschaft Christi Jesus Christus der Herrscher der gesamten Welt, die als eins gesehen wird.

Eine Fortschreibung kirchlicher friedensethischer Verlautbarungen der römisch-katholischen Kirche im 20. Jahrhundert stellt das bischöfliche Wort „Gerechter Friede" von 2000 dar. Im Bischofswort lassen sich deutliche Parallelen zwischen römisch-katholischen und evangelischen Anschauungen feststellen. Ähnlich wie die evangelische Friedensethik hat die römisch-katholische den gerechten Frieden inzwischen zur Leitperspektive erhoben (Werkner und Liedhegener 2009, S. 9) und vergleichbar zu der evangelischen Vorstellung wird auch hier der Krieg in besonderen, extrem begrenzten Situationen nicht ausgeschlossen. Die evangelische kirchliche Selbstbeschreibung im Kontext von Friedensfragen unterscheidet sich jedoch deutlich von einer katholischen Positionierung:

> „Ihrer Bestimmung nach ist die Kirche selbst ein Beitrag zum Frieden, denn sie ‚ist ja in Christus gleichsam das Sakrament, das heißt Zeichen und Werkzeug für die innigste Vereinigung mit Gott wie für die Einheit der ganzen Menschheit' […]. Sie hat von ihrem Herrn den Auftrag, mitten in der Welt des ächzend-stöhnenden gewaltbewehrten Friedens einen größeren, ‚messianischen' Frieden zu leben, der nicht auf Gewalt, sondern auf Vertrauen baut und so alle, welche den wahren Frieden suchen, faszinieren kann" (Die deutschen Bischöfe 2000, Ziff. 162).

Die nachfolgenden Überlegungen zum evangelischen kirchlichen Umgang mit der Legitimität militärischer Gewaltanwendung konzentrieren sich auf zwei zentrale Veröffentlichungen zum gerechten

Frieden, die Friedensdenkschrift „Aus Gottes Frieden leben – für gerechten Frieden sorgen", die das „Leitbild des gerechten Friedens" als „stellvertretend für die ganze Gesellschaft formulierte[n] Konsens" (EKD 2007, Vorwort) begreift und eher lutherisch geprägt ist sowie den Zwischenruf des Moderamens des Reformierten Bundes in Deutschland „Die Welt, unsere Angst und der Gott des Friedens" (Reformierter Bund 2017), die ebenfalls den gerechten Frieden in den Mittelpunkt des eigenen Nachdenkens stellt.

Schon im Vorwort der Friedensdenkschrift der EKD wird die Friedensethik eng an das kirchliche Selbstverständnis rückgebunden: „Für die Evangelische Kirche in Deutschland (EKD) bildet der Friede von Anfang an ein herausragendes Thema öffentlicher Verantwortung" (EKD 2007, Einleitung). Diese Einschätzung gründet auf den verheerenden Erfahrungen des Zweiten Weltkrieges und des Kalten Krieges. Die EKD-Denkschrift bemüht sich, ihre eigene gesellschaftliche Rolle durch die Allgemeingültigkeit ihrer Überzeugungen zu stabilisieren. Hier komme – wie in Denkschriften immer – „ein auf christlicher Verantwortung beruhender, sorgfältig geprüfter und stellvertretend für die ganze Gesellschaft formulierter Konsens zum Ausdruck" (EKD 2007, Einleitung).

Der Zwischenruf des Moderamens des Reformierten Bundes zeigt charakteristische reformierte Züge im kirchlichen Selbstverständnis: Er richtet sich auf eine christlich ethische Mitgestaltung der gesellschaftlichen und staatlichen Verhältnisse. Das geistliche und das weltliche Reich unterstehen nach reformierter Auffassung gleichermaßen der „Königsherrschaft Christi" (Barth 1979, S. 4).

In der Bestimmung des kirchlichen Selbstverständnisses sieht das katholische Bischofswort bei einer politischen Positionierung immer auch die Gefahr einer Vereinnahmung: „Die Kirche vermag keine detaillierten politischen Programme und Friedensstrategien vorzulegen. Sie muss im Gegenteil der Versuchung widerstehen und sich jedem Versuch widersetzen, dass das Evangelium politisch vereinnahmt wird" (Deutsche Bischöfe 2000, Ziff. 57). Deshalb werden keine Empfehlungen zum tagespolitischen Geschehen gegeben. Trotzdem gelte für die kirchliche Aufgabenbeschreibung insgesamt:

> „In einer Demokratie erwächst diese politische Grundorientierung aus einem Prozess der Meinungs- und Willensbildung, an dem sich auch die Kirchen mit ihrer Sicht von Mensch und Gesellschaft beteiligen. Wir wollen in diesen Prozess das Leitbild des gerechten Friedens einbringen. Es fasst zusammen, worin sich die biblische Botschaft vom Reich Gottes und die politische Vernunft treffen" (Die deutschen Bischöfe 2000, Ziff. 57).

Die friedensethische Debatte in Deutschland wurde seit Jahrzehnten breit geführt. Gemeinsame Linien liegen im Konzept des gerechten Friedens mit seinem weiten Friedensbegriff und die Auseinandersetzung mit der Notwendigkeit militärischer Gewalt unter dem Stichwort der Ultima Ratio. Die oben beschriebene Kooperation zwischen Staat und Kirche zeigt sich auch in der Hochschätzung von (internationalem) Recht. Es lassen sich durchaus Unterschiede in den kirchlichen Positionierungen erkennen, trotzdem zeigt sich auch, dass neben dem allen Kirchen gemeinsamen Staat-Kirche-Verhältnis die Gemeinsamkeit des gesamten gesellschaftlich-kulturellen Hintergrundes für die Prägung von Friedensethiken eine wesentliche Rolle spielt: Alle genannten Kirchen existieren in Deutschland auf dem Boden desselben religiösen und politischen Verpflichtungen, der gleichen Geschichte und mit demselben Blick auf die Herausforderungen der aktuellen globalen Situation.

Grundlegend anders kann das Selbstverständnis orthodoxer Kirchen beschrieben werden: Generell begreift sich die Orthodoxie ebenso wie die Römisch-katholische Kirche als die „authentische Fortführung der einen, heiligen, katholischen und apostolischen Kirche" (Hallensleben 2016, S. 39 u. ö.; vgl. auch Kallis 1989, S. 253).

Die orthodoxe Ekklesiologie erfuhr dabei allerdings zu keinem Zeitpunkt eine unmittelbare dogmatische Fixierung – die Kirche wird als „lebendiger Organismus" gesehen, als „eine Wirklichkeit, die […] eher durch die Teilhabe an ihr erfahrbar [ist] als durch eine rational-analytische Betrachtung" (Kallis 1989, S. 253).

Frieden lässt sich als zentrales Thema des orthodoxen Glaubens begreifen. Am Anfang des großen Bittgebets der Göttlichen Liturgie, dem Zentrum orthodoxer Frömmigkeit, steht die Bitte um den Frieden Gottes. Frieden wird in einem doppelten Sinn verstanden, als Frieden mit Gott, aber damit untrennbar verbunden, auch als Frieden mit den Menschen (vgl. Overmeyer 2006, S. 120). Beide Aspekte stellen eine Stufung dar: Im Frieden mit Gott ist auch der Frieden der Menschen untereinander enthalten. Jene Beziehung mit Gott nun ist weder ohne die göttliche Liturgie noch ohne den geweihten heiligen Raum der orthodoxen Kirche zu vollziehen. Trotz dieser grundsätzlich zentralen Rolle des Friedens unternahm es erst die Sozialdoktrin der Russischen Orthodoxen Kirche einen „offiziellen orthodoxen Ansatz zu einer systematisch dargebotenen Friedensethik" (Overmeyer 2006, S. 120) zu entwickeln. Zuvor wurden konkrete friedensethische Fragen so gut wie gar nicht in den Blick genommen. Dies liegt daran, dass das Thema Frieden zwar im Fokus theologischen Nachdenkens steht, sich dabei aber auf die Frage des Heils für jeden Menschen und einer gelungenen Beziehung zwischen Gott und Menschen konzentriert und die konkreten friedensethischen Fragestellungen dem nachgeordnet sind. Die ROK versteht sich als heilige Kontrastgesellschaft und als Bewahrerin tradierter Glaubensüberzeugungen und moralischer Werte (vgl. Huber 1994, S. 158ff.) und sieht sich erst sekundär zu einem konkreten politisch-gesellschaftlichen Engagement berufen. Dieses ist dann stets eng an nationale Prinzipien geknüpft.

Einen bezeichnenden Kontrast zum friedensethischen Ansatz der ROK stellen die friedensethischen Überlegungen des im Som-

mer 2016 stattgefundenen Panorthodoxen Konzils dar, an dem
zehn der vierzehn autokephalen orthodoxen Kirchen teilnahmen,
nicht jedoch die ROK. Im Vergleich mit der Friedensethik der
Sozialdoktrin der ROK wird ein innerorthodoxer Dissens in der
gesamten Stoßrichtung der friedensethischen Debatte deutlich. Das
aussagekräftigste Dokument des Konzils zum Thema Friedensethik
ist die Verlautbarung „Die Sendung der Orthodoxen Kirche in der
heutigen Welt". Darin wird die Friedensfrage dezidiert aufgenommen, und zwar unter dem theologischen Vorzeichen, dass die Kirche
als Leib Christi lebendige „Parusie" sei, Zeichen und Abbild des
Reiches Gottes und Vorgeschmack des kommenden Reiches Gottes
(Hallensleben 2016, S. 87). Vor dem Hintergrund der präsentischen
Eschatologie in der orthodoxen Theologie ist die Erwartung einer
Welt des Friedens, der Gerechtigkeit und Liebe keine Utopie. Hier
zeigt sich ein direkter und klarer Zusammenhang mit der Ekklesiologie. Sie ist die Verkörperung des Heiligen in dieser Welt und
vor allem auf das Heil des Menschen ausgerichtet. Dem Frieden
mit Gott ist der Frieden zwischen Menschen nachgeordnet und
steht nicht so stark im theologisch-ethischen Fokus, wie dies etwa
bei den Kirchen der Reformation der Fall ist.

4 Resümee

Für die nähere Charakterisierung des Dreiecksverhältnisses von
der Staat-Kirche-Beziehung, dem kirchlichen Selbstverständnis
und der konkreten Positionierung einer kirchlichen Denomination wurde schon zu Beginn auf den Begriff der Resonanz ver-
wiesen, der hier eine präzisere Beschreibung erlaubt. In diesem
Zusammenhang seien Überlegungen des Soziologen Hartmut
Rosa (2016) eingeführt. Rosa selbst beschäftigt sich zwar mit dem
Begriff der Resonanz im Zusammenhang des Themas des „guten

Lebens" und damit unter individualethischen Gesichtspunkten, trotzdem liegen hier interessante Fährten auch für unser Thema. In der Physik wird Resonanz als verstärktes Mitschwingen eines schwingfähigen Systems verstanden, wenn es einer zeitlich veränderlichen Einwirkung unterliegt. Resonanz kann nach Rosa auch zur Beschreibung gelingender und fruchtbarer Beziehungen aller Art genutzt werden (vgl. Rosa 2016, S. 37ff.), da Resonanz stets nur in Beziehungen entsteht, in denen der oder auch das jeweilige Andere eigenständig bleibt und den eigenen Ton beibehält. Für das untersuchte Dreiecksverhältnis bedeutet dies, dass alle drei Größen eigenständig bleiben und wechselseitig kein direkter Zugriff, wohl aber Beeinflussungen, möglich sind. Es ist gerade das Eingehen und Reagieren auf die Schwingungen – die Bewegungen und Entscheidungen – der Größen „kirchliches Selbstverständnis" und „Staat-Kirche-Verhältnis", das die kirchlichen friedensethischen Positionierungen prägen. Die vorangegangenen Thesen zeigen Tendenzen auf: Die historischen Entwicklungen von Kirchen, Denominationen und Konfessionen im Kontexten von Staaten und politischen Prägungen beeinflussen das eigene kirchliche Selbstverständnis und die eigene Rollenbeschreibung in der Gesellschaft massiv. Je enger Staat und jeweilige Kirche auch rechtlich verbunden sind, umso wahrscheinlicher wird eine kirchliche Stützung friedenspolitischer Entscheidungen des Staates. Dies zeigt der Blick auf die russische Orthodoxie und die anglikanische Kirche in England deutlich. Umgekehrt gilt: Eine staatliche Situation, die der Kirche eine große Unabhängigkeit ermöglicht, führt zu einer großen Pluralität kirchlicher Stellungnahmen im Hinblick auf Krieg und Frieden. Das Staat-Kirche-Verhältnis wirkt sich auf die Form friedensethischer kirchlicher Positionierung aus. Es bestimmt den Raum, in dem überhaupt erst politische Stellungnahmen möglich sind. Die Ekklesiologie schließlich schlägt sich in der inhaltlichen Fassung friedensethischer Stellungnahmen nieder. Es hängt vom kirchlichen Selbstverständnis ab, ob Denominationen sich als Teil gesellschaftlicher Wirklichkeit oder als Gegensatz zu ihr erleben, ob sie sich als öffentliche Kirche begreifen oder als Gemeinschaft von Christinnen und Christen, die dann vor allem als gläubiges Individuum in der Gesellschaft aktiv werden.

Daraus folgt: Friedensethik schwingt in einem Resonanzraum, der durch die Staat-Kirche-Beziehungen und die kirchlichen Selbstverständnisse bestimmt ist. Diese lassen Verbindungen und gegenseitige Reaktionen erkennen, gehen aber über lineare Kausalketten hinaus und verweigern sich zu engen Verknüpfungen innerhalb des Gesamtkomplexes.

Literatur

American Baptist Churches (ABC). 2007. American Baptist Policy Statement on Peace, http://www.abc-usa.org/wp-content/uploads/2012/06/peace.pdf. Zugegriffen: 14. April 2017.

Anderson, John. 2007. Putin and the Russian Orthodox Church. Asymmetric Symphonia? *Journal of International Affairs* 61 (1): 185–201.

Barth, Karl. 1979. *Christengemeinde und Bürgergemeinde*. Zürich: Theologischer Verlag.

Beintker, Michael. 1999. Ekklesiologie. In *Religion in Geschichte und Gegenwart*, hrsg. von Hans Dieter Betz, Don S. Browning, Bernd Janowski und Eberhard Jüngel, Sp. 1183. 4. Aufl. Tübingen: Mohr Siebeck.

Bekenntnissynode von Barmen. 1994 [1934]. Die Theologische Erklärung der Bekenntnissynode von Barmen. In *Evangelisches Gesangbuch. Ausgabe für die Evangelische Kirche in Hessen und Nassau*, Nr. 810. Frankfurt a. M.: Spener Verlagsbuchhandlung.

Biggar, Nigel. 2003. The Church of England on War and Peace. In *How the Churches in Germany and England Contribute to Ethical Decision-Making*, hrsg. von der Evangelischen Kirche in Deutschland und

der Church of England, 19–31. Friedewald: Evangelische Sozialakademie Schloss Friedewald.

Bremer, Thomas. 2018. Die Rolle der Kirche im neuen Russland. *Russ-
land-analysen* 165: 1–25.

Campenhausen, Axel von und Heinrich de Wall. 2006. *Staatskirchenrecht. Eine systematische Darstellung des Religionsverfassungsrechts
in Deutschland und Europa*. 4. Aufl. München: Beck.

Die deutschen Bischöfe. 2000. *Gerechter Friede*. Bonn: Sekretariat der
Deutschen Bischofskonferenz.

Evangelische Kirche in Deutschland (EKD). 2007. *Aus Gottes Frieden
leben – für gerechten Frieden sorgen. Eine Denkschrift des Rates der
Evangelischen Kirche in Deutschland*. 2. Aufl. Gütersloh: Gütersloher
Verlagshaus.

Fox, Jonathan. 2008. *A World Survey of Religion and the State*. Cambridge:
University Press.

Hallensleben, Barbara (Hrsg.). 2016. *Einheit in Synodalität. Die offiziellen
Dokumente der Orthodoxen Synode auf Kreta 18. bis 26. Juni 2016*.
Münster: Aschendorff Verlag.

Hausschildt, Eberhard und Uta Pohl-Patalong. 2013. *Kirche*. Gütersloh:
Gütersloher Verlagshaus.

Haspel, Michael. 2010. Einführung in die Friedensethik. In *Friedens- und
Konfliktforschung. Eine Einführung*, hrsg. von Peter Imbusch und Ralf
Zoll, 513–536. Wiesbaden: Springer VS.

Hovorun, Cyril. 2015. *Meta-Ecclesiology. Chronicles on Church Awareness*.
New York: Palgrave Macmillan.

Kallis, Anastasios. 1989. Kirche. V. Orthodoxe Kirche. In *Theologische
Realenzyklopädie*. Bd. XVIII, hrsg. von Gerhard Müller, 252–262.
Berlin: de Gruyter.

Lambeth Conference. 1998. Section I.4 – A Faithful Response to Ag-
gression and War. http://www.anglicancommunion.org/resources/
document-library/lambeth-conference/1998/section-i-called-to-full-
humanity/section-i4-a-faithful-response-to-aggression-and-war?lan-
guage=English&year=1998. Zugegriffen: 18. April 2017.

Land, Richard D. 2002. The so called „Land letter". http://www.drrichard-
land.com/press/entry/the-so-called-land-letter. Zugegriffen: 18. April
2017.

Laube, Martin. 2011. Die Kirche als „Institution der Freiheit". In *Kirche*,
hrsg. von Christan Albrecht, 131–170. Tübingen: Mohr Siebeck.

McClean, David. 2005. Staat und Kirche im Vereinigten Königreich. In *Staat und Kirche in der Europäischen Union*, hrsg. von Gerhard Robbers, 603–628. Baden-Baden: Nomos.

Minkenberg, Michael. 2003. Staat und Kirche in westlichen Demokratien, In *Politik und Religion*, hrsg. von Michael Minkenberg und Ulrich Willems, 115–138. Wiesbaden: Westdeutscher Verlag.

Overmeyer, Heiko. 2006. Friedensethik aus orthodoxer Sicht. Das Beispiel der russischen Orthodoxie. *Una Sancta* 61 (2): 120–128.

Planer-Friedrich, Götz. 1988. Theologie des gerechten Friedens? Zu einer Konsultation des Lutherischen Weltbundes. *Lutherische Monatshefte* 27 (6): 289–291.

Reed, Charles. 2003. Developing Policies at Times of War. A Church of England Perspective. In *How the Churches in Germany and England Contribute to Ethical Decision-Making*, hrsg. von der Evangelischen Kirche in Deutschland und der Church of England, 39–48. Friedewald: Evangelische Sozialakademie Friedewald.

Reformierter Bund. 2017. *Die Welt, unsere Angst und der Gott des Friedens. Ein Zwischenruf des Moderamens des Reformierten Bundes in Deutschland e. V.* Hannover: Reformierter Bund.

Robbers, Gerhard. 2005. Staat und Kirche in der Europäischen Union. In *Staat und Kirche in der Europäischen Union*, hrsg. von Gerhard Robbers, 629–641. 2. Aufl. Baden-Baden: Nomos.

Rosa, Hartmut. 2016. *Resonanz. Eine Soziologie der Weltbeziehung*. Berlin: Suhrkamp.

Russisch-Orthodoxe Kirche (ROK), der Bischöfliche Jubiläumssynod. 2000. *Die Grundlagen der Russisch-Orthodoxen Kirche* (Übersetzung der Konrad-Adenauer-Stiftung). Moskau: ROK.

Southern Baptist Convention (SBC). 2000. The Baptist Faith and Message – THE 2000 BAPTIST FAITH & MESSAGE [BF&M]. http://www.sbc.net/bfm2000/bfm2000.asp. Zugegriffen: 18. April 2017.

Southern Baptist Convention (SBC). 2003. Resolution "On the Liberation of Iraq". http://www.sbc.net/resolutions/1126/on-the-liberation-of-iraq. Zugegriffen: 18. April 2017.

Scheuner, Ulrich. 1959. Kirche und Staat. In *Religion in Geschichte und Gegenwart*. Bd. 3, hrsg. von Kurt Galling, 1327–1336. 3. Aufl. Tübingen: J.C.B. Mohr.

United Church of Christ (UCC). 1985. Resolution marking the thirtieth Anniversary of the Just Peace Pronouncement by recommitting ourselves to be a Just Peace Church, http://uccfiles.com/pdf/GS30-JUST-PEACE.pdf. Zugegriffen: 18. April 2017.

United Church of Christ (UCC). 2015. Pronouncement on affirming the United Church of Christ as a Just Peace Church. http://d3n8a8pro7vhmx.cloudfront.net/unitedchurchofchrist/legacy_url/257/just-peace-church-pronouncement-1985.pdf?1418423617. Zugegriffen: 14. April 2017.

Werkner, Ines-Jacqueline. 2001. *Soldatenseelsorge versus Militärseelsorge. Evangelische Pfarrer in der Bundeswehr.* Baden-Baden: Nomos.

Werkner, Ines-Jacqueline und Antonius Liedhegener. 2009. Von der Lehre zum gerechten Krieg zum Konzept des gerechten Friedens? Einleitung. In *Gerechter Krieg – gerechter Frieden. Religionen und friedensethische Legitimationen in aktuellen militärischen Konflikten*, hrsg. von Ines-Jacqueline Werkner und Antonius Liedhegener, 9–19. Wiesbaden: Springer VS.

Willems, Joachim. 2012. Religionsfreiheit in Russland – eine Bilanz nach zwei Jahrzehnten. *Religion und Gesellschaft in Ost und West* 7 (8): 26–28.

Autorinnen und Autoren

Gisa Bauer, Dr. theol. habil., freiberufliche Kirchenhistorikerin und Theologin sowie Privatdozentin an der Theologischen Fakultät der Universität Leipzig

Ulrich Duchrow, Dr. theol. habil., außerplanmäßiger Professor für Systematische Theologie an der Ruprecht-Karls-Universität Heidelberg

Fernando Enns, Dr. theol. habil., Professor für (Friedens-)Theologie und Ethik an der Freien Universität Amsterdam und Inhaber der Stiftungsprofessur „Theologie der Friedenskirchen" am Fachbereich Evangelische Theologie der Universität Hamburg

Uwe Kai Jacobs, Dr. jur., Honorarprofessor an der Johannes Gutenberg-Universität Mainz und Kirchenjurist der Evangelischen Landeskirche in Baden

© Springer Fachmedien Wiesbaden GmbH, ein Teil von Springer Nature 2019
S. Jäger und F. Enns (Hrsg.), *Gerechter Frieden als ekklesiologische Herausforderung*, Gerechter Frieden,
https://doi.org/10.1007/978-3-658-22910-8

Sarah Jäger, Dr. theol., Wissenschaftliche Mitarbeiterin an der Forschungsstätte der Evangelischen Studiengemeinschaft e. V. in Heidelberg

Georg Kalinna, Dr. theol., Vikar der Rheinischen Landeskirche an der Evangelischen Kirchengemeinde Köln-Klettenberg

Christian Polke, Dr. theol., Professor für Systematische Theologie (Lehrstuhl für Ethik) an der Georg-August-Universität Göttingen

Heinz-Günther Stobbe, Dr. theol. habil., emeritierter Professor für Systematische Theologie und theologische Friedensforschung an der Universität Siegen

Printed in the United States
By Bookmasters